温州市社科规划课题“人才强市战略下温州高校继续教育与企业教育融合路径研究”（21wsk102）成果

温州大学资助出版

生态视角下我国高等学历继续教育可持续发展研究

■ 张艳超 著

WUHAN UNIVERSITY PRESS
武汉大学出版社

图书在版编目(CIP)数据

生态视角下我国高等学历继续教育可持续发展研究/张艳超著.—武汉：武汉大学出版社,2021.10
ISBN 978-7-307-22126-0

Ⅰ.生…　Ⅱ.张…　Ⅲ.高等教育—继续教育—可持续性发展—研究—中国　Ⅳ.G72

中国版本图书馆 CIP 数据核字(2021)第 018241 号

责任编辑:徐胡乡　　责任校对:汪欣怡　　版式设计:马　佳

出版发行：**武汉大学出版社**　(430072　武昌　珞珈山)
(电子邮箱：cbs22@ whu.edu.cn　网址：www.wdp. com.cn)
印刷:武汉中远印务有限公司
开本:720×1000　1/16　印张:18.75　字数:267 千字　插页:1
版次:2021 年 10 月第 1 版　2021 年 10 月第 1 次印刷
ISBN 978-7-307-22126-0　定价:68. 00 元

序

2017年1月，北京大学宣布从2018年起将全面停止夜大学、网络教育、自学考试等各类学历继续教育招生。北大在高等学历继续教育市场的退出，可谓一石激起千层浪，引起了大众媒体的广泛热议。“北大现象”还在一定程度上引发了多米诺骨牌效应，引起更多重点高校选择退出高等学历继续教育办学领域，中山大学、西南大学、武汉大学、哈尔滨工业大学等知名高校表示将逐步停止学历继续教育招生。这些重点高校的退出引起了业内同行的困惑和成人学习者的恐慌。2017年8月，《北京青年报》报道了“上班族扎堆赶考名校成考末班车”现象。当时，我和团队博士们正在承担教育部职业教育与成人教育司的一项关于“高等继续教育改革与发展”的课题，张艳超也是其中的一名核心骨干成员。在高等教育大众化背景下，未来高等继续教育究竟还有没有存在的必要？在“优质均衡发展教育”的时代新要求下，未来高等继续教育究竟如何实现质量“突围”以更好服务全民终身学习和国家现代化建设对人才队伍建设的需要，这不仅是教育部课题亟待回答的一些问题，也成为张艳超在本著作中试图用其独特视角要探讨的基本问题。

党的十九大报告明确指出，要“办好继续教育，加快建设学习型社会，大力提高国民素质”。中共中央、国务院印发的《中国教育现代化2035》提出，要“构建服务全民的终身学习体系，建立国家资历框架，建立健全国家学分银行制度和学习成果认证制度，强化职业学校和高等学校的继续教育与社会培训服务功能”。全国职业教育与继续教育工作推进会曾提出，能不能解决好中国教育现代化的“最后一公里”和中国特色社会主义教育体系的“最后一部分”，是办好新时代继续教育的迫切要求，其中现阶段高等学历继续教育已成为我国继续教育改革的重中之重。为此，关于高等学历继续教育的改革研究，是一个重大而又亟待解决的社会现实问题。从宏观环境来看，国际终身学习时代已经到来，我国高等教育发展由大众化阶段进入普及化阶段。我国高等学历继续教育改革进入关键期，急需进行“老城改造”。提高质量、促进公平、改善环境、优化结构、协调发展，无疑是国家为高等继续教育改革指明的方向，也是本书所要深入探讨的关键话题。

本书选择生态学作为研究的理论视角，综合运用文献研究、统计分析、数学建模、情景预测和调查访谈等多种研究方法，沿着作者所构建的高等继续教育的历史、现实和未来这一主线，探讨了成人本专科教育、自考本专科教育和网络本专科教育等高等学历继续教育不同形式的演变历程、现实状况和存在问题，并试图揭示未来高等学历继续教育的发展图景。本书有以下几大亮点：一是作者从时间维度将我国高等学历继续教育演变过程划分为“三个”主要发展阶段，结论体现了较为普遍的共识。二是从空间维度将我国高等学历继续教育发展水平划分为“三个”发展方阵，分析框架有一定新意，基此提出的改革与发展建议也有较好的操作性。三是对我国高等教育毛入学率未来10年的变化情况进行了预测分析，基此对高等学历继续教育未来发展趋势的综合判断，具有一定的科学性。最后，本书设计了我国高等学历继续教育系统生态分析框架与可持续发展模型，提出了新时期我国高等学历继续教育可持续发展的具体建议，具有一定的启发性和实践参考价值。因此，本书也是高等继续教育领域一本难得的兼具理论视角、问题意识和实证分析的学术专著。

本书作者张艳超是我所指导的100余名学生中最努力、最勤奋好学的研究生之一。他长期在温州大学、温州理工学院工作，坚持致力于高等继续教育领域研究，在CSSCI、北大核心等级别期刊发表了多篇继续教育高水平研究性论文。读博期间，能积极加入我的研究团队，较好地完成相关课题工作，并顺利完成了博士学位论文。今天，当我看到这本书稿即将付梓出版时，由衷地为他的孜孜不倦、潜心钻研、终而取得这份研究硕果而感到欣慰与感动。

华东师范大学　**黄健**

2021 年 8 月

前　言

可持续发展观正在引领全球教育的前进方向，“全纳、公平、优质、终身学习”已经成为全球教育的核心发展理念。在构建终身教育体系、建设学习型社会的背景下，我国高等教育的重要组成部分，高等学历继续教育如何创新办学模式，改善人才培养质量，拓展办学空间，已成为国家教育主管部门、办学院校以及劳动力市场普遍关切的问题。

本书以生态系统理论、资源依赖理论和可持续发展理论为框架，探索我国高等学历继续教育可持续发展，综合运用文献研究法、统计分析法、数学建模法、情景预测法和访谈法，研究我国高等学历继续教育的演变过程及综合发展水平；探讨我国高等学历继续教育的现实困境、办学空间及发展趋势；关注我国高等学历继续教育的改革发展路径。

我国高等学历继续教育系统演变是外部环境与办学群落长期相互作用的结果，先后经历“一枝独秀”“双雄并举”“三足鼎立”三个发展阶段，为我国经济社会发展培养了大量人才，加快了我国高等教育进入大众化进程。目前，高等教育进入大众化阶段，我国高等学历继续教育办学群落整体发展处于生态失衡状态，不能有效满足经济、社会的发展需求以及成人学习者的学习需要；同时，我国不同地区人力资源存量、继续教育机会、继续教育资源的差距较大，导致办学群落区域发展处于非均衡状态，滞缓了高等学历继续教育改革的推进步伐。

随着高等教育普及化阶段来临，我国高等学历继续教育将逐步进入“融合统一”的发展阶段。我国高等学历继续教育发展的机遇与挑战并存。

目前，我国31个省（区、市）高等学历继续教育演化形成三个发展方阵，随着国内外环境的快速变化和高等教育普及化的推进而发生演变。结合生态学规律可知，解决供需矛盾是高等学历继续教育发展的直接动力，教育政策主导下的异发演替是高等学历继续教育演变的主要方式，增强可持续发展能力是高等学历继续教育追求的办学目标，新时期我国高等学历继续教育的主要改革任务是提高质量、促进公平、改善环境、优化结构。

综合分析，本书提出我国高等学历继续教育改革发展建议：一是提升各省（区、市）办学自主权，采取区域推进方式进行差异化改革，第一方阵重点探索教育引领创新，拓展办学发展空间；第二方阵重点聚焦教育质量保障，提升院校办学水平；第三方阵重点推进信息技术应用，改善现有办学生态。二是明确系统整体办学生态位，生源输入环节建立基于师生比的规模生态位，办学群落优化结构生态位和质量生态位，资源输出环节形成基于多维评价的效益生态位。三是实施可持续发展战略，坚持可持续发展理念，应用可持续发展模型，不断提升高等学历继续教育的可持续发展能力。

在撰写本书过程中，笔者作为一名博士研究生，有幸加入华东师范大学黄健教授的研究团队，开展了教育部职成司委托项目“高等教育大众化背景下高等学历继续教育定位和发展”的研究工作，收获良多。本书引用了一些学者的观点与理论，在调研访谈过程中得到了多所高校继续教育同仁的大力帮助，武汉大学出版社有关同志为本书的出版付出了辛勤的劳动，在此一并表示衷心的感谢！

由于时间仓促，加之本人的研究视野、理论素养水平有限，本书难免存在诸多缺陷，敬请读者谅解和指正！

张艳超

2021年7月于温州

目　录

图 目 录

表 目 录

第一章　导　论

第一节　研究背景与研究意义

一、研究背景

（一）国际终身学习时代的到来

在当今时代，人类社会发展面临不确定性增加、转型快速、知识爆炸等新情况，构建人类命运共同体、推进经济全球化、协同共创治理模式逐渐成为人类社会抵御发展过程风险，推进政治、经济、文化等方面改革的重要方式。而教育在这一演变过程中发挥着积极作用和扮演着重要角色。自20世纪60年代中期以来，联合国教科文组织等国际机构倡导了一系列新的教育发展理念，全民终身学习、构建学习型社会得到全球众多国家和地区的认同，并转化成积极的国家意志、政策与实践，对全球教育发展产生了深远影响。① 联合国教科文组织先后出台了《学会生存——教育世界的今天和明天》（富尔报告，1972）、《教育：财富蕴藏其中》（德洛尔报告，1996）、《反思教育：向“全球共同利益”的理念转变?》（2015）三

① 李薇．全球治理视角下的终身学习政策发展［J］．世界教育信息，2016，29（12）：41.

份重要研究报告。2015 年，联合国发布了《改变我们的世界——2030 年可持续发展议程》，覆盖了 17 项可持续发展目标，其目标 4 提出“确保全纳、公平、有质量的教育，增进全民终身学习机会”。显然，终身学习和终身教育思想已成为国际社会和教育界的普遍共识。对于社会组织和成人学习者，终身学习已经变得不可或缺；对于学习型城市和学习型社会建设，构建终身教育体系已成为重要内容。终身学习已成为个体、组织、城市、地方和国家可持续发展的基石。① 因此，终身学习时代已经到来，传统的学校教育将走向终身教育，高等学历继续教育未来的改革与发展也将循此而变。

（二）高等教育发展由大众化走向普及化

“二战”之后，随着世界经济的发展和信息科技的进步，人才越来越受到各国的重视，高等教育迎来了快速发展。在 20 世纪 60 年代末 70 年代初，美国加州大学伯克利分校马丁·特罗（Martin Trow）创立高等教育大众化理论，② 认为高等教育的发展经历精英、大众、普及三个阶段。该理论受到国际社会的广泛关注，形成了一股席卷全球的高等教育大众化浪潮。20 世纪 50 年代，美国高等教育开始进入大众化阶段，20 世纪 90 年代已经进入普及化阶段；20 世纪 60 年代，西欧国家高等教育规模也在成倍增长，20 世纪 70 年代，西欧大部分国家都进入了高等教育大众化阶段；20 世纪 90 年代，韩国、日本等国家高等教育开始进入普及化阶段。③

① 黄健. 学习型城市建设：全球目标与地方行动——第三届国际学习型城市大会回溯 [J]. 终身教育研究，2018，29（1）：18-23.

② 该理论认为，当一个国家或地区高等教育毛入学率小于 15%时，为高等教育精英化阶段；高于 15%低于 50%时，为高等教育大众化阶段；大于 50%时，则为普及化阶段。详见 Martin Trow. Problems in the Transition from Elite to Mass Higher Education [C]. Conference on Future Structures of Post-Secondary Education, Paris, June 26-29, 1973: 63-71.

③ 潘懋元. 中国高等教育大众化的理论与政策 [M]. 广州：广东高等教育出版社，2008：209.

1998年10月，首届世界高等教育大会在法国巴黎召开，联合国教科文组织确认高等教育的根本使命是促进社会的可持续发展和进步，而高等教育大众化使这一使命不断地放大与增强。

1999年是我国高等教育大众化战略启动的元年，自实施高等教育大众化发展战略以来，高等学历教育得到了长足的发展。2002年，我国开始进入高等教育大众化阶段。截至2011年的公开统计数据显示，全国有近4000万人接受了各类高等学历继续教育。① 2018年我国高等教育毛入学率已达48.1%，全国各类高等教育在学总规模达到3833万人。② 教育部学校规划建设发展中心主任陈锋认为，到2020年我国高等教育的毛入学率肯定会超过50%，③ 届时我国将进入高等教育普及化阶段。在高等教育发展的不同阶段，教育观、功能、课程和教学形式等多个方面变化明显（见表1-1）。

表1-1 **高等教育不同发展阶段的办学特征④⑤⑥**

	精英化阶段（<15%）	大众化阶段（15%~50%）	普及化阶段（>50%）
高等教育观	少数人特权	具有一定学习资格者的权利	人民大众的权利和义务
高等教育功能	培养各类精英领导人才	培养各类专门人才	社会公民的“基础教育”和终身教育

① 王晓芸．北大明年起停止学历继续教育招生［N］．北京青年报，2017-01-10（7）．

② 晋浩天．数据告诉你奋进的中国教育［N］．光明日报，2019-02-28（12）．

③ 陈锋．“中国教育现代化2035”面临的挑战［EB/OL］．2017-12-29．http：//www.sohu.com/a/213548175_387177．

④ 潘懋元，谢作栩．试论从精英到大众高等教育的“过渡阶段”［J］．高等教育研究，2001（2）：1-6．

⑤ 郝保伟．国内高等教育普及化研究述评［J］．理工高教研究，2007（1）：5-9．

⑥ 别敦荣．普及化高等教育的基本逻辑［J］．中国高教研究，2016（3）：31-42．

续表

	精英化阶段（<15%）	大众化阶段（15%~50%）	普及化阶段（>50%）
课程和教学形式	高度严密和专门化，个别指导或 Seminar，师徒关系特征鲜明	灵活的模块化课程，学分制，讲授为主，辅以讨论，师生关系	课程之间、学习与生活之间的界限被打破，泛在学习，教师的角色和内涵发生显著变化
学生学习经历	以全日制脱产学习为主，学习不间断	全日制和非全日制相结合	随时入学，毕业时间不固定，宽进严出现象增多
学校类型与规模	类型单一，院校间规模差距不大，闭锁式办学	类型多样，办学规模差距较大，开放式办学	类型多样，办学规模差距大，大学融于学习型社会
领导与决策	小规模的精英团体	政治程序制约+精英集团+利益团体	一般大众、利益相关者广泛介入
学术标准（质量标准）	具有统一性	具有多元性	“价值增值”、可持续发展
入学与选拔	主要以考试方式选拔	考试+推荐+注册入学	全纳+筛选
学术管理形式	学术人员兼任行政	专业管理者	全日制专家管理
学校内部管理	学术人员兼任高级教授	专业管理者、工作人员和学术参与	管理专家，民主参与，校外人士参与

高等教育大众化战略是一把双刃剑，在促进我国高等教育办学规模不断扩大的同时，也产生了一系列问题：优质高等教育资源分配不均、大学生就业困难、教学质量低下不能满足社会发展需要等。在高等学历继续教育办学领域，突出表现为：人才培养质量不高、文凭社会认可度低、办学秩序混乱和发展方向不明。2012 年，《关于全面提高高等教育质量的若干意见》（教高〔2012〕4 号）提出，“保持公办普通高校本科招生规模相对

稳定，高等教育规模增量主要用于发展高等职业教育、继续教育、专业学位硕士研究生教育以及扩大民办教育和合作办学”。这从宏观政策上对我国高等教育大众化的战略走向和质量保障提出了明确要求。我国高等学历继续教育已经初步完成了为广大成人学习者进行学历补偿教育的历史使命，在构筑终身学习体系、建设学习型社会的新时期，高等学历继续教育如何定位与发展，值得我们深入研究与思考。

（三）我国高等学历继续教育改革进入关键期

联合国教科文组织每年都发布一次人类发展指数（Human Development Index），2017 年我国排名第 86 位。欧洲商学院在 2017 年发布了全球人才竞争力指数（The Global Talent Competitiveness Index），我国排名第 54 位。我国人力资源数量是世界第一，而质量堪忧。从指标体系上看，继续教育是我们的短板之一，终身学习（Lifelong Learning）、高级技能（High-level Skills）等继续教育相关项目得分低，继续教育成为影响我国人力资源质量的关键因素。① 十九大报告明确提出：办好继续教育，加快建设学习型社会，大力提高国民素质。教育部长陈宝生在谈优先发展教育事业时指出：我国将通过多种途径和方式，使绝大多数新增劳动力接受高中阶段教育、更多接受高等教育，进而办好继续教育，加快建设人人愿学、时时可学、处处能学，学有所成、学有所用、学有所乐的学习型社会。② 2017 年，全国职业教育与继续教育工作推进会议强调：能不能解决好中国教育现代化的“最后一公里”和中国特色社会主义教育体系的“最后一部分”，是办好新时代继续教育的迫切要求。③ 2019 年教育部关于高等学历继续教育的工作要点中，也明确提出要在推进实施《高等学历继续教育专业设置管理

① 吴峰．继续教育是人力资本形成的半壁江山［EB/OL］．2018-11-23. https：//mp. weixin. qq. com/s/-txgYZroSqnOPfm17wDWpw.

② 习近平，等．党的十九大报告辅导读本［M］．北京：人民出版社，2017：342.

③ 王家源．写好新时代职业教育与继续教育奋进之笔［N］．中国教育报，2017-12-04（3）.

办法》的基础上，研究制定新时代质量提升相关政策文件。①

目前，我国各类高等教育总规模位居世界第一，办学规模在迅猛发展的同时，暴露出来的一些问题也不容忽视，例如，人才培养质量下降遭到劳动力市场和大众媒体的批评，其中高等学历继续教育的办学质量问题尤为突出。学历文凭注水与办学市场混乱，“互联网万能论”“唯文凭论”的思想在高等继续教育领域长期占有重要市场。作为高等学历继续教育重要组成部分的成人高等教育、现代远程教育、开放教育、高等教育自学考试等都走在办学改革的十字路口，成为我国继续教育改革的重中之重。在高等学历继续教育办学的宏观政策、中观制度、微观教学等层面，目前遇到了很多难题与挑战，严重影响了下一步规划的健康发展，亟须研究与解决。

二、研究意义

（一）理论价值

本书基于生态视角，系统梳理国内外高等学历继续教育发展的研究成果，详细分析我国高等学历继续教育的现实困境、办学历程、演变规律、办学空间、发展趋势及改革路径，有助于拓展高等学历继续教育研究的理论视角，丰富和完善高等继续教育理论。在分析院校等组织机构的相互关系时采用了资源利用性竞争、互利共生等术语，在分析办学发展策略时引入了规模优先的 r 对策发展模式和质量优先的 K 对策发展模式，在分析办学功能时，借助了生态平衡、生态位、可持续发展等生态学理论。本研究能够较好地解释我国高等学历继续教育办学水平发生变化与整体改革推进缓慢的原因，也能够对未来办学空间和发展趋势做出科学透视，设计的可持续发展模型能够为生态观视域下我国高等学历继续教育改革发展提供一定的理论指导。

---

① 教育部．教育部 2019 年工作要点［EB/OL］．2019-02-22. http：//www.moe.gov.cn/jyb_xwfb/gzdt_gzdt/s5987/201902/t20190222_370722.html.

（二）实践价值

本书基于生态视角，首先，从时间维度对高等学历继续教育演变过程进行阶段分析，从空间维度将高等学历继续教育发展水平进行区域划分，整体勾勒出我国高等学历继续教育发展脉络，有助于继续教育主管部门和院校办学者更加全面地理解我国高等学历继续教育发展历程及所存在的问题。其次，通过宏观分析我国高等学历继续教育所处国内外环境的新变化，微观预测我国高等教育普及化进程未来十年的基本走势，综合判断新时期我国高等学历继续教育可能发展方向，有助于继续教育主管部门和院校办学者对我国高等学历继续教育的办学环境和发展趋势有一个更加客观、深刻的认识。最后，建议我国高等学历继续教育实施可持续发展战略，明确新时期办学生态位，进行区域生态式改革，有助于教育主管部门和办学院校探寻新时期我国高等学历继续教育的发展路径，加快高等学历继续教育的“老城改造”，破解人才培养质量低下难题，提升现有办学地位，拓展未来办学空间。

第二节 研究问题与概念界定

一、研究问题

（一）基本问题

本研究主要借助生态系统理论、资源依赖理论和可持续发展理论构建分析框架，在生态观视域下，讨论我国高等学历继续教育如何改革发展这一具有重要研究价值的热点问题。本研究主要尝试回答三个基本问题：一是我国高等学历继续教育的现实发展困境；二是我国高等学历继续教育的演变历程；三是我国高等学历继续教育的办学空间及发展趋势。进而提出我国高等学历继续教育实现可持续发展的具体建议。

（二）研究假设

（1）我国高等学历继续教育的存在形态及办学模式应当与一定生产力发展水平和政治、经济、文化的发展状况相适应，供需矛盾推动了高等学历继续教育的发展变化。

（2）我国高等学历继续教育既具有自然系统的层次性、结构性、功能性、相对稳定性、变异性、整体性特征，又带有社会系统的社会性、易变性、开放性、目的性特点，因此，高等学历继续教育可以作为一个人工教育生态系统。

（3）可持续发展观正在引领全球教育的前进方向，“全纳、公平、优质、终身学习”已经成为全球教育的核心发展理念，正在重塑世界各国高等教育生态，可以为我国高等学历继续教育综合改革指明方向。

二、概念界定

概念是反映事物对象本质属性的一种思维形式，具有内涵和外延。本节主要对学历、继续教育、高等继续教育、高等学历继续教育等概念进行解释界定，为下一步开展高等学历继续教育发展研究奠定基础。

（一）学历

学，会意字，其甲骨文字形“”上面部分像两手结网，结网技能需要学习，下面部分像房屋，金文下部加“子”，表示教孩童学习，本义是学习。① 学历一词表示求学的经历，指曾在哪些学校肄业或毕业。② 在实际生活和工作中，通常指最后也是最高层次的一个学历证书，以经教育行政主管部门批准，由国家认可的，具有文凭授予权力的学校及其他教育机

① 许慎原著，说词解字辞书研究中心编著．汉字图解字典［M］．北京：华语教学出版社，2015：400.

② 汉语大辞典出版社编．汉语大辞典简编（下）［M］．上海：汉语大辞典出版社，1999：1999.

构所颁发的学历证书为凭证。学历有“纵向学历”和“横向学历”之分，前者是指学历的纵向等级，由小学、中学、高中、大学及以上学历所构成，通常所说的学历一般是指纵向学历；后者是指“校历”，即在同等学历等级的基础上，在什么学校学习的经历。

（二）继续教育

继，会意字，其古文字形“𢇍”像两束丝似断又连的样子，本义是接续、延续的意思。《说文》：“继，续也。”继续一词有两层意思：一是连续，二是承继、嗣续。①“继续教育”的英译一般表示为“continuing education”或“further education”，由于各国社会发展水平不同与文化差异，关于继续教育的概念与内涵在表述上尚未形成统一的认识。例如在美国，通常把在职教育称为继续教育，主要是指在正规教育以后进行的一种范围很广的教育，分为短期培训和攻读学位两种形式；在英国，“继续教育”一词至今仍与“成人教育”混用，即指对已离校者进行的各种教育和培训，是终身教育的一个组成部分，强调技术知识更新和就业后不间断在职学习；在德国，继续教育被认为是幼儿教育、义务教育、大学教育之后的人生第四个教育期；在法国，继续教育被称为“职业继续教育”，起步于对外来移民的教育，后发展为科技人员在职教育；而日本称之为“研修”，主要是指在职人员的培训和研修。②

我国《成人教育大辞典》关于继续教育的解释，广义是指采取多种教学形式，通过教育者对那些离开了常规的学校教育、进入社会且从事工作的成年人，不断地进行有目的、有计划、有组织的旨在增加新知识、提高技能、开发智力、完善知识结构、提高业务能力的一种再教育，以使他们

① 汉语大辞典出版社编．汉语大辞典简编（下）［M］．上海：汉语大辞典出版社，1999：2105.

② 时琴，刘凌冬．发达国家与我国继续教育比较［J］．内蒙古教育学院学报，1993：55.

适应工作岗位的要求和科技进步以及社会发展的需要。①《国家中长期教育改革和发展规划纲要（2010—2020年）》更是明确指出："继续教育是面向学校教育之后所有社会成员特别是成人的教育活动，是终身学习体系的重要组成部分。"

根据国内外对继续教育的定义，继续教育与成人教育、终身教育、职业教育、远程教育、持续教育、回归教育等存在紧密联系，同时也具有一定的区别。本书认为，现阶段我国继续教育主要是指社会成员接受或完成一定阶段的学校教育后，在其人生的进程中不断进行以适应社会和人自身不断发展和进步要求的教育活动，已成为我国终身教育体系的重要组成部分。其办学特点是：面向学校教育之后的所有社会成员，随时可以提供学习支持服务，处处可以作为学习场所，以学有所成、学有所用、学有所乐为教育目标，教育内容分为职业导向和非职业导向两种性质，具有学历教育和非学历教育两种办学形式。

（三）高等继续教育

高，象形字，其古文字形"髙"。《说文》："高，崇也。象台观高之形。"② 其古字形像一座高大的楼阁，用高楼来表示"高"，与"低"相对。口与仓舍同意。③"高等"一词主要有两层意思：一是古科举学术语，举官或选士，政绩、学业评为优良者。二是程度副词，高级。④ 2011年，联合国教科文组织修订的《国际教育标准分类法》（*International Standard Classification of Education*，ISCE）关于高等教育的一般定义为：高等教育建立在中等教育之上，在专业化的教育学科领域提供学习活动，它是高度

① 齐高岱，赵世平．成人教育大辞典［M］．东营：石油大学出版社，2000：290.

② 许慎原著，说词解字辞书研究中心编著．汉字图解字典［M］．北京：华语教学出版社，2015：106.

③ 许慎，芳园．说文解字详解［M］．天津：天津人民出版社，2015：139.

④ 汉语大辞典出版社编．汉语大辞典简编（下）［M］．上海：汉语大辞典出版社，1999：3564.

复杂和高度专业化的学习，既包括通常所理解的学术教育，还包括高级职业或专业教育。①《中华人民共和国高等教育法》第二条提出：本法所称高等教育，是指在完成高级中等教育基础上实施的教育。高等继续教育是面向学校教育之后所有社会成员特别是成人所开展的高等教育活动。高等继续教育包括高等学历继续教育和高等非学历继续教育两大部分。在本书中，高等继续教育是指除我国普通全日制专科、本科、研究生教育之外的所有高等教育办学形式，依据具体问题具体分析原则，将继续教育、高等教育自学考试等主要适应成人受教育者的需要，在程度上相当于高等教育的教育活动都明确归类为高等继续教育。

（四）高等学历继续教育

教育部《高等学历继续教育专业设置管理办法》（教职成〔2016〕7号）第二条规定："普通本科高校、高等职业学校、开放大学、独立设置成人高等学校（以下简称高校）举办的各类高等学历继续教育专业设置和管理，高等教育自学考试开考专业的管理，适用本办法。"在政策文件上使用了"高等学历继续教育"一词，首次将各种办学形式在名称上进行了"统一"和"归并"。在本书中，高等学历继续教育主要是指面向学校教育之后所有社会成员特别是成人所开展的，以取得相应层次学历证书为目标的一种高层次追加教育活动。高等学历继续教育具有三个特征：第一，它是一种高等教育，处于国民教育体系中的最高层次，即是中等教育以上层次的教育，与大学相关；第二，它是一种学历教育，通常指最后也是最高层次的一个学历证书，是个人实现向上层社会流动的重要手段，是工作谋生的重要条件；第三，它是一种继续教育，学习对象、学习形式、学习内容、学习目标等具有多样化，与成人学习者紧密相关。

由于研究的需要，本书只讨论本科、专科层次的高等学历继续教育，

① 顾明远．中国教育大百科全书（第1卷）［M］．上海：上海教育出版社，2012：334-335.

不讨论研究生层次的学历继续教育。根据全国教育事业发展统计公报、教育统计年鉴的分类，我国高等学历教育划分为研究生、普通本专科、成人本专科、网络本专科、高等教育自学考试等多种形式。其中高等教育自学考试最初就是作为一种成人高等教育制度而建立的，受教育主体具有成人性是成人高等教育最重要的本质属性。因此，高等教育自学考试基本可以划归到成人高等教育的范畴，是成人高等教育的一种形式，① 在本书中称为自考本专科教育。本书主要聚焦以成人本专科教育、网络本专科教育、自考本专科教育共三种办学形式为主体的高等学历继续教育的发展研究。

第三节　国内外研究现状述评

为了更好地了解高等学历继续教育研究现状，本研究将通过多种渠道进行文献检索，重在了解前人的研究状况，关注相关的研究问题，并借鉴前人的研究方法、理论视角和研究成果。检索主要分为专著、论文两个方面。在专著收集方面，主要借助全国图书馆参考咨询联盟、超星数字图书馆、高校图书馆等，收集成人继续教育领域的相关学术专著或书籍；在论文检索方面，主要借助 WoS、Scopus 数据库查阅国际上相关学术文献，借助中国知网（CNKI）数据库、人大“复印报刊资料”数据库查阅国内学者的相关研究论文成果。文献检索按照相关度从高到低的原则，分别采用了多级检索词形式，并借助共词分析软件 CiteSpace，对高频关键词进行知识图谱分析，对相关领域的研究热点进行透视与前瞻，对高等学历继续教育国内外研究现状进行梳理。

一、国外高等学历继续教育发展研究

在终身教育理念下，“高等教育”的概念可以概括为普通高等教育、

① 邵晓枫．高等教育自学考试究竟是不是成人高等教育？——兼论高等教育自学考试制度的归属［J］．中国考试，2014（8）：29-34.

成人高等教育、高等教育自学考试和远程网络教育四大指标。① 所以高等继续教育既有继续教育内容，又有高等的含义。虽然教育部在政策文件上使用了“高等学历继续教育”一词，但是在国内外理论研究和实践办学过程中，更多地使用了函授夜大教育、高等函授教育、成人高等教育、现代远程教育、网络教育、现代开放教育、广播电视高等教育和高等教育自学考试等名词术语。为此，基于 Scopus 数据库，② 以“论文标题、摘要、关键字”为搜索范围，选择 2018 年以前的论文（article）和述评（review），一次检索词为继续教育或成人教育、终身教育、远程教育、开放教育，二次检索词为高等教育，总计搜索到 6236 篇文献，③ 作为研究样本，其中论文（article）5677 篇，述评（review）559 篇。将样本文献的所有信息（含参考文献）以 *. RIS 格式导出，利用知识图谱软件 CiteSpace 的文献数据格式转换功能将样本文献的 Scopus（RIS）格式转换成 WoS 格式，转化成功率 89%，得到有效参考信息 134836 条。利用知识图谱制作软件 CiteSpace，时间跨度为 1950—2017 年，时间分区为 10，制作高等继续教育领域研究聚类分析知识图谱（如图 1-1 所示），同时获得高等继续教育研究领域高频关键词列表④（见表 1-2），从而勾勒出国际高等继续教育领域的研究现状：远程教育、成人学习和教育、在线学习、继续教育等成为研究

① Wei Zhu, Jiejuan Tang, Yuzhou Li. Development and Construction of Higher Education in China under Perspective of Lifelong Education [J]. Eurasia Journal of Mathematics, Science and Technology Education, 2017 13 (12): 8249-8256.

② Scopus 数据库作为目前世界知名的文摘和引文数据库，涵盖了继续教育领域的绝大部分重要期刊，特别是一些重要的 SSCI 来源期刊。

③ 检索表达式：((TITLE-ABS-KEY (" continuing education") OR TITLE-ABS-KEY ("adult education") OR TITLE-ABS-KEY (" lifelong education") OR TITLE-ABS-KEY (" distance education ") OR TITLE-ABS-KEY (" open education ")) AND ("higher education") AND DOCTYPE(ar OR re) AND (PUBYEAR < 2018)).

④ 本书关于高频关键词的频次值的确定，主要依据齐普夫定律（Zipf's Law）：Fr · r = C，其中，Fr 表示频次，r 表示等级序号，C 表示一个常数。详见叶飞. 一种基于齐普夫定律的识别语料中高低词频分界点的新方法及其应用 [D]. 天津：南开大学，2014：23.

热点；“人”“学生”“成人”“继续教育”“课程”“教学”等关键词由于频次和中心性值较高,① 表明成人学习者继续教育是研究核心，学者们偏好于对教学与课程等微观领域的研究；信息技术对高等继续教育未来发展的影响，受到国外研究者的关注和重视。

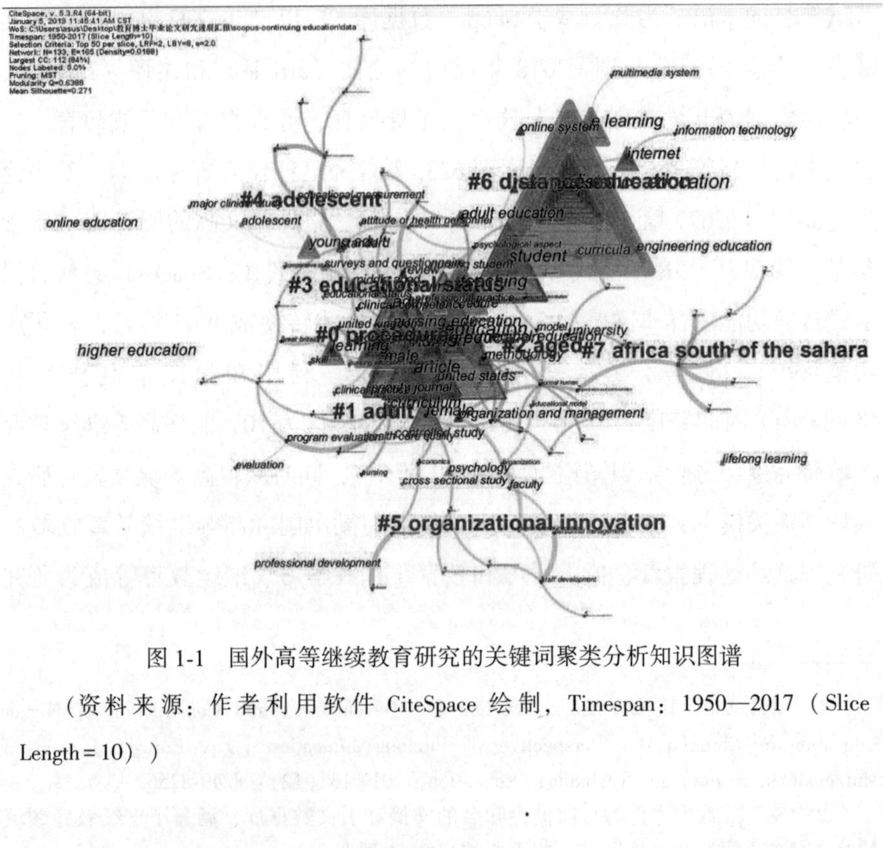

图 1-1 国外高等继续教育研究的关键词聚类分析知识图谱

（资料来源：作者利用软件 CiteSpace 绘制，Timespan：1950—2017（Slice Length=10））

① 中心性是测度节点在研究网络中重要性的一个指标，范围在 0~1 之间，值越大，说明这个节点的地位越重要，属于研究的热点和核心。如果一个节点的频次较高，其中心性值却很小，说明该节点在研究网络中与其他节点联系不紧密，处于边缘位置。CiteSpace 将中心性不小于 0.1 的节点定义为高中心性节点，也称为关键节点（critical node），通过计算辨认后在知识图谱中以紫色圆圈或三角形等图形来显示标注。详见李杰，陈超美．CiteSpace：科技文本挖掘及可视化［M］．北京：首都经济贸易大学出版社，2016.

表 1-2　　国外高等继续教育研究的高频关键词（频次>200）

关键词	频次	突现	中心性
远程教育（distance education）	1351		0.06
教育（education）	1060	9.84	0.17
人（human）	804		0.28
学生（student）	605		0.12
文献（article）	576	17.28	0.11
教学（teaching）	514		0.10
继续教育（continuing education）	484	14.84	0.21
成人（adult）	359		0.12
在线学习（e-learning）	353	6.11	0.03
女性（female）	340	6.17	0.10
高等教育（higher education）	316		0
男性（male）	306	8.6	0.02
学习（learning）	293		0.01
互联网（internet）	280	17.07	0.03
护理教育（nursing education）	273	13.81	0.08
远程学习（distance learning）	264	7.96	0
课程（curriculum）	225	4.32	0.13
成人教育（adult education）	219		0.01

（数据来源：作者利用软件 CiteSpace 对样本文献的统计，时间段：1950—2017 年）

在对样本文献知识图谱分析的基础上，结合研究选题，本书对国外影响高等学历继续教育发展的因素研究进行了文献梳理分析，主要体现在以下四个方面。

（一）成人教育理论研究

高等学历继续教育作为一种成人高等教育，与成人教育相关学科的发展是紧密相连的。“成人教育学”首次出现是在1833年的德国，由凯普（A. Kapp）在《柏拉图教育理念》（*Plato's Educational Ideas*）一书中提出。20世纪20年代以来，成人教育学系先后在欧美高校建立，例如诺丁汉大学、哥伦比亚大学、俄亥俄大学、芝加哥大学、佛罗里达州立大学分别于1921年、1930年、1931年、1935年和1945年建立成人教育学系。这段时期，桑代克（E. Thorndike）、柏利森（L. L. Bryson）、休伊特（D. Hewitt）、洛齐（I. Lorge）、布鲁纳（E. De S. Brunner）、莱尔（M. S. Lyle）等学者也出版了大量的成人教育学领域的研究成果。在20世纪50年代至70年代，被誉为“成人教育学之父”的诺尔斯（M. S. Knowles），以三部曲的方式，① 在世界范围内首次系统性地完成了成人教育学理论奠基与知识建构的探索，真正竖起了成人教育学的界碑。从20世纪80年代开始，成人教育学科体系研究向多个领域拓展。例如继续教育、老年教育成为贾维斯（P. Jarvis）、诺克斯（A. B. Knox）、塞维洛（R. M. Cervero）、沃尔弗（M. A. Wolf）等学者的研究热点；1982年，伊里亚斯（J. L. Elias）与梅里安（S. B. Merriam）合作出版了《成人教育的哲学基础》，系统论证了成人教育的哲学基础；贾维斯（P. Jarvis）和伯奇特（R. G. Brockett）、帕克（S. Parker）等学者一起填补了成人教育社会学与伦理学研究的空白，奠定了从20世纪走向21世纪过程中，成人教育学研究领头羊的学术地位。

近年来，在成人教育理论研究领域，工作场所学习、终身学习研究日益受到关注。让·莱夫（Jean Lave）和爱丁纳·温格（Etienne Wenger）提出了情境学习理论，② 远离了传统的基于个体认知心理的学习理论，将实践共同体视为一种获得社会性学习的分析视角和组织中解决问题和意义

① 三部曲：《是成人教育学，而不是儿童教育学（Andragogy Not Pedagogy）》；《现代成人教育实践：成人教育学与儿童教育学（The Modern Practice of Adult Education：Andragogy Versus Pedagogy）》；《成人学习者：被忽略的一族（The Adult Learner：A Neglected Species）》和《自我导向学习（Self-directed Learning）》。

② Jean Lave，Etienne Wenger. Situated Learning：Legitimate Peripheral Participation [M]. Cambridge University Press，1991.

创造的一种手段。①艾莉森·富勒（Alison Fuller）、安妮·蒙罗（Anne Munro）、海伦·瑞恩博德（Helen Rainbird）等认为学校传播的知识往往是显性的“编码学术知识”，而工作场所需要的更多是非学术性的隐性知识，都是基于具体实际工作情境的知识。② 正因为需求侧和供给侧的资源供需差异，高校面向成人学习者的继续教育办学一直在不断尝试改革，近年来工作场所学习逐渐成为教育科学研究的新疆域。③ 厄劳特（M. Eraut）和希尔什（W. Hirsh）发表了《论工作场所个体学习、团体学习及组织学习的意义》，将成人教育学与工作场所学习研究结合起来，切实关注知识的实用性。目前国际工作场所学习研究领域的学术中心主要分布于美国、英联邦、北欧等三个区域；人力资源开发与工作场所学习已经成为该领域两大主流的研究阵营，二者交汇融合的趋势加强。在信息革命以及追求生态和谐、可持续发展的背景下，远程教育、环境教育、伦理教育成为贾维斯（P. Jarvis）、霍姆伯格（B. Holmberg）、希尔（L. H. Hill）、克莱夫尔（D. E. Clover）等研究的重要论域。④

（二）办学定位研究

高等学历继续教育办学起源于19世纪后半期的英国大学推广运动（University extension movement），世界知名高校相继成立继续教育学院，定位于面向社会大众开放大学优质教育资源。从精英主义时代单一追求学术成就，转向更多关注教育公平、质量与效益的均衡化，推动高等教育大众化。从宏观层面来看，国外很多发达国家高等学历继续教育和普通高等教

① ［美］埃蒂纳·温格．实践共同体：学习、意义和身份［M］．李茂荣，等，译．南昌：江西人民出版社，2018：9.

② Alison Fuller，Anne Munro，Helen Rainbird. Workplace Learning in Context［M］. Routledge，2004.

③ 黄健．工作-学习研究：教育的新疆域——西方工作-学习领域理论成果评述［J］．开放教育研究，2011，17（2）：60.

④ 高志敏．成人教育学科体系论［M］．上海：上海教育出版社，2017：125，132.

育实行单轨制办学，所以办学定位二者具有一致性。《欧洲大学终身学习宪章》（European Universities' Charter on Lifelong Learning）提出，“大学发展战略应植入终身学习理念，大学使命和发展战略中应包含构建终身学习体系的规划”。① 从中微观层面来看，欧洲国家工程师协会联盟主席克鲁诺·哈曼特（Kruno Hernaut）在《德国和欧洲的工程教育现状和远景》一文中对继续教育办学定位进行了阐释：以市场为导向、以学习者为中心，加强政府行为的作用和社会合作。② 奥托·彼得斯（Otto Peters）提出的远程教育工业化理论和英国开放大学的有效实践，向世界展示了远程教育模式相对面授教育模式的成本与效益优势。③ 扬克洛维奇（D. Yankelovich）认为，院校等办学机构要积极面对老年成人学习者的需求，调整办学定位，不断优化学习项目，增加新的教学内容，④ 以应对发达国家人口老龄化形势不断加剧的问题。

（三）质量保障研究

办学质量已成为很多国家高等学历继续教育办学的生命线。1983 年，美国高等教育质量委员会提交的研究报告《国家在危险中——教育改革势在必行》提出：不可因追求教育机会均等而降低教育质量，但也不可因强调教育质量造成教育机会不平等，两者均不可偏废。⑤ 目前欧美很多国家实行高等教育一轨制办学模式，构建的是统一的质量保障体系，主要分为

---

① 柯常青，马燕生．欧洲大学协会推出《欧洲大学终身学习宪章》［J］．世界教育信息，2009（1）：39-40.

② 王立慧．我国高校继续教育转型研究［D］．沈阳：东北大学，2014：15.

③ Wagner. The Economics of the Open University ［J］. Higher Education，1972（1）：159-183.

④ 转引自王晨倩．山东省普通高校继续教育转型研究［D］．曲阜：曲阜师范大学，2017：9. 详见 Yankelovich D. Ferment and change：Higher education in 2015. Chronicle of Higher Education ［EB/OL］. 2005-11-25. http：//Chronicle. com/Article/Ferment Change-Higher/14934.

⑤ 马美茹．美国高等教育大众化及其启示的研究［D］．石家庄：河北师范大学，2010：11.

政府主导模式、社会组织主导模式和多元主体参与模式三种类型。在以政府为主导的高等教育质量保障模式中，法国属于典型的中央集权领导模式，高等教育外部质量保障体系扮演着关键角色，其构建主要由政府来主导完成。万毅平认为，在以社会组织为主导的高等教育质量评估模式中，美国属于典型代表。为了保证各高校在一个大家认同的办学质量标准上运作，美国高校采用认证（Accreditation）这一非政府性的同行专家评议的方式来确保社会对高校的监督。① 唐霞认为，对于政府和社会组织等多元主体共同参与的高等教育质量保障模式，英国的经验比较丰富。对于内部质量保障，英国主要由校内项目委员会或质量委员会负责，成员来自校内学者和专家，全日制教育和继续教育一同纳入学校的学术和质量保障体系；对于外部质量保障，英国成立质量保障署（Quality Assurance Agency, QAA），独立于政府和高校之外进行评估，继续教育所涉及学位项目一同纳入整体监管。② 为保障继续教育健康可持续发展，加拿大学习委员会在2006年创设了加拿大综合学习指数，对终身学习发展情况进行年度测量和评估。加拿大在继续教育方面建立了严格的信用体系，任何弄虚作假的教学行为都将被记入诚信档案并在媒体上曝光，这成为机构和个人不敢轻易违规办学的“防火墙”。③ 古斯科娃（N. D. Guskova）、沃多文（S. M. Vdovin）、克拉科夫斯卡亚（I. N. Krakovskaya）、斯鲁希基纳（Yu. Yu. Slushkina）等认为在可持续发展理念下提升高等学历继续教育质量，可以采取以下措施：一是发展终身教育体系；二是改善高等教育机构等有关各方的互动合作关系；三是更广泛地使用实践导向的教育方法，旨在形成实用技能；四是所获得的知识符合劳动力市场的要求；五是专业人才的结构、数量和培训形式符合经济和社会发展的当前和未来需要；六是培养学

① 万毅平．美国的高校认证与教育评估［J］．江苏大学学报（高教研究版），2003（2）：25.

② 唐霞．英国高等教育质量保证体系［M］．北京：北京师范大学出版社，2012.

③ 吴绍靖．加拿大继续教育的经验及启示［J］．高等继续教育学报，2015，28（2）：20-24.

习者的新价值观。①

（四）发展模式研究

从办学层次来看，国外高等学历继续教育具体分为基础（本科课程和项目）、中级（研究生课程和项目）、高级（研究生后课程和项目）三个层次，高校是高等学历继续教育的主力军。世界一流大学几乎都拥有本科教育、研究生教育和继续教育三大办学类型，其中面向成人学习者的学历继续教育以本科、研究生层次为主，例如，瑞士等国家参与大学继续教育的成人学习者被要求已拥有大学学位（通常在硕士级）和专业经验。② 本科、专科层次学历继续教育更多是由社区学院、职业学校或开放大学等学校来承担。多数发达国家采用一轨制办学模式，高等学历继续教育与普通高等教育在教学考核要求、毕业证书样式、社会认可度等方面没有明显的区别。

从发展趋势来看，杜德斯塔兹（James Duderstadt）认为未来大学发展将会出现多种形式：多样性大学、创造性大学、整合性大学、数码化大学、成人化大学、终生化大学、实验室大学等。帕克·罗斯曼（G. Parker Rossman）认为未来高等教育将是终生学习与虚拟空间的有机结合。③ 塔希尔（F. Tahir）认为进入 21 世纪，亚洲国家可能会因为采用更多的远程教育而加速发展高等教育。随着终身学习理论与实践的发展，建立继续教育学习成果认证、积累和转换制度越来越得到世界各国重视。例如，马杜·辛格（Madhu Singh）和鲁德·杜维克（Ruud Duvekot）提出实践成果认证

① Guskova N D, Vdovin S M, Krakovskaya I N, Slushkina Yu Yu. The Quality of Education as a Primary Concern of the Sustainable Development [J]. European Research Studies, Volume XIX, Special Issue 3, Part B, 2016: 255.

② 苏黎世联邦理工学院. 学院网站关于继续教育的简介 [EB/OL]. 2019-3-15. https://www.ethz.ch/en/studies/continuing-education.html.

③ [美] 帕克·罗斯曼（G. Parker Rossman）. 未来高等教育：终生学习与虚拟空间 [M]. 范怡红，主译. 北京：中国海洋大学出版社，2006：1，99，189.

要与国家资格框架联系起来。①

从可持续发展视角来看，米拉娜（M. Milana）、拉斯穆森（P. Rasmussen）、霍尔福德（J. Holford）等主张重新思考可持续性的本体论，认为这可以揭示它与成人教育、学习和社会公正的关系；②③ 联合国教科文组织认为可持续发展应该成为核心关切，④ 可持续发展已经从理念和原则逐步转化为政策，并开始付诸行动。从2009年开始，联合国教科文组织先后发布了三份《全球成人学习与教育报告》（Global Report on Adult Learning and Education，GRALE），从GRALE I的建立核心原则，到GRALE II的确定关键领域，再到GRALE III的制定具体指标，促进了关于高等学历继续教育可持续发展水平的测量与评价研究。

二、国内高等学历继续教育发展研究

考虑到高等继续教育领域过于广泛和研究的聚焦性，本研究借助中国知网，搜索国内高等继续教育领域学历教育的研究成果，⑤ 得到1437篇文献。删除CNKI检索结果中的非学术文献后，得到1346篇文献，将其作为研究样本。对样本文献中意思相同的关键词，例如，将成人高校、成人高等学校，成人高教、成人高等教育，高校、普通高校、普通高等学校等关键词进行整合，然后利用知识图谱制作软件CiteSpace对样本文献进行数据

① Madhu Singh，Ruud Duvekot. Linking Recognition Practices and National Qualification Frameworks［R］. Hamburg：UNESCO Institute for Lifelong Learning，2013.

② Milana M，Rasmussen P，Holford J. The Role of Adult Education and Learning Policy in Fostering Societal Sustainability［J］. International Review of Education，2016，62（5）：1.

③ Farrukh Tahir. Distance Education，Environmental Education and Sustainability -An Overview of Universities in Commonwealth Asia［J］. International Journal of Sustainability in Higher Education，2001：21-37.

④ 联合国教科文组织编，联合国教科文组织总部中文科译．反思教育：向“全球共同利益”的理念转变？［M］. 北京：教育科学出版社，2017：24.

⑤ 检索条件：发表时间 between（2000-01-01，2017-12-31）并且（SU='继续教育' OR SU='成人教育' OR SU='终身教育' OR SU='远程教育' OR SU='开放教育'）AND SU='高等教育' AND SU='学历'。

可视化处理,① 得到高等学历继续教育领域研究热点知识图谱（如图 1-2 所示），高频关键词列表（见表 1-3）。

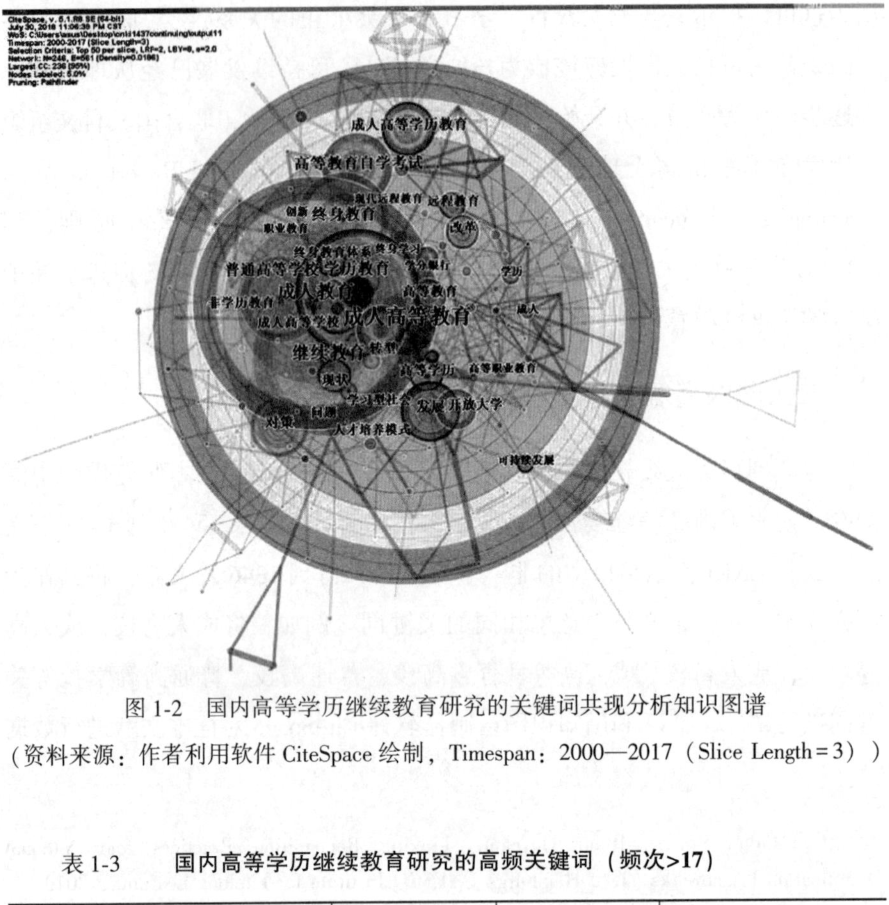

图 1-2 国内高等学历继续教育研究的关键词共现分析知识图谱
（资料来源：作者利用软件 CiteSpace 绘制，Timespan：2000—2017（Slice Length=3））

表 1-3 国内高等学历继续教育研究的高频关键词（频次>17）

关键词	频次	突现	中心性
成人高等教育	402		0. 07
成人教育	199		0. 06
继续教育	128	5. 44	0. 05
学历教育	105	6. 84	0. 12

① 中国知网数据库导出的研究样本，不含每篇文献的参考文献数据信息，故不能做参考文献共被引分析。

续表

关键词	频次	突现	中心性
终身教育	84	5.5	0.02
普通高等学校	78		0.07
高等教育自学考试	67		0.08
发展	56		0.11
对策	54	3.58	0
成人高等学历教育	48		0.12
非学历教育	46		0.07
成人高等学校	46		0.14
转型	46	5.3	0.07
高等教育	39		0.07
改革	38		0.07
开放大学	37	10.18	0.02
高等学历	35	5.81	0.14
现状	34	4.36	0.17
远程教育	32		0.05
问题	30		0.01
学习型社会	28		0.11
终身教育体系	25		0.11
人才培养模式	24		0.08
终身学习	22	3.83	0.13
高等职业教育	21		0.05
学历	21		0.09
学分银行	21	5.37	0.02
职业教育	20		0.04
现代远程教育	18		0.04
成人	18		0.09
创新	18		0.07
可持续发展	18		0.1

（数据来源：作者利用软件 CiteSpace 对样本文献的统计，时间段：2000—2017年）

可以看出，在我国高等学历继续教育研究领域，关键词“成人高等教育”被引用最多，年轮环最大，① 关于成人高等教育的研究占有非常重要的地位，大多数研究都是围绕其展开的；“成人教育”“继续教育”“终身教育”“高等教育自学考试”“远程教育”等关键词虽然被引用频次较高，成为研究热点，但是其网络中心性值不高，并不是研究热点知识图谱的关键节点。而关键节点则由关键词“终身学习”“学历教育”“成人高等学历教育”“发展”“学习型社会”“终身教育体系”“可持续发展”等构成。这表明在倡导终身教育、构建学习型社会的大背景下，高等学历继续教育可持续发展研究既是研究热点，也是研究的核心所在。

在对样本文献知识图谱分析的基础上，结合研究选题，本书对国内影响高等学历继续教育发展的因素研究进行了文献梳理分析，主要体现在以下四个方面。

（一）成人教育理论研究

20 世纪 80 年代，成人教育学的本土发展拉开了序幕。国内学者不但将国外成人教育、工作场所学习、人力资源开发等领域的研究成果进行了解读、翻译，而且结合国内继续教育实践办学进行著书立说，产生了大量的研究成果。② 华东师范大学比较教育研究室早在 1979 年就翻译出版了联合国教科文组织于 1972 年发表的经典之作《学会生存》。20 世纪 80 年代初，孙世路在《外国成人教育》一书中较早介绍了国际终身教育思潮；叶

① 年轮环反映了节点在引文网络中的地位。某个节点被引用次数越多，其年轮环就越大；某个节点在某个年份内被引用的次数越多，相应颜色的环层就越宽。

② 例如：崔振凤发表《继续教育学概论》（1987），成为我国最早关注并专门系统研究继续教育问题的学者之一；同一时期马振义的《继续工程教育概要》（1988）、刘富钊的《继续教育学基础》（1989）、郭宏勤等的《继续教育法制管理》（1991）、叶忠海的《大学后继续教育论》（1997）、董华的《继续教育概论》（2002）、芦香滨的《继续教育管理概论》（2007）等研究成果为我国继续教育发展研究奠定了理论基础；赖立等的系列著作《中国继续教育发展报告 2012》（2012）、《中国继续教育发展报告 2013》（2016）对我国继续教育发展作了系统梳理和详细总结。

忠海的论文《继续教育与科技人才发展》推动了继续教育在中国的传播与研究。2016年，张宏建主编的《继续教育发展研究——海峡两岸暨港澳高校继续教育论文集》，较为全面地介绍了目前我国高等继续教育发展的整体水平与发展趋势。华东师范大学在全国率先创设了成人教育硕士学科点和博士学科点，自主设置了人力资源开发与教育学科点并招收硕士和博士研究生，旨在培养从事人力资源开发工作的成人学习者以及这一领域的学术研究者。黄健认为，目前我国成人教育理论研究领域专业研究队伍之薄弱，令人担忧。① 因此，壮大成人教育学术研究队伍和提升学术研究水平，加快成人教育学科发展已成当务之急。

（二）办学定位研究

高等学历继续教育在发展过程中形成的结构体系和标准样式，主要由办学定位、管理体制、运行机制等要素构成，② 其中办学定位决定了高等学历继续教育的办学方向和主要功能。在办学定位研究方面，很多学者认为近年来我国高等学历继续教育办学定位模糊广受社会诟病，③ 出现了严重的质量危机：学业标准混乱、质量监控乏力导致教学质量低下，④ 供给侧亟须改革。⑤ 为此，王诗平认为，我国普通高校继续教育探索可持续发展，是对普通高校继续教育重新定位，是继续教育布局结构的战略调整，是对目前普通高校继续教育的管理和运行机制进行创新。⑥ 李平、郭慧珍认为，高等继续教育要想保持可持续发展态势，应随着普通高等教育内涵

---

①　黄健．文化自信引领终身教育的发展［J］．开放学习研究，2017（4）：32.

②　刘慧．继续教育发展模式研究综述［J］．继续教育研究，2007（5）：2.

③　何爱霞．2010年以来我国高等继续教育发展现状与趋势分析［J］．现代远距离教育，2016（5）：16.

④　吴斌，等．论实施高校继续教育质量报告制度的必然性和特殊性［J］．继续教育，2018，32（2）：3-6.

⑤　高志敏，蔡宝田．社会转型期成人教育、终身教育研究［M］．北京：首都师范大学出版社，2007：224.

⑥　王诗平．普通高等学校继续教育可持续发展研究［D］．南京：南京农业大学，2008：2.

式发展的步伐调整，明确新时期的办学定位，必须在坚持特色、充实内涵、提高实力上下功夫。① 张立忠认为，对高校继续教育的定位展开研究是目前我国教育生态化发展的必然趋势。② 吴斌等认为，学历继续教育的培养目标定位应在确保学业标准的前提下，突出培养学生的岗位创新能力。③ 夏学文提出，高校继续教育应该从发展思路、办学模式、师资队伍、制度建设和育人环境五个方面重新定位，进而促进继续教育的可持续发展。④ 显然，关于办学定位的研究与高等学历继续教育能否实现可持续发展紧密相关。

（三）质量保障研究

依据研究对象，我国学者主要对高校继续教育质量保障、成人本专科教育质量保障、网络本专科教育质量保障、自考本专科教育质量保障开展了相关研究。刘力平等认为，我国高等教育的外部质量评估采用的是以教育主管部门为评估主体的政府主导模式，以院校主导或第三方评估机构作为评估主体的本科教学质量评估进展缓慢，权威性和影响力有待加强，而且由于实行双轨制办学，我国高等学历继续教育质量保障并未纳入教育部的高等教育统一质量保障体系之中。⑤ 李艳君等认为，应该借鉴国外继续教育评估体系，探索建立我国高校继续教育自我评估指标体系，并将其分为资源指标体系、能力指标体系、效果指标体系三大类指标。⑥ 王华轲将

---

① 李平，郭慧珍．我国高等继续教育持续发展方略［J］．中国高教研究，2007（4）：38.

② 张立忠．高校继续教育定位及其实践对策［J］．继续教育研究，2017（2）：11.

③ 吴斌，高庆元，范太华．高等学历继续教育人才培养目标定位研究［J］．高等继续教育学报，2017，30（2）：8.

④ 夏学文．高校继续教育的发展误区与重新定位［J］．继续教育研究，2017（11）：4-6.

⑤ 北京大学课题组．教育部职成司委托课题“高等学校继续教育质量保障体系研究”［R］．2017.

⑥ 李艳君，等．中国高等院校继续教育评估体系研究［A］//张宏建．海峡两岸暨港澳高校继续教育论文集（下册）［C］．杭州：浙江大学出版社，2016：420-427.

全面质量管理理念和方法引入成人本专科教育质量保障建设中，比较系统地归纳出成人高等教育全面质量管理的基本要素。① 赵过渡认为，我国网络本专科教育评估应该从规则性评估转向发展性评估，建立以需求为导向的评价原则，形成多元化模式的评价指标，强化“规模—成本—质量”相互关联的评价机制。② 金炳燮在我国高等教育自学考试质量保障体系研究中提出，内外质量保障体系构建都要坚持可持续发展战略，稳定专科、发展本科、启动研究生自考。③ 目前，我国教育部出台了一系列政策文件和评估文件，④ 来保障继续教育办学规范发展，加强外部质量评估工作，但

① 王华轲．我国普通高校成人高等教育全面质量管理研究［D］．曲阜：曲阜师范大学，2005：2-3.

② 赵过渡．我国网络教育评估趋势研究：从规则性评估到发展性评估［A］// 张宏建．海峡两岸暨港澳高校继续教育论文集（下册）［C］．杭州：浙江大学出版社，2016. 372-377.

③ 金炳燮．中国高等教育自学考试质量保障体系研究［D］．天津：天津大学，2007：58-59.

④《普通高等学校函授教育暂行工作条例》（1987）、《关于授予成人高等教育本科毕业生学士学位暂行规定》（1988）、《关于普通高等学校成人教育治理整顿工作的若干意见》（1990）、《关于成人高等学校治理整顿工作的意见》（1991）、《普通高等学校函授教育辅导站暂行规程》（1993）、《关于成人高等教育毕业证书统一负责制及加强管理的若干规定》（1993）、《关于进一步加强普通、成人高等学校招生全国统一考试管理工作的意见》（1995）、《关于重新公布具有举办函授、夜大学资格的普通高等学校名单和恢复办学资格审批工作的通知》（1997）、《关于表彰全国成人高等教育评估优秀学校的通知》（1997）、《关于高等学校以函授、夜大学方式举办本专科教育的意见》（1999）、《关于各类成人高等学校评估工作的意见》（1993）、《成人高等学校评估的基本内容和准则》（1993）、《普通高等学校函授教育评估基本内容和准则》（1994）、《普通高等学校夜大学评估基本内容和准则》（1994）、《普通高等学校函授教育评估指标体系（试行）》（1994）、《普通高等学校夜大学评估指标体系（试行）》（1994）、《关于做好普通高等学校函授、夜大学教育评估工作的通知》（1995）、《教育部办公厅关于对现代远程教育试点学校网络教育学院开展年报年检工作的通知》（2003）、《普通高等学校网络教育学院教学工作评估指标体系》（2004）、《现代远程教育校外学习中心（点）评估指标体系》（2004）、《关于做好现代远程教育教学质量网络化评估系统应用试点工作的通知》（2005）、《国家教委关于加强自学考试工作的意见》（1991）、《教育部关于进一步加强高等教育自学考试工作若干问题的意见》（2003）、《教育部办公厅关于开展高等学校继续教育发展年度报告工作的通知》（2018）。

是存在制度健全而执行不落地、不到位的情况。

（四）发展模式研究

从办学形式来看，我国高等学历继续教育经过几十年的发展，逐渐演化出三种办学形式：一是形式多样、办学主体多元的成人高等教育（即成人本专科教育）；二是现代信息技术与教育教学融合的现代远程教育（即网络本专科教育）；三是教育形式和考试形式相结合的高等教育自学考试（即自考本专科教育），逐步形成了规模大、层次多、形式全的学历继续教育办学格局。但是高等学历继续教育在办学过程中，出现了办学混乱、人才培养质量低下以及社会认可度低等诸多难以解决的问题。

从转型路径来看，余小波、杜以德、乐传永等认为，我国高等学历继续教育发展要进行转型与重构，从发展战略、办学定位、运营模式、体制机制、教学模式等多个方面，阐述了“何以转型”“如何可转”“转向何处”等问题。① 马启鹏等认为高等继续教育将沿着“学历导向型”向“职业导向型”转型，最终向“学习导向型”发展的轨迹发展。② 何桥等认为，品牌化战略已成为高校继续教育转型的逻辑支点，特色化战略成为高校继续教育转型的必由路径，市场化战略成为高校继续教育转型的历史选择。③ 赖立、王纾等发现，我国继续教育的发展状况存在明显的区域差异，要通过区域间优势互补、协同发展，不断优化办学结构和服务体系，形成

---

① 余小波．中国成人高等教育转型研究［M］．长沙：湖南大学出版社，2010；杜以德，何爱霞．我国成人高等教育办学机构转型与创新研究［M］．北京：高等教育出版社，2012；乐传永，等．成人教育转型发展研究［M］．杭州：浙江大学出版社，2014；白炳贵．成人高等教育转型发展的思考与探索［M］．沈阳：东北大学出版社，2014；王立慧．我国高校继续教育转型研究［D］．沈阳：东北大学，2014.

② 马启鹏，等．高校成人教育转型的路向选择与机制重构［J］．教育发展研究，2014，34（21）：36-43；马启鹏，徐赛颖．市场化战略：高校继续教育转型发展的因应之策［J］．成人教育，2013，33（7）：16-20；马启鹏．体制创新：高校继续教育转型的制度保障［J］．继续教育研究，2011（6）：1-5.

③ 何桥，等．高校继续教育转型发展研究［M］．杭州：浙江大学出版社，2012：144-159.

多样化、特色化的发展路径。①

从可持续发展视角来看，刘卫国和张峰认为，成人高等教育未来发展模式应该在满足现有社会成人的高等教育需求下，形成成人高等教育发展空间和发展条件的动力机制，在效益上要综合考虑经济效益、社会效益和生态效益，是持续、协调、全面的发展。② 叶忠海认为，新时代高等继续教育要在不断解决发展不充分不平衡矛盾过程中，遵循可持续发展理念，引领学历教育与非学历培训协调、融合发展，做到“无长不稳”与“无短不活”相结合。李晨希将自学考试与终身教育体系、学习型社会建设紧密结合起来，提出高等教育自学考试可持续发展策略。③ 王释云，④ 胡静、韦亚星，⑤ 欧颖、唐滢，⑥ 黄世扬、叶育旺⑦等将可持续发展作为办学目标，针对高等继续教育如何实现可持续发展，分别提出了针对性的建议。

三、高等学历继续教育发展研究述评

（一）成人教育理论研究述评

近年来，国际相关成人教育研究主要聚焦于成人学习者的能力提升、身份转变及生活质量改善、影响学习的内外部因素、相关成人教育理论的

① 王纾，赖立．我国继续教育综合发展水平的区域比较研究［J］．教育研究，2013，34（11）：65-72.

② 刘卫国，张峰．成人高等教育可持续发展［M］．北京：新华出版社，2007：6.

③ 李晨希．我国高等教育自学考试的可持续发展策略［D］．西安：陕西师范大学，2014：31.

④ 王释云．普通高校成人高等教育可持续发展的困境与应对［J］．河北大学成人教育学院学报，2016，18（2）：21-23.

⑤ 胡静，韦亚星．成人高等函授教育的可持续发展探析［J］．四川教育学院学报，2010，26（4）：1-2.

⑥ 欧颖，唐滢．试论新形势下我国成人教育可持续发展的根本途径［J］．继续教育，2009，23（5）：22-24.

⑦ 黄世扬，叶育旺．成人高等教育可持续发展的思考［J］．河南职业技术师范学院学报（职业教育版），2006（6）：37-39.

完善、有效教学策略的探讨等方面。① 整体来看，欧美等发达国家继续教育领域的相关学科得到了较快发展，瑞典的林雪平大学、澳大利亚的悉尼科技大学、芬兰的赫尔辛基大学、美国的北卡罗来纳州立大学等高校的成人继续教育研究水平在国际上具有较高的影响力，但是非英语国家的成人教育研究在国际上存在被边缘化趋势。国际成人教育也日益关注中国的经济发展、文化建设与教育改革，但是我国成人教育学者在国际期刊的发文数量明显偏少，与在国内发表的研究成果数量形成明显反差，我国成人教育学科影响力有待加强，标志性的、具有广泛影响力的研究成果较少。安德里亚斯·费耶斯（Andreas Fejes）和埃里克·尼兰德（Erik Nylander）在对《成人教育季刊》（*Adult Education Quarterly*）、《继续教育研究》（*Studies in Continuing Education*）、《国际终身教育杂志》（*International Journal of Lifelong Education*）等学术期刊所做的统计分析研究也反映出这一点。②

我国成人教育学科理论体系相对薄弱，和国际成人教育发展相比，缺乏理论创新，对高等继续教育实践办学层面的指导也略显不足，对现阶段高等学历继续教育办学质量提升的指导作用不甚明显。成人教育学科和其他很多学科相比，发展还相对滞后，逐渐被边缘化的趋势明显。关于高等学历继续教育研究的中文样本文献有 1346 篇，表明在我国高等学历继续教育研究领域，研究成果还是比较丰富的，但是对我国高等继续教育系统的深入研究和准确预判仍需加强。在高等学历继续教育转型发展、改革难题破解等方面，还没有形成系统的支撑继续教育可持续发展的理论和方法。③

---

① 周尧．近十年国际成人教育研究进展——基于 WoS 与 CiteSpace 的知识图谱分析［J］．终身教育研究，2018，29（5）：71-79.

② Fejes A，Nylander E. The Anglophone International（e）：A bibliometric Analysis of Three Adult Education Journals，2005-2012［J］. Adult Education Quarterly，2013，64（3）：222-239.

③ 吴绍靖．加拿大继续教育的经验及启示［J］．高等继续教育学报，2015，28（2）：20-24.

（二）办学定位研究述评

对于高等学历继续教育来说，办学定位是一个集理念、制度、政策与技术于一体的、整体的、根本的和发展的概念，定位必须先廓清自身的状况，厘清自身在社会环境中的功能和作用，符合时代的要求，承担时代的使命。在高等教育精英化、大众化发展阶段，国内外学者关于高等学历继续教育办学定位研究主要体现在两个方面：一是提倡教育全纳、平等的理念，为弱势群体接受高等教育打开一扇门；① 二是精准对接社会需求，进行人力资源开发，提升院校服务社会发展的能力。在高等教育普及化阶段，美国建立了没有围墙的大学，大力提倡终身继续教育；“终身学习大学”这一办学理念在欧盟高等教育领域逐步形成共识，学者们认为，“大学要超越继续教育与成人教育的范畴，在2020年前实现更为综合的终身学习”。② 由于我国高等学历继续教育和普通高等教育实行双轨制办学，我国关于高等学历继续教育的办学定位研究与国外具有一定的区别。大多数学者认为我国高等学历继续教育办学推行至今，长期定位于学历补偿教育，一些研究具有学历补偿的烙印，固化和降低了办学定位。为了促进高等学历继续教育综合改革与转型发展，需要借鉴国外研究成果，拓宽和提升办学定位，丰富高等学历继续教育改革发展的研究视角。

（三）质量保障研究述评

目前英美等发达国家构建了统一的质量保障体系，即采用高等教育一轨制模式进行办学，这在总体上保证了高等学历继续教育的办学质

① 何桥，等．高校继续教育转型发展研究［M］．杭州：浙江大学出版社，2012：96.

② 季明明．一流大学要引领终身学习和继续教育发展［J］．开放学习研究，2019，24（1）：1-7.

量。① 相关学者的研究表明，“宽进严出”成为欧美等国家高等学历继续教育质量保障体系的重要特征，信息技术的快速发展也为国际高等学历继续教育质量保障研究带来新的变化。我国由于实行高等教育双轨制办学模式，普通高等教育质量保障、高等学历继续教育质量保障研究分别产生了一系列研究成果。目前我国高等学历继续教育质量标准面临着标准不一、执行力度不足等问题，尽管部分院校通过了 ISO9001：2000、ISO9001：2008 等质量管理体系认证，但由于缺少惩罚与退出机制，内部质量保障普遍存在制度健全而执行不到位的情况。② 因此，对于高等学历继续教育内部质量保障的研究，不仅要重视指标体系的设计，也要思考如何使其能够“落地”和有效执行。此外，对于高等学历继续教育外部质量保障的研究还相对较少，对目前现有相关研究成果还需要进行更多的全局性、系统性思考，以利于教育主管部门在制定高等继续教育质量保障政策时进行参考。

（四）发展模式研究述评

从国内外研究成果来看，高等学历继续教育办学模式差别很大。虽然都是以大学为主体进行办学，但是很多发达国家采用单轨制办学模式，同校同质，只是学习方式或教学安排方面有所差别。而我国目前是双轨制办学模式，同校不同质。国内外的研究一方面都重视信息技术对高等教育的影响，远程教育、虚拟大学、开放大学成为建设和研究的热点；另一方面也认为可持续发展应该成为继续教育发展的核心关切，研究主要聚焦于继续教育促进社会和个人可持续发展、可持续发展理论促进高等继续教育改革、可持续发展水平综合评价三个方面。目前我国关于高等继续教育发展

① 刘子杰．质量、公正与制度保障——中英成人高等学历教育的比较研究［D］．上海：华东师范大学，2008：83.

② 北京大学课题组．教育部职成司委托课题“高等学校继续教育质量保障体系研究”［R］．2017.

模式的研究，多是基于成人高等教育、网络教育、高等教育自学考试等某一种学历继续教育形式的改革研究，缺乏对高等学历继续教育的整体研究，鲜见基于整个高等学历继续教育系统框架的问题分析和改革方案设计。顾此失彼、利此害彼，缺乏全局观的研究成果很难投入实际应用中，不利于高等学历继续教育办学的整体健康发展。此外，一些研究成果是基于我国高等学历继续教育办学现状提出相应的政策建议，缺乏对办学历史的系统回顾和对未来发展情况的预测分析，“头痛医头、脚痛医脚”，在解决我国高等学历继续教育目前发展过程中遇到的问题时，往往会同时产生新的发展问题。

通过对国内外高等学历继续教育理论发展、办学定位、质量保障、发展模式的述评，可以发现，相对于国外研究成果，我国学者在高等学历继续教育改革发展研究过程中：研究方法和理论视角还比较单一，主要采用思辨论述和案例分析方法，虽然有学者采用管理学、生态学、经济学理论，分析高等继续教育的可持续发展问题，但是往往还处于办学理念的层次，缺乏明确的理论分析框架和深入的实证分析；研究对象相对片面，多数研究聚焦于高等学历继续教育的某一种教育形式，例如，成人本专科教育、网络本专科教育、自考本专科教育，或者是普通高校继续教育、独立设置成人高校继续教育、开放大学及电大教育等，缺乏对整个高等学历继续教育的“全景研究”。在我国各类教育中，继续教育属于薄弱环节，高等学历继续教育属于“老城改造”，中国教育现代化的“最后一公里”，急需进行系统性、全局性改革的实证研究。中国教育学会会长钟秉林表示，当前教育体系内部改革的关联度增加，系统改革已成为必然要求。① 因此，在全面提高高等教育质量的大背景下，有必要基于生态视角，分析我国高等学历继续教育系统的现实困境、演变历程与发展趋势，深入探讨高等学历继续教育如何明确办学定位，提高人才培养质量，实现自身可持续发展。

---

① 孙妙凝．全国政协委员钟秉林：教育系统改革已成必然要求［N］．人民政协报，2014-01-07（11）．

第四节 研究方法与研究特色

一、研究方法

为了掌握国内外高等继续教育领域最新的研究动态，保证研究成果的全面性、科学性、客观性、创新性和实用性，在具体研究过程中，本书综合运用了文献研究、统计分析、数学建模、情景预测、访谈等研究方法。

（一）文献研究法

文献研究法主要指研究者围绕研究问题，通过多种途径和方式搜集、鉴别、整理文献，从而形成对研究问题及其所处领域发展情况的科学认识的一种研究方法。在本书研究过程中，笔者紧紧围绕论题，首先，检索和整理高等继续教育领域的专著和论文。在专著搜集方面，主要借助全国图书馆参考咨询联盟、高校图书馆等，全面搜集、分类整理了成人继续教育领域的相关学术专著或书籍；在论文检索方面，主要借助 WoS、Scopus 数据库查阅国际上相关学术文献，借助中国知网（CNKI）数据库、人大“复印报刊资料”数据库查阅国内学者的相关论文研究成果。其次，借助共词分析软件 CiteSpace，对 Scopus 数据库、CNKI 数据库的相关文献进行关键词聚类分析，生成研究热点知识图谱，从而把握高等继续教育研究整体方向；重视分析阅读经典文献、高被引文献的参考文献，进而以“滚雪球”的方式搜集整理出关于教育学、生态学、组织学方面部分经典文献著作和当下最新的图书文献资料。同时注意关注美国、英国、瑞士等国家已开设了本科、硕士层次学历继续教育项目的一些大学专题网站，把握国际高等继续教育发展趋势。这为本研究的顺利进行提供了充足文献资料支撑，进而构建适切的理论分析框架。

（二）统计分析法

在描述性统计学中，频数表和直方图是常用的定量而直观地整理、描述数据的手段之一，① 此外，柱状图、折线图和饼图等也被广泛应用。高等学历继续教育的发展历程、办学现状、演变趋势主要通过一段时期内院校等办学机构的数量变化，以及招生数量、在校生数量、毕业生数量的增减等反映出来。所以在研究过程中，笔者借助《中国教育统计年鉴》、全国教育事业发展统计公报、全国教育经费执行情况统计公告、《中国统计年鉴》、《中国人口和就业统计年鉴》、《中国人口与劳动问题报告》、世界银行数据库等相关报告的统计数据，通过相应的数据统计分析形成描述高等学历继续教育发展趋势图表，为分析我国高等学历继续教育在不同历史发展阶段的构成要素变化和外部环境因素的影响，提供了量化的数据支撑。

（三）数学建模法

数学模型是用符号、函数关系将评价对象和内容进行定义，并把相互间的变化关系通过数学公式表达出来。关于我国高等学历继续教育发展水平的综合评价，本书基于多位学者的相关研究成果，设计了分析维度与测量指标，并采用主成分分析数学模型法，对我国 31 个省（区、市）的高等学历继续教育发展水平进行排名，并划分为三个发展方阵。关于我国高等学历继续教育生态系统外部环境变化的预测分析，高等教育毛入学率是一个重要参考指标，本书梳理比较了多位学者的预测分析模型，选用时间序列函数建模方法，构建高等教育毛入学率发展变化数学模型，预测未来一段时期高等教育毛入学率的发展变化趋势，进而说明我国高等学历教育整体的发展走势，为分析高等学历继续教育在我国高等教育普及化进程中

① 柯惠新，沈浩．调查研究中的统计分析法（第 2 版）［M］．北京：中国传媒大学出版社，2005：12-13.

的作用、地位和发展空间提供帮助。

（四）情景预测法

情景预测也称未来前景预测法，是一种直观的定性预测方法，是假定某种现象或某种趋势将持续到未来的前提下，对预测对象可能出现的情况或引起的后果作出相应的预测。在本书研究过程中，考虑到高等学历继续教育系统受到外部环境因素变化的影响，呈现出一定的生态特征和发展规律，利用情景预测法，分析未来一段时期我国高等学历继续教育相关政策的变化，系统构成要素以及功能的变化。然后基于可持续发展模型提出相应的改进建议，推动高等学历继续教育朝可持续发展的方向演进。

（五）访谈法

为更加全面地了解当前我国高等学历继续教育发展现状，根据研究需要，分别对省级继续教育主管部门、网络教育试点高校、开放大学、普通地方高校、独立设置成人高校、学习中心及函授站等机构进行走访，此外还与部分参加高等学历继续教育的成人学习者进行交流，针对不同访谈对象有针对性拟定访谈提纲，通过与具有典型性和代表性的研究对象进行深度交流，获取我国高等学历继续教育各种办学形式发展所面临的问题及改革的建议。

二、研究特色

本研究是对我国重大社会现实问题的关注，高等学历继续教育已经成为我国高等教育体系最薄弱的部分，影响了整个高等教育现代化进程。如何回应国家和社会大众对高等学历继续教育未来发展的关切，如何提升其办学质量，已经成为高等继续教育领域必须面对和尽快解决的难题。我国学者以往的研究，多是针对成人本专科教育、自考本专科教育、网络本专科教育三者中的某一种教育形式进行的局部性研究，而本研究将这三种教育形式分别作为子系统，尝试对高等学历继续教育进行整体性研究，从生态视角分析其发展规律，预测其演化路径，提出改革建议，在一定程度上拓宽了高等学历继续教育研究的视域。

此外，本研究注重：从事实切入，对我国高等学历继续教育办学历程做了详细全面的梳理；用数据说话，对《中国统计年鉴》《中国教育统计年鉴》《中国社会统计年鉴》《中国教育经费统计年鉴》《中国人口与就业统计年鉴》，以及全国教育事业发展统计公报、世界银行数据库、Scopus数据库、中国知网（CNKI）等数据库的数据进行搜集、提炼、整合、制图、分析，发现问题、探索规律；做交叉混合研究，基于生态学视角研究教育学的问题，采取定量与定性混合研究方式，基于主成分分析法将我国31个省（区、市）的高等学历继续教育划分为3个发展方阵，基于时间序列分析法对未来10年我国高等教育毛入学率变化趋势进行预测，具有一定的创新性。

第五节　研究思路及论文架构

依据我国高等学历继续教育办学特点，基于生态视角，本研究按照“理论框架建构—群落演变分析—现实发展困境—办学空间预测—发展趋势判断—提出改革建议”的逻辑顺序展开分析，研究思路如图1-3所示。

本书共分为六章：

第一章导论。主要包括选题的背景和意义，问题聚焦及主要概念界定，对国内外高等学历继续教育研究发展现状进行述评，对本书的研究方法、研究特色与研究思路进行了具体说明。

第二章理论基础及分析框架。首先介绍生态系统理论，资源依赖理论，可持续发展理论的基本内涵、特点以及对于本研究的适切性，然后阐述高等学历继续教育系统构成，最后形成本研究的生态分析框架。

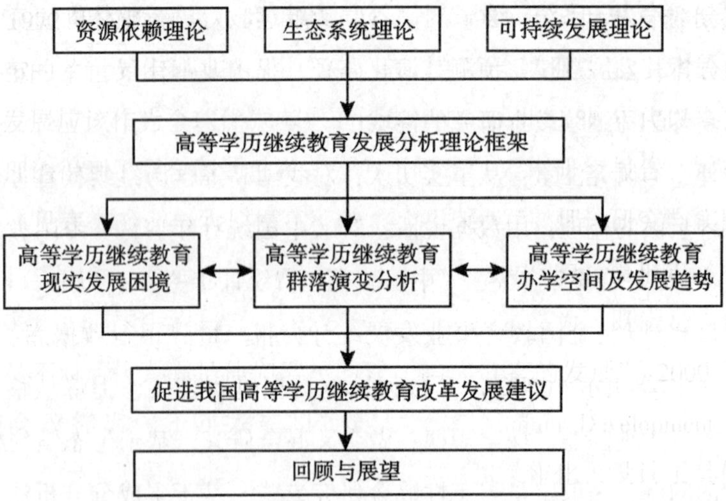

图 1-3 论文研究基本思路

第三章是对我国高等学历继续教育群落演变的生态分析。一方面梳理了高等学历继续教育三种办学类型及其发展史；另一方面从办学物种及种群关系、群落办学水平、群落演变动因三个维度，分析了我国高等学历继续教育办学群落的演变历程，清晰地勾勒出我国高等学历继续教育演进路径。

第四章是对我国高等学历继续教育群落现实发展困境的分析。从整体与局部两个维度对高等学历继续教育办学群落整体发展生态失衡、区域发展不均衡现象进行了具体阐述。

第五章是对我国高等学历继续教育办学空间及发展趋势的分析。首先，对我国大陆地区 31 个省（区、市）的高等学历继续教育综合发展水平进行测量和比较分析，划分出 3 个发展方阵；然后，对国内外环境生态因子的发展变化进行宏观分析，对我国高等教育普及化进程进行微观预测分析；最后，对我国高等学历继续教育的办学空间、生态演变规律及未来发展趋势进行了综合分析与判断。

第六章是对我国高等学历继续教育改革发展的具体建议。一是推进高等学历继续教育进行区域差异化改革；二是明确高等学历继续教育的办学生态位；三是实施高等学历继续教育可持续发展战略。

结语部分回顾了关于我国高等学历继续教育生态演变研究的基本结论，反思了研究不足之处并对下一步的研究探索进行了展望。

第二章　理论基础及分析框架

实现科教兴国战略，高等教育大众化是必然的选择；只有树立可持续发展的高等教育发展观，才能解决大众化过程中的困难。① 目前，我国高等学历继续教育改革进入关键期，如何发展需要适切的理论指导。生态可持续发展是一种新的社会发展观，是一种实用的教育价值观，包含着丰富的系统科学思想。我国高等学历继续教育是一个开放的、动态的教育系统，在经济社会发展过程中发挥着重要作用，和外部社会环境动态地进行物质、信息和能量的交换。外部社会环境对人力资源的需求情况与依赖程度，影响着高等学历继续教育系统的下一步发展方向。为此，本章借助生态系统理论、资源依赖理论、可持续发展理论，构建高等学历继续教育理论分析框架，研究我国高等学历继续教育的群落构成、演变历程、办学空间、发展趋势及改革路径。

第一节　生态系统理论

一、生态系统概述及其特征

（一）生态系统概述

在自然界，生态系统（ecosystem）主要是指在一定区域内共同栖居着

① 潘懋元. 21世纪：可持续发展的中国高等教育——兼论中国高等教育大众化问题［J］. 教育科学研究，1999（2）：3.

的所有生物（即生物群落，biotic community）与其外部环境之间，由于不断进行物质循环和能量流动而形成的统一整体，生态学的相关理论和实践主要围绕生态系统而展开。① 它不仅是一个地理单元（或者生态区，ecoregion），还是一个具有一定自然或人为边界的输入输出功能系统。从生态学组织层次来看，生态系统处于第八等级。②

在我国，关于生物与环境、人与自然的和谐统一等朴素的生态教育思想自古有之，例如，我国传统文化典籍《道德经》《中庸》中就蕴含着"天人合一""道法自然""中庸之道"等生态智慧。19 世纪晚期，德国、美国和俄国的生态学文献中也出现了相关正式的阐述。③ 生态系统这一概念是由英国生态学家阿瑟·乔治·坦斯利（Arthur G. Tansley）爵士在 1935 年率先提出的，与生态系统相关的概念、术语见表 2-1。而生态系统理论的构建则是由俄国心理学家尤里·布朗芬布伦纳（Urie Bronfenbrenner）完成的，依据其社会生态理论嵌套结构模型，④ 生态系统由外至内逐次划分为宏观系统（macrosystem）、外部系统（exosystem）、中间系统（mesosystem）、微观系统（microsystem）四个层次。布朗芬布伦纳

---

① ［美］尤金·P·奥德姆，加里·W·巴雷特．生态学基础（第五版）［M］．陆健健，等，译．北京：高等教育出版社，2009：15.

② 生态学组织层次分为细胞、组织、器官、器官系统、个体、种群、群落、生态系统、景观、生物群区、生物圈 11 个等级，在每个层又纵向分为热力学、进化、发育、调节、行为、多样性、整合 7 个超越性过程或功能。参见：Barrett G W，Peles J D，Odum E P. Transcending processes and the levels of organization concept［J］. BioScience，1997（47）：531-535.

③ 1877 年，德国 Karl Mobius 把一个牡蛎礁上的生物群体称为生物群落；1887 年，美国 S. A. Forbes 发表经典著作《湖泊微宇宙》；俄国 V. V. Dokuchaev 和 G. F. Morozov 着重强调了生物群落的概念，后来又扩展为地理生物群落。

④ 多篇文献介绍和使用了该模型，详见李静，高怡楠，马炳焱．生态系统理论视野下的幼小衔接［EB/OL］．2017-8-29. http：//www. cssn. cn/jyx/jyx_xqjy/201708/t20170829_3623869. shtml；Renn K A . Space to Grow：Creating an Ecology Model of Bi-and Multiracial Identity Development in College Students［J］. Cognitive Development，1999：38；Brendtro L K. The Vision of Urie Bronfenbrenner：Adults Who are Crazy about Kids［J］. Reclaiming Children and Youth：The Journal of Strength-based Interventions，2006，15（3）：162-166.

的生态系统理论突出强调环境这一影响人类教育发展（尤指儿童）因素的重要作用，相对而言弱化了生物性，即遗传因素对人类教育的影响。20世纪中期，一些生态学家的研究成果推动了生态系统研究，使之成为一个综合系统。①20世纪末，生物生态学与社会理论结合起来作为生态系统管理实践的基础，提出了人类生态系统的概念。② 进入21世纪，生态学理论与现代系统理论的系统论、控制论、信息论相结合，促进生态系统理论的进一步完善与发展。

（二）生态系统特征

从定义上看，生态系统特征主要体现在两个方面：一是系统特征；二是生态特征。系统特征主要是指生态系统具有整体性、层次性、结构性、功能性、变异性和相对稳定性；生态特征主要是指生态系统的生态演替、区域性、循环性和开放性等特征。整体来看，生态系统与时间变量相联系，通过不断与外界环境进行物质、能量与信息的交换而发生生态演替；生态系统也与空间变量相关联，反映一定的地区特性和空间结构，结构与功能的对立统一是生态系统的基本规律。见表2-1。

---

① Odum E P. Fundamentals of Ecology [M]. Philadelphia: W. B. Saunders, 1953; Evans E C. Ecosystem as the Basic Unit in Ecology [J]. Science, 1956 (123): 1127-1128; Margalef R. Temporal Succession and Spatial Heterogeneity in Phytoplankton [M]. In Perspectives in marine biology, Buzzati-Traverso, Ed. Berkeley: University of California Press, 1958: 323-347; Watt K E F. Systems Analysis in Ecology [M]. New York: Academic Press, 1966; Van Dyne G M. The Ecosystem Concept in Natural Resource Management [M]. New York: Academic Press, 1969; Patten B C. Systems Analysis and Simulation in Ecology (Volume 1) [M]. New York: Academic Press, 1971; Odum H T. Environment, Power, and Society [M]. New York: John Wiley, 1971.

② Machlis G E, Force J E, Burch W R. The Human Ecosystem, Part 1. The Human Ecosystem as an Organizing Concept in Ecosystem Management [J]. Society and Natural Resources, 1997 (10): 347-367; Force J E, Machlis G E. The Human Ecosystem, Part 2 [J]. Society and Natural Resources, 1997 (10): 369-382.

表 2-1　　　　**生态系统相关概念或术语①**

物种（species）	基本的分类单元。能相互繁殖、享有一个共同基因库的一群个体，并和其他种生殖隔离
亚种（subspecies）	种下分类单位。通常由于地理隔离造成。亚种内个体间互相交流基因的可能性大于同一物种其他亚种的个体。若地理隔离保持不变，亚种将最终演变为新种
种群（population）	在一定空间内生活、相互影响、彼此能交配繁殖的同种个体的集合
群落（community）	有时称为生物群落，在相同时间聚集在一定地域或生境中各种生物种群的集合
可持续生态系统（sustainable ecological system）	将经济发展与环境保护协调一致，使之满足当代人的需求，又不对后代人需求的发展构成危害的永续的生态系统
生态因子（ecological factor）	对生物生长、发育、生殖、行为和分布等生命活动有直接或间接影响的环境因子
生态位（ecological niche）	生物在生物群落或生态系统中的作用和地位，以及与栖息、食物、天敌等多环境因子的关系
承载力（carrying capacity）	又称“环境容纳量”。一个环境条件所允许的最大种群数量
r 对策（r-strategy）	出生率高，寿命短，个体小，一般缺乏保护后代的机制，竞争力弱，但一般具有很强的扩散能力
K 对策（K-strategy）	采用发育慢、高竞争力、生殖开始迟，体型大、数量稳定和寿命长的策略
演替（succession）	某一地段上群落由一种类型自然演变为另一种类型的有顺序的更替过程
进化（evolution）	生物的演化过程。生物与其生存环境相互作用，其遗传结构发生改变，并产生相应的表型

① 全国科学技术名词审定委员会．生态学名词［M］．北京：科学出版社，2007.

续表

生态平衡（ecological balance）	生态系统处于成熟期的相对稳定状态，此时，系统中能量和物质的输入和输出接近于相等，即系统中的生产过程与消费和分解过程处于平衡状态

二、生态系统构成要素特点

（一）物种间相互作用

两个种群的物种之间相互作用是非常普遍的，决定了种群和群落的功能和结构。相互作用基本类型分为中性、正的和负的（0，+，-）的组合，共9种形式，见表2-2。

表2-2 两物种间相互作用分析列表①

相互作用类型	物种1	物种2	相互作用的一般特征
中性作用	0	0	两个种群彼此不受影响
直接相互干涉性竞争	-	-	每个种群直接抑制另一个
资源利用性竞争	-	-	共用资源短缺时的间接抑制
偏害共生	-	0	种群1受抑制，种群2无影响
偏利共生	+	0	种群1是偏利者，而种群2无影响
寄生作用	+	-	种群1是寄生者，通常个体小于宿主2
捕食作用（包括食草）	+	-	种群1是捕食者，通常个体大于猎物2
原始合作	+	+	相互作用对两种都有利，但不是必需的
互利共生	+	+	相互作用对两种都有利，且是必需的

（该表中0表示没有显著相互作用，+表示对种群生长、存活或其他种群特性有益，-表示对种群增长或其他特性有抑制）

① ［美］Eugene P. Odum，Gary W. Barrett. 生态学基础（第五版）［M］. 陆健健，等，译. 北京：高等教育出版社，2009：255.

（二）种群生存对策

物种在长期进化过程中，逐渐形成了适应环境的生态对策，主要分为 r 对策者和 K 对策者两大类，进而形成 r 对策和 K 对策两种发展模式。r 对策者主要存在于多变的环境中。其种群密度常低于环境容量 K 值，种群内部竞争不紧张，具有能够使种群增长最大化的各种生物学特性，即高生育力、发育快速、早熟等。K 对策者主要存在于稳定的环境中，由于种群数量经常保持在环境容量 K 水平上，因而种群之间竞争激烈。该种群具有发育慢、寿命长、存活率高等生物学特性，物种通过提高竞争能力使自身能够在高密度条件下得以生存。① 因此，物种在发展初期、资源丰富的情况下，往往选择 r 对策发展模式，而在成熟期、资源竞争日趋激烈的情况下，采取 K 对策发展模式。

根据种群增长曲线的形状，可以将种群增长分为两个基本型：J-形和 S-形（如图 2-1 所示）。在 J-形增长中，若在理想环境下，种群密度呈指数形式快速增加，增长曲线形似 J 形。在 S-形增长中，开始的时候种群增长缓慢（建立期或正加速期），然后加快（可能接近于对数期），但不久后，由于环境阻力按百分比增加，增长也就逐渐降低（负加速期），直至达到平衡状态并维持下去。

（三）群落演替类型

生态系统群落演替主要分为自发演替、异发演替、正向演替、逆向演替等形式，演替过程往往是外部环境和内部群落共同作用的结果。自发演替（autogenic succession）是指，如果生态系统演替变化受外部环境影响，但是主要取决于内部群落的交互作用，这个过程就被认为是自发演替，自发演替过程中群落对环境具有一定的反作用，使环境也发生相应的变化。

① 戈峰．现代生态学［M］．北京：科学出版社，2008.

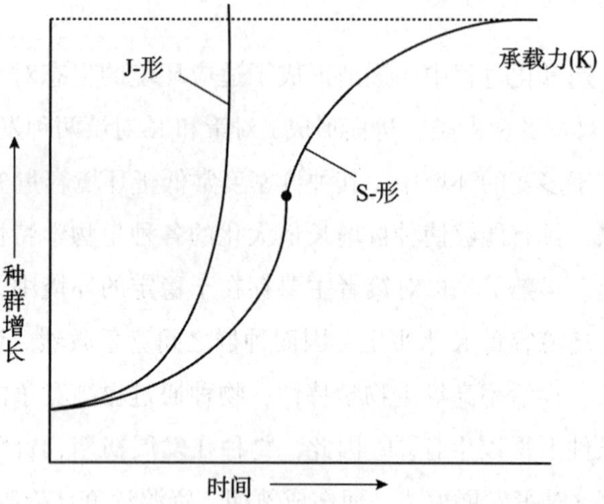

图 2-1 J-形（指数增长）和 S-形（逻辑斯谛增长）曲线①

异发演替（allogenic succession）又称外因演替，是指由外因主导的生态演替，导致内部群落发生显著变化，外因主要有外界自然干扰、环境变化以及人类破坏等因素。正向演替（positive succession）是指从裸地开始，经过一系列中间阶段而发展到最后阶段，即顶极群落，形成生物群落与环境相适应的动态平衡的稳定状态。逆向演替（retrogressive succession）是指由顶级群落向原生裸地方向的退化演变，逆向演替的结果是产生退化的生态系统。

三、生态系统理论对于本研究的适切性

（一）教育生态学理论的相关研究不断拓展

1966 年，埃里克·阿什比（Eric Ashby）和玛丽·安德森（Mary

① ［美］Eugene P. Odum，Gary W. Barrett. 生态学基础（第五版）［M］. 陆健健，等，译. 北京：高等教育出版社，2009：216.

Anderson）在合著的《英国、印度和非洲的大学：高等教育生态学研究》中，从生态学视角对英国、印度和非洲的高等教育进行了大量研究，① 提出了“任何类型的大学都是遗传与环境的产物”的著名论断，为高等教育的研究提供了一个崭新的视角。② 1976 年，美国哥伦比亚大学师范学院前院长克雷明（L. A. Cremin）在《公共教育》（*Public Education*）一书中提出“教育生态学”（Ecology of Education）的概念。③ 20 世纪 70 年代是国外教育生态研究的兴旺时期，各种研究趋向纷呈；到了 80 年代和 90 年代，教育生态学研究不仅范围有所拓宽，而且向纵深发展，在这段时间先后产生了一批重要研究成果。④ 进入 21 世纪，教育生态学研究主要呈现出由宏观走向微观、由理论探讨走向实践应用的趋势。例如，史蒂文斯（M. Stevens）与科斯特（M. W. Kirst）的《重塑大学：高等教育的生态变迁》（2015）阐述了美国高等教育过去 20 多年的生态变迁，认为日益增长的问责制革命、提高效率和生产率的推动以及在线学习的爆炸式增长正在改变高等教育的性质，基于教育生态学理论，提出了重塑那些承担大部分本科教学任务的学校（如社区学院、综合性公立大学和一些营利性办学机构等）的建议。⑤ 2017 年 1 月，在罗马尼亚举办了以“适应与突破：大学在高等教育新生态中的改革与创新”为主题的高等教育国际发展论坛，推动高校建立可持续发展的生态观。这些研究成果与实践活动对于我国开展高

---

① 刘延云．阿什比大学移植观研究与启示——读《英国、印度和非洲的大学：高等教育生态学研究》[J]．科学学与科学技术管理，2004（2）：99-102.

② 贺祖斌．高等教育生态论［M］．桂林：广西师范大学出版社，2005：11-12.

③ 范国睿．美英教育生态学研究述评［J］．华东师范大学学报（教育科学版）1995（2）：12.

④ 埃格尔斯顿（Eggleston J）的《学校生态学（The Ecology of the School）》（1977）；克雷明（Cremin L A）的《教育生态学中的变革：学校和其他教育者（Changes in the Ecology of Education：The School and the Other Educators）》（1978）；莱西（Lacey C）和威廉斯（Williams R）的《教育、生态学与发展（Education，Ecology and Development）》（1987）等。

⑤ Stevens M，Kirst M W．Remaking College：The Changing Ecology of Higher Education［M］．Palo Alto：Stanford University Press，2015.

等学历继续教育可持续发展研究，具有一定的参考价值。

我国关于教育生态学的研究始于 20 世纪 70 年代末的台湾地区，方炳林的《生态环境与教育》（1975）提出生态环境与教育的研究就是“教育生态的研究”；李聪明的《教育生态学导论——教育问题的生态学思考》（1989）认为应以共荣共存的教育生态系统来引导台湾的教育正常发展。① 20 世纪 90 年代开始，我国大陆地区教育生态学理论研究与实践迎来了快速发展时期，先后出版了一系列著作，其中吴鼎福、范国睿等研究了教育与生态环境的关系，贺祖斌、谢凌凌、曾祥跃等的研究成果聚焦于高等教育和网络远程教育系统生态发展。②③④⑤⑥⑦⑧⑨ 同一时期，我国其他作者也发表了大量相关学术论文，在中国知网数据库以“高等教育生态系统”为主题进行索引，2010—2018 年这段时期的学术文献有 265 篇，平均每年约 30 篇，表明生态系统理论为新时期普通高等教育、高等学历继续教育的改革研究提供了重要的理论分析视角。

（二）高等学历继续教育系统具有一定的生态特征

按照史蒂文斯（M. Stevens）、科斯特（M. W. Kirst）、贺祖斌、谢凌凌、曾祥跃等的观点，高等教育系统具有生态系统的物质循环、能量流动、信息传递、生态演替、生态区域等特征，系统内部各种要素与其生存环境相互作用，构成一个内部群落与外部环境进行资源交互的复杂的生态

---

① 邓小泉，杜成宪．教育生态学研究二十年［J］．教育理论与实践，2009，29（13）：12-16.

② 吴鼎福，诸文蔚．教育生态学［M］．南京：江苏教育出版社，1990.

③ 任凯，白燕．教育生态学［M］．沈阳：辽宁教育出版社，1992.

④ 高小和．教育生态论纲［M］．昆明：云南大学出版社，1998.

⑤ 范国睿．教育生态学［M］．北京：人民教育出版社，1999.

⑥ 贺祖斌．高等教育生态论［M］．桂林：广西师范大学出版社，2005.

⑦ 吴林富．教育生态管理［M］．天津：天津教育出版社，2006.

⑧ 曾祥跃．网络远程教育生态学［M］．广州：中山大学出版社，2011.

⑨ 谢凌凌．新建本科院校“生态位战略”的构建、运行与评价——广西高等教育例证［M］．北京：中国社会科学出版社，2015.

系统。正如英国教育家阿什比所说的，“任何类型的大学都是遗传和环境的产物”。① 环境就是社会发展的需求，遗传就是各国的文化传统，包括教育系统。由于大学是环境的产物，所以大学理念总是要随着社会的变化发展而变化。我国目前实行高等教育双轨制办学模式，即普通高等教育和高等学历继续教育并存发展，因此我国高等学历继续教育也可以看做是一个社会生态系统。曾祥跃等在关于网络远程教育生态学的研究中，将网络本专科教育（高等学历继续教育的一种办学形式）定义为一个生态系统，②也反映出高等学历继续教育开展生态学研究的可行性。

第二节　资源依赖理论

一、资源依赖理论概述

20 世纪 40 年代，资源依赖理论（Resource Dependency Theory，RDT）开始萌芽，属于组织理论的一个重要流派。20 世纪 70 年代以来，资源依赖理论成为研究组织变迁、组织与外部环境交互、组织间关系的一个重要理论。20 世纪 80 年代，资源依赖理论有了进一步发展，博特（R. S. Burt）、贝克（W. E. Baker）从经济学的角度研究组织与环境的关系，资源依赖程度越高，组织与环境的关系越紧密，说明组织对于环境的这种依赖性是组织间相互联系的属性。③ 根据杰弗里·普费弗（Jeffrey Pfeffer）与杰拉尔德·萨兰奇克（Gerald Salancik）的著作《组织的外部控制：对组织资源依赖的分析》，资源依赖理论的内涵主要体现在三个方面：组织是由内外部共同构成的一个综合体；环境中包含对组织生存有价值但稀缺

① ［英］阿什比. 科技发达时代的大学教育［M］. 滕大春，滕大生，译. 北京：人民教育出版社，1983.

② 曾祥跃. 网络远程教育生态学［M］. 广州：中山大学出版社，2011.

③ 孙丽娜. “资源依赖”理论视角下的美国创业型大学发展模式研究［D］. 沈阳：东北师范大学，2016：25.

的资源；组织的工作和环境之间存在两个目标：获取对资源的控制，减少对他人的依赖和提高他人对自己的依赖。①

二、生态系统的资源依赖关系

对于生态系统来说，系统内部群落可以看做组织 A，系统外部环境可以看做组织 B，系统内部群落与外部环境之间具有一定的资源依赖关系，因为生态系统内部群落所需要的各种物质、能量、信息资源主要来自外部环境。外部环境是一个多维空间和多元的环境，对生态系统内部群落的诞生、发展和继续存在产生重要影响。从群落与环境的结构关系视角来看，外部环境可以分为直系环境和旁系环境两种类型：直系环境主要是指群落与环境间是同构的，要素性质相对一致；而旁系环境则与群落间具有复杂的关系。借助资源依赖理论，有助于分析外部环境和内部群落两个组织之间的资源动态交互、依赖机制以及组织跃迁变化，有助于发现内部群落供给侧的深层次问题，增强外部环境对系统产品的需求依赖程度，进而促进生态系统的生存与可持续发展。在生态学领域，生态因子（ecological factor）作为环境要素中对生物起作用的因子，② 是构成生态环境的下一个层次的基本单元。例如，属于气候要素的气温、降水、湿度、风等生态因子。依据资源依赖理论，生态系统内部群落与外部环境的资源依赖关系可以表示为：

$S_{内部群落} = F_{外部环境}(X_1, X_2, X_3, \cdots\cdots, X_n)$ ③

---

① Pfeffer J, Salancik G R. The External Control of Organizations: A Resource Dependence Perspective [M]. New York: Harper & Row, 1978.

② 杨同毅. 高等学校人才培养质量的生态学解析 [D]. 武汉：华中科技大学，2010：45.

③ 借鉴胡杨成，蔡宁. 资源依赖视角下的非营利组织市场导向动因探析 [J]. 社会科学家，2008 (3)：121-122.（其中 X_1，X_2，X_3，……，X_n 表示外部环境的不同生态因子。）

三、资源依赖理论对于本研究的适切性

资源依赖理论的基本前提是“如果组织不能在其内部开拓自给自足的资源，它们就必须与外部环境进行交换以换取所需资源。在资源交换的过程中，外部组织不仅会消费组织产品，而且还会对组织行为或变革提出要求”①。我国高等学历继续教育作为一个人工教育生态系统，具有天然的实用性、应用性办学特征，对外部环境存在着严重的资源依赖，政策、师资、生源、经费、设备等各类资源都需要外部环境的供给，同时也提供人力资源和学历文凭等“产品”，与外部环境进行资源交换。由于人才培养质量不高，难以满足外部环境的需要，外部环境正在推动高等学历继续教育进行综合改革，故借助资源依赖理论，有利于进一步研究如何优化外部环境，以及深化高等学历继续教育内部群落的供给侧改革。

第三节　可持续发展理论

一、可持续发展理论内涵及溯源

可持续发展被认为是20世纪以来最重要的概念之一，基本内涵是以人的发展为中心，实现社会、人与自然的协调及可持续发展。关于“持续”的定义包括“保持”“保持存在”“支持”“维持”“以食物或营养物供给”(《韦氏词典》第10版对“sustain”的解释)。可持续发展是一种系统的、综合的、整体的社会发展观和文化价值观，其发展的原则为多维发展、协调发展、公平发展、共同发展、持续发展。②研究对象不同，可持续发展的

---

① ［美］韦恩·霍伊，塞尔西·米斯克尔．教育管理学：理论·研究·实践［M］．范国睿，译．北京：教育科学出社，2007：239. 转引自孙丽娜．“资源依赖”理论视角下的美国创业型大学发展模式研究［D］．沈阳：东北师范大学，2016.

② 李纯真．辽宁省民办高等教育可持续发展研究［D］．大连：辽宁师范大学，2012：22.

内涵也有所区别。从全球普遍认可的概念中，可以梳理出可持续发展的基本要义、内涵和原则。可持续发展的基本要义："需要"与对需要的"限制"。即在满足人口，特别是满足贫困人口基本需要的基础上，对人类过度的膨胀需要和破坏环境，以危及人类自身未来发展的能力构成一定的限制。在自然、经济、社会、教育等多个方面，可持续发展理论都被广泛应用。

第一，在自然方面，可持续发展定义为"从生物圈的整体出发，致力于寻求一种最佳生态系统，以支持生态的完整性和人类各种愿望的实现",① 经济建设和社会发展要与自然承载能力相协调。

第二，在经济方面，可持续发展定义为"在保持自然资源的质量及其所提供服务的前提下，使经济发展的净利益增加到最大限度"。经济发展已不是传统的以牺牲资源和环境为代价的经济发展，而是以不降低环境质量和不破坏世界自然基础为前提的经济发展。②

第三，在社会方面，可持续发展定义为"在生存于不超出维持生态系统涵容能力的情况下，提高人类的生活质量",③ 创造保障人们平等、自由、教育、人权和免受暴力的社会环境。

第四，在教育方面，联合国所界定的"可持续发展"概念已经大大突破了过去仅以环境保护为主的发展理念，教育将肩负对可持续发展的更大责任。④"联合国教育促进可持续发展十年（2005—2014）国际实施计划"提出以包容、公平和安全的方式实施教育，并实现人类发展。

可持续发展理论内涵丰富源于该理论的发展受到了经济学理论、生态学理论、人口承载力理论等的重要影响。例如，经济学理论中关于增长的

① Brown L R, Shaw P. Six Steps to a Sustainable Society [J]. Worldwatch Paper, 1982 (48): 63.

② 魏一鸣，等. 中国可持续发展管理理论与实践 [M]. 北京：科学出版社，2005：12.

③ Perrous F. A new concept of development [R]. UNESCO, Paris, 1983.

④ 胡乐乐，屈文妍. "联合国教育促进可持续发展十年计划（2005 年至 2014 年）" 正式启动 [J]. 教育与职业，2005 (10): 38-39.

极限观点，认为虽然科技不断进步能起到促进生产的作用，但这种作用是有一定限度的，生产的增长是有限的；关于经济发展的主要驱动力观点，认为知识经济将是未来人类可持续发展的基础。生态学理论则认为，根据生态系统的可持续性发展要求，人类的经济社会发展要遵循生态学三个定律：一是高效原理，即能源的高效利用和废弃物的循环再生产；二是和谐原理，即系统中各个组成部分之间的和睦共生，协同进化；三是自我调节原理，即协同的演化着眼于其内部各组织的自我调节功能的完善和持续性，而非外部的控制或结构的单纯增长。人口承载力理论则认为地球系统的资源与环境，由于自我恢复能力存在一个阈值，在特定技术水平和发展阶段下，对于人口的承载能力是有限的。人口数量以及特定数量人口的社会经济活动对于地球系统的影响必须控制在这个限度之内，否则，就会影响或危及人类的持续生存与发展。可见，这些理论的快速发展，推动了可持续发展理论的孕育、产生和日趋成熟。

二、可持续发展观的形成

一百多年前，恩格斯曾经警告过人类："不要过分陶醉于我们对自然界的胜利，对于每一次这样的胜利，自然界都报复了我们。"① 马克思也认为，"自然界是人的非有机的躯体"②，形象地说明了人与自然之间的关系。众多学者的研究成果表明可持续发展理论是由环境问题而产生的，③ 兴起于为人类持续发展的环境保护运动，相继产生了"可持续发展"和

① 恩格斯．马克思恩格斯选集（第3卷）[M]．北京：人民出版社，1972：517-518.

② 转引自梁漱溟．人心与人生 [M]．上海：上海人民出版社，2011：97.

③ Marsh G P. Man and Nature：Or Physical Geography as Modified by Human Action [M]. New York：Scribner，1864；Sears P B. Deserts on the March [M]. 2nd ed.，1947，Norman：University of Oklahoma Press，1935；Vog W. Road to Survival [M]. New York：W. Sloane，1948；Carson R. Silent Spring [M]. New York：Houghton Mifflin，1962；Meadows D H，Meadows D H，Randers J，Behrens W W. The Limits to Growth：A Report for the Club of Rome's Project on the Predicament of Mankind [M]. New York：Universe Books，1972.

“合理的、持久的均衡发展”等概念。可持续发展理论引起国际性重视可追溯到1972年的斯德哥尔摩世界环境大会。1980年，世界自然保护联盟在其发布的“世界保护战略”中最早提出“可持续发展”这一术语，认为可持续发展应该作为全球优先考虑的问题。自20世纪80年代以来，可持续发展理论得到了联合国的重视，先后出台了一系列研究报告、宣言和行动计划（见表2-3），极大地提高了全球对可持续发展理论研究与实践探索的水平。1987年，联合国世界环境与发展委员会发布的长篇报告《我们共同的未来》（布伦特兰报告），正式将可持续发展定义为“既满足当代人的需要，又不对后代人满足他们需要的能力构成危害的发展”。2000年联合国首脑会议提出《千年发展目标》（Millennium Development Goals, MDGs），可持续发展从抽象理论走向了具体化和操作化，设计了具体发展目标。2002年可持续发展世界高峰会议上，时任联合国秘书长科菲·安南指出：21世纪我们的最大挑战就是如何实现可持续发展。在2014年召开的联合国第二届可持续发展教育大会上，时任联合国秘书长潘基文表示：因为我们没有B地球，所以除了可持续发展，我们也就没有B方案。显然，在社会、经济、文化、教育等方面，树立可持续发展观已经成为国际共识。

表2-3　　**联合国关于可持续发展研究的重要文献列表**

时间	文献名称	文献来源
1987年	《我们共同的未来》（布伦特兰报告）	联合国世界环境与发展委员会
1992年	《里约热内卢环境与发展宣言》和《21世纪议程》	联合国环境与发展大会
2000年	《千年发展目标》	联合国首脑会议
2000年	《达喀尔行动纲领-全民教育：实现我们的集体承诺》①	世界教育论坛

① 该行动纲领与联合国千年发展目标相配套，提出可持续发展教育的六项目标：幼儿保育和教育、普及初等教育、青年和成人的技能、成人扫盲、性别平等、教育质量。

续表

时间	文献名称	文献来源
2002年	全面审查和评价《21世纪议程》执行情况的报告	第一届可持续发展世界首脑会议
2005年	联合国教育促进可持续发展十年计划(2005—2014)	联合国教科文组织
2012年	《我们希望的未来》	联合国可持续发展大会（里约+20)
2014年	《全球可持续发展教育行动计划》	联合国教科文组织世界可持续发展教育大会
2015年	《改变我们的世界——2030年可持续发展议程》	联合国可持续发展峰会
2015年	《教育2030行动框架》	联合国教科文组织
2015年	《关于成人学习与教育的建议书》	联合国教科文组织

(资料来源：联合国教科文组织等相关网站)

三、可持续发展理论对于本研究的适切性

（一）可持续发展教育理念与高等继续教育办学理念一致

可持续发展理论在教育领域的应用，促进了可持续发展教育的形成，可持续发展教育架设了通向优质教育的桥梁。① 1996年，联合国可持续发展委员会总结了可持续发展教育的特点：可持续发展教育应该人人参加；可持续发展教育具有综合性和跨学科性；可持续发展教育强调学科的联系；可持续发展教育更加注重实践；可持续发展教育贯穿人的一生。② 显

① 张婧．可持续发展教育：架设通向优质教育的桥梁——瑞典2016国际可持续发展教育会议综述［J］．世界教育信息，2016，29（22）：17-20.

② ［英］约翰·赫克尔，斯蒂芬·斯特林．可持续发展教育［M］．王民，等，译．北京：中国轻工业出版社，2002：287.

然，可持续发展教育理念与我国高等学历继续教育具有的全纳性、终身学习等办学理念是一致的。我国高等学历继续教育的办学特点就是注重生源的包容性，它面向所有成人学习者开放，门槛较低，适合各类人群学习，为人们提供了终身学习的机会和平台。可持续发展理论有助于管理模式、教学方法、学习方法和评估方法的创新，也符合国际教育改革发展的方向和潮流，为评价高等学历继续教育的发展水平与能力，带来新的研究视角。例如，可持续发展的理念被引入中国香港的继续教育，促进了高校办学机构变革，管理者领导风格转变与领导力提升。①

（二）可持续发展理论有助于明确办学生态位和发展路径

2015 年，联合国提出《改变我们的世界：2030 年可持续发展议程》，作为未来 15 年指导全球可持续发展的纲领性文件，明确了教育领域探索可持续发展的更为具体的实践期。该议程覆盖 17 项可持续发展目标，其中“目标 4” 提出：“确保全纳和公平的优质教育，让全民终身享有学习机会。”在同一年度，联合国教科文组织发布了《教育 2030 行动框架》，目标是要超越功利化的教育方式，提高全球公民意识及公民参与度，回归人文主义理念，尊重人性和文化多样性，促进教育的可持续发展。这两个文件的发布，一方面表明教育在可持续发展中具有不可替代的作用，教育的可持续发展已成为实现人类可持续发展的关键因素；另一方面也为我们明确未来一段时期高等学历继续教育办学的生态位提供了指导。“全纳、公平、优质、终身学习”② 已成为当前国际教育发展的高频关键词，已作为判断一种教育形式能否保持可持续发展的重要指标。我国高等学历继续教育办学目前存在教学质量低下、注水文凭泛滥等现象，急需进行改革。如何提升办学质量已经成为制约高等学历继续教育未来可持续发展的核心问

---

① Wong E O W. Analysing the Contribution of Continuing Education and Leadership Empowerment to Sustainable Development: Experiences from a Hong Kong Tertiary Institution [J]. International Journal of Sustainability in Higher Education, 2003, 4 (4): 372.

② 关键词“终身学习”这里主要表示办学院校保障学习者终身学习的能力。

题，显然可持续发展理论可以提供适切的理论分析框架来协助解决这一问题。

第四节　系统构成及生态分析框架

一、我国高等学历继续教育系统构成

根据奥地利生物学家贝塔朗菲（L. V. Betalanffy）关于一般系统的定义，如果对象集 S 满足下列两个条件：一是 S 中至少包含两个不同元素；二是 S 中的元素按一定方式相互联系，则称 S 为一个系统。因此，任何一个系统都可以用模型 S=（E，R）来表示。其中 S 为系统，E 为组成该系统的元素集，R 为元素之间的关系，系统 S 的特征由关系 R 决定。① 目前，我国教育部将夜大学教育、函授教育、现代远程教育、开放教育和高等教育自学考试等办学形式在名称上“统一”和“归并”为高等学历继续教育，推进各类高等学历继续教育全面整合。② 显然，我国高等学历继续教育符合一般系统的定义，可以作为一个高等学历继续教育系统来进行研究。根据教育部的学历继续教育年度统计数据分类标准，我国高等学历继续教育系统在本专科层次分为三个办学子系统：成人本专科教育子系统、自考本专科教育子系统、网络本专科教育子系统。③

二、系统构成要素的“生物学”隐喻

（一）高等学历继续教育生态系统定义及特征

教育生态学理论把教育看成一个整体，作为社会生态系统的一个子系

---

① 任凯，白燕．教育生态学［M］．沈阳：辽宁教育出版社，1992：33.

② 马国刚，等．教育改革新常态下高等学历继续教育的发展趋向［J］．中国成人教育，2017（18）：18.

③ 本研究只讨论本科、专科层次的高等学历继续教育，不讨论研究生层次的高等学历继续教育。

统，教育生态系统具有社会生态系统的一般属性。教育生态系统主要是指教育系统内部办学组织与外部环境之间，通过生源输入与人才输出、能量流动、信息传递等多种方式进行相互作用，从而实现人才培养的办学功能。我国目前实行高等教育双轨制办学模式，即普通高等教育和高等继续教育两种办学形式共存，其中高等学历继续教育可以看做高等继续教育生态系统的一个子系统（如图 2-2 所示），与普通高等教育生态系统相互联系、相互影响、并行发展。

基于生态系统理论和高等学历继续教育的办学特点，高等学历继续教育生态系统可以定义为：在一定的时间和空间内，高等学历继续教育系统为了生存和发展，通过与外部环境各种资源的交互（如信息传递、能量流动、物质循环等），相互联系、相互制约，逐步形成一个具有自我调节功能的办学组织。该生态系统分为高等学历继续教育系统和外部环境两部分，① 作为一个人工生态系统，既具有自然生态系统的特征，又带有社会生态系统的特点。在自然生态系统特征方面，主要具有层次性、结构性、功能性、相对稳定性、变异性、整体性等特征；② 在社会生态系统特点方面，主要具有社会性、易变性、开放性、目的性等特点。③ 高等学历继续教育以人才培养为中心，以促进人的发展和社会进步为办学目标，逐步演变为一个具有自然生态系统和社会生态系统双重特征的复合生态系统。

（二）高等学历继续教育系统要素的“生物学”隐喻

本质上，高等学历继续教育生态系统就是高等学历继续教育系统的

---

① 任凯等认为教育生态系统分为两大部分，即环境因素与主体部分。详见任凯，白燕．教育生态学［M］．沈阳：辽宁教育出版社，1992：35．曾祥跃认为网络远程教育生态系统分为生态主体和生态环境两部分。详见曾祥跃．网络远程教育生态学［M］．广州：中山大学出版社，2011：34．二者的分类实质是一样的，只是名称上略有差别。本书为了便于理解和行文流畅，仍用高等学历继续教育系统来表示主体部分或生态主体。

② 贺祖斌．中国高等教育系统的生态学分析［D］．武汉：华中科技大学，2004：24.

③ 曾祥跃．网络远程教育生态学［M］．广州：中山大学出版社，2011：24.

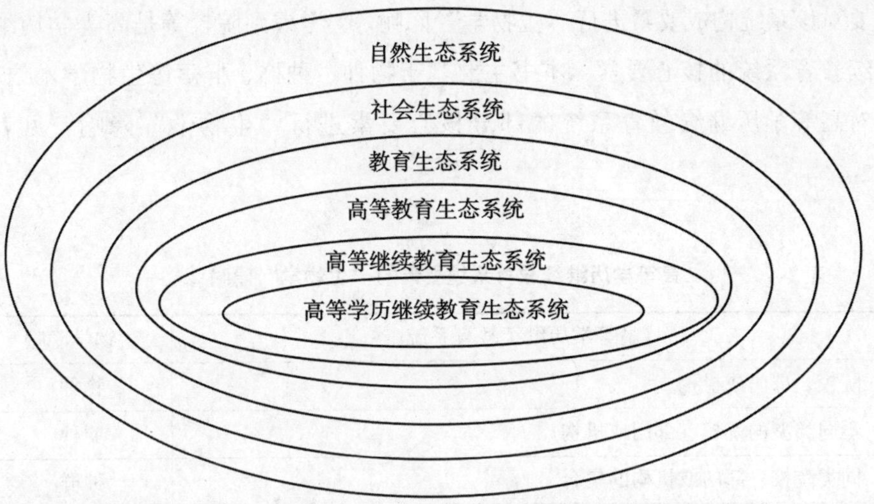

图 2-2　我国高等学历继续教育生态系统的外部层次

（资料来源：作者绘制）

"生物学隐喻"，二者具有类似的结构、特征和功能，只是前者更加强调与外部环境的互动关系。高等学历继续教育系统主要是由办学院校，函授站、学习中心及公共服务体系等助学机构，教育行政主管部门以及相关社团组织所构成。其中办学院校是系统的核心要素，主要包括普通高校、独立设置成人高校、开放大学和电大等。院校由师资、生源、经费、场地、教学设备以及一系列规章制度组成，学历继续教育是其一项重要办学职能。

因为高等学历继续教育系统具有自然生态系统的特征，所以自然科学领域的生态学术语和方法、生态系统理论应用于高等学历继续教育系统的可持续发展研究，具有一定的可行性。但是，由于人类社会活动的多样性、复杂性和不确定性是生物活动等其他运动形式所无法比拟的，"稍有不慎，将生物运动的结论推广到人类社会运动，将生物行为或生物社会与人类社会做简单类比，很容易在貌似有理的思辨中走向极端荒谬的境地"，① 所以需

① 丁鸿富，虞富洋，等．社会生态学［M］．杭州：浙江教育出版社，1987：绪论 3.

要对该系统构成要素进行“生物学”隐喻。① 考虑到院校等是高等学历继续教育系统的核心要素，本书主要基于物种、种群、群落等生物学术语，对高等学历继续教育系统的部分核心要素进行“生物学”隐喻，见表2-4。

表 2-4　　**高等学历继续教育系统要素的“生物学”隐喻②**

高等学历继续教育系统	生物学隐喻
院校、部门或机构	物种
不同类型的院校、部门或机构	亚种
同类院校、部门或机构的集合	种群
成人本专科教育、自考本专科教育、网络本专科教育等子系统，高等学历继续教育系统	群落
高等学历继续教育系统和外部环境的整体	生态系统
办学的空间、地位或功能	生态位
外部环境对高等学历继续教育发展影响因素	生态因子
规模优先的发展模式	r 对策
质量优先的发展模式	K 对策
系统构成、功能、办学形式等发生显著变化	进化或演化

（资料来源：作者绘制）

（三）外部环境分析与主要生态因子选择

1. 高等学历继续教育系统外部环境分析

高等学历继续教育系统是一个开放的、动态变化的生态系统，身处

① 张仁开．上海创新生态系统演化研究［D］. 上海：华东师范大学，2016：61.

② 借鉴张仁开．上海创新生态系统演化研究［D］. 上海：华东师范大学，2016：61.

于高等教育与继续教育交织的环境中。系统模式的运行、目标的确定、功能的发挥等都与系统所处的环境紧密相关。依据资源依赖理论可知，外部环境通过生态环境因子，与高等学历继续教育系统动态地进行人力资源、经费资源、信息资源的交换，使系统对外部生态环境产生资源依赖。对于教育系统而言，与自然的、社会的、经济的、政治的、文化的生态环境关系密切，一些与教育生态关系尤为密切的社会生态因子，如科技、文化、人口等变得日益重要。从物理空间维度，高等教育生态环境被一些学者划分为国际环境、国内环境和个体生态环境三个层次；从环境性质维度，高等教育生态环境被认为由政治环境、经济环境、文化环境三个生态因子组成。① 显然，这些高等教育生态环境划分依据主要来源于教育社会学理论，② 主要是根据社会经济趋势与社会阶层结构所作的教育选择和分类，阐释社会转型大背景下的教育发展与社会发展的互动关系。

2. 高等学历继续教育系统外部环境主要生态因子选择

高等学历继续教育系统作为高等教育的一个子系统，具有天然的实用性、应用性办学特征，对外部环境的资源依赖程度更高，需要动态适应社会发展、科技发展、文化发展、社会经济结构和成人学习者学习需求的变化。有学者认为国家远程教育生态系统的生态环境主要包括人口、经济、技术、文化和政策等环境生态因子。③ 考虑到政治、经济、文化、科技、人口等关键生态因子内涵相对宽泛，往往是用来研究宏观层面的外部环境问题，为了使研究的问题聚焦，有些学者利用教育政策来研究

---

① 蹇兴东，孙小伍．试论我国高等教育生态环境［J］．黑龙江高教研究，2002（2）：10；贺祖斌．中国高等教育系统的生态学分析［D］．武汉：华中科技大学，2004：15.

② ［美］丹尼尔·U·莱文，瑞依娜·F·莱文．教育社会学（第九版）［M］．郭峰，等，译．北京：中国人民大学出版社，2009：1.

③ 曾祥跃．网络远程教育生态系统结构及模型研究［J］．电化教育研究，2011（9）：47.

国家政治与教育发展之间的互动影响；① 有些学者利用劳动力市场需求（简称市场需求）来反映经济这一环境生态因子的变化；② 有些学者认为教育本身是文化的一部分，③ 受到文化的制约，通过教育文化、学习文化的演变研究折射出我国社会文化对于教育的影响；④ 有些学者认为信息技术是科技对教育产生显著影响的重要因素；⑤ 此外，很多学者将适龄人口作为研究教育发展的一个重要影响因素。⑥ 因此，借鉴这些学者的研究成果，高等学历继续教育生态系统外部环境生态因子可以进一步设定为：教育政策、市场需求、学习文化、信息技术、适龄人口五个相对具体的指标，用来研究外部环境变化问题。本书将依据时间的变化，围绕这五个外部环境生态因子，来分析高等学历继续教育与外部环境的资源依赖及互动关系。

---

① 范国睿．教育制度变革的当下史：1978—2018——基于国家视野的教育政策与法律文本分析［J］．上海：华东师范大学学报（教育科学版），2018，36（5）：1-19；王举．论教育政策的价值基础［D］．上海：华东师范大学，2013；袁振国．缩小差距——中国教育政策的重大命题［J］．北京师范大学学报（社会科学版），2005（3）：5-15.

② 李建民．中国劳动力市场多重分隔及其对劳动力供求的影响［J］．中国人口科学，2002（2）：1-7；李实．中国经济转轨中劳动力流动模型［J］．经济研究，1997（1）：23-30.

③ 吴鼎福，诸文蔚．教育生态学［M］．南京：江苏教育出版社，1990：31.

④ 张三花，黄甫全．学习文化研究：价值、进展与走向［J］．江苏高教，2010（6）：15-18；刘奕涛．大学学习文化的特征及其构建策略［J］．现代教育论丛，2013（6）：56-59.

⑤《国家中长期教育改革和发展规划纲要（2010—2020）》明确提出：信息技术对教育发展具有革命性影响，必须予以高度重视；何克抗．让信息技术对教育发展真正产生革命性影响——实现信息技术与教育的“深度融合”［J］．教育信息技术，2014（1）：3-8；熊才平，何向阳，吴瑞华．论信息技术对教育发展的革命性影响［J］．教育研究，2012，33（6）：22-29.

⑥ 米红，文新兰，周仲高．人口因素与未来20年中国高等教育规模变化的实证分析［J］．人口研究，2003（6）：76-81；中国人口与发展研究中心课题组，马力，张许颖，王军平，桂江丰，王俊．中国人口与教育发展战略研究［J］．人口研究，2009，33（2）：4-19.

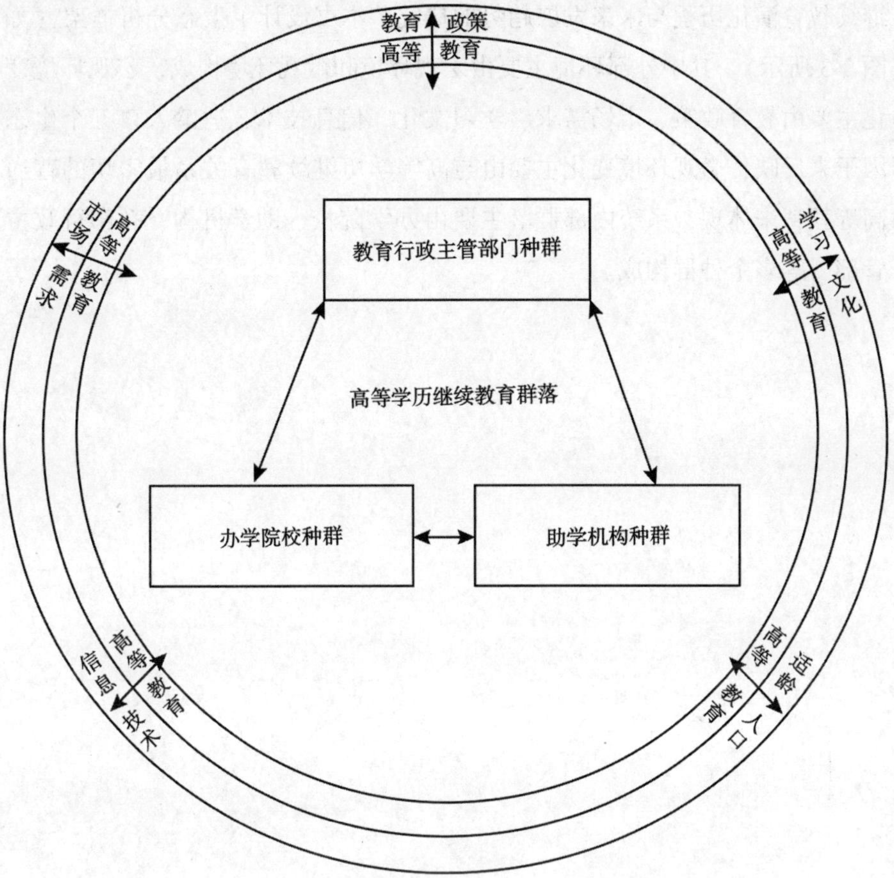

图 2-3 高等学历继续教育系统生态分析框架

（资料来源：借鉴尤里·布朗芬布伦纳（Urie Bronfenbrenner）社会生态理论嵌套结构模型绘制）

三、生态分析框架

从生态视角出发，基于生态系统理论、资源依赖理论和可持续发展理论，高等学历继续教育作为高等教育的一个子系统，与所依存的外部环境构成了一个复杂的人工教育生态系统，二者动态地进行着物质、能量与信息等资源的交互，进而实现自身的演替发展。为了有效开展我国高等学历继续教育演化历程与未来发展趋势的研究，本书设计了生态分析框架（如图 2-3 所示）。其中外部环境主要由宏观环境和微观环境构成，宏观环境变化主要由教育政策、市场需求、学习文化、信息技术、适龄人口五个生态因子来反映；微观环境变化主要由与高等学历继续教育关系最密切的普通高等教育来体现，系统内部群落主要由办学院校、助学机构、教育行政主管部门等多个种群构成。

第三章　我国高等学历继续教育群落演变的生态分析

生态系统演化主要是指系统内部物种、种群、群落随着时间的变化而出现显著变化。这一过程不仅受到外部环境变化的影响，也受到群落内部种群之间竞争与协同进化的制约。对于高等学历继续教育而言，外部环境主要通过教育政策、市场需求、适龄人口、学习文化、信息技术等生态因子，决定了政策、经费、生源、师资、技术等资源输入的数量和质量，影响着各办学院校或机构种群的发展格局和速度，并限制其发育的程度；各办学院校或机构种群之间的相互作用决定了人力资源输出的数量和质量，同时对外部环境实施反作用，以影响高等学历继续教育群落对外部环境的资源依赖关系。我国高等学历继续教育群落演变过程主要经历了三个发展阶段，是内外因共同作用的结果。

第一节　办学群落构成及子系统发展历程

目前，我国高等学历继续教育办学群落主要由成人本专科教育、自考本专科教育、网络本专科教育三个子系统构成，如图 3-1 所示。

一、成人本专科教育发展历程

成人本专科教育即通常所说的成人高等教育，主要指的是由普通高

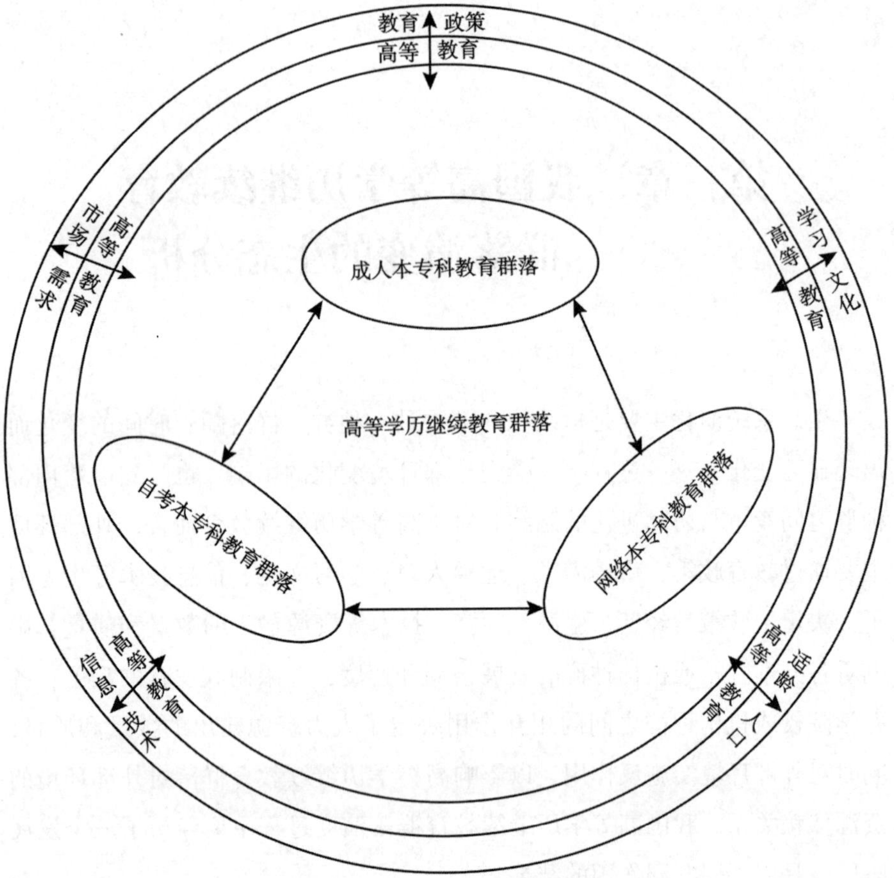

图 3-1　我国高等学历继续教育现有办学群落构成

校、独立设置的成人高校、① 开放大学及广播电视大学等办学机构，面向成人举办的以函授、业余与脱产学习为主要形式的本专科层次的高等学历继续教育。成人学习者入学前需要参加全国招生统一考试（即成人高考），

① 独立设置成人高校是由不同办学主体单位举办的以实施成人高等教育为主的具有独立法人资质的办学机构。主要包括职工高等学校、农民高等学校、管理干部学院、教育学院、广播电视大学、独立设置函授学院六种类型。考虑到开放大学及广播电视大学目前的办学业务以现代远程教育为主，成人高等教育比例很小，故很多文献论述时也将其与独立设置成人高校并列。

分数达到划定的录取分数线后，由各省、自治区统一组织录取。成人本专科教育子系统办学分为脱产、业余及函授三种教育形式，以业余、函授为主；脱产教育的比例很小，主要由成人高校承担。① 按办学院校类型，成人本专科教育可以再进一步划分为成人高校子系统和普通高校子系统。成人本专科教育是我国高等学历继续教育的重要组成部分，自中华人民共和国成立之初就开始起步，迄今已走过了70年的发展历程。成人本专科教育大致可以分为创建与探索（1949—1965年）、破坏与扭曲（1966—1976年）、恢复与整顿（1977—1985年）、规范与发展（1986—1999年）、转型与改革（2000年至今）5个阶段。

（一）创建与探索阶段（1949—1965年）

1949年，中华人民共和国成立伊始，全国高等院校仅有205所，高等教育资源严重不足。而当时国情是“全国人口的80%是文盲”“文盲的80%在农村”，文盲和半文盲的现状急需解决。该阶段正是我国第一个五年计划（1953—1957年）、第二个五年计划（1958—1962年）的实施关键期，② 经济社会发展要求教育必须与生产劳动相结合，应在全日制学校体系之外，大力发展半工半读的教育制度，实行两种教育制度和两种劳动制度，总结出“三结合”“六并举”，③这对高等继续教育办学的创建与探索产生了深远影响。为迅速提高广大工农干部的科学文化水平，培养社会主

① 教育部要求部属各高等学校要从2007年秋季开始停止招收成人脱产班和高等教育自学考试社会助学脱产班，也不能与其他机构合作举办上述脱产班。详见文件《教育部关于进一步加强部属高等学校成人高等教育和继续教育管理的通知》（教高〔2007〕9号）。

② 五年计划，后改称五年规划，全称为中华人民共和国国民经济和社会发展五年计划纲要，主要为国民经济发展远景规定目标和方向。

③ “三结合”“六并举”：统一性与多样性相结合，普及与提高相结合，全面规划与地方分权相结合；国家办学与厂矿、企业、农业合作社办学并举，普通教育与职业（技术）教育并举，成人教育与儿童教育并举，全日制学校与半工半读、业余学校并举，学校教育与自学（包括函授学校、广播学校）并举，免费的教育与不免费的教育并举。

义建设所需要的人才，普通高校开始探索举办函授、夜大等成人本专科教育。同时，我国陆续创办了多所职工大学、农民大学、广播电视大学等独立设置的成人高等学校，① 成为我国高等学历继续教育办学机构的重要组成部分，有效弥补了我国高等教育资源的严重不足。

1949 年 12 月，教育部颁发了《关于中国人民大学实施计划的决定》，要求中国人民大学开办夜大学，并于次年开始招生。1950 年，教育部先后颁布《关于开展职工业余教育的指示》《关于举办工农速成中学和工农干部文化补习学校的指示》《各级职工业余教育委员会条例》《关于开展农民业余教育的指示》等文件。1953 年，教育部提出高等学校开办函授教育和夜大学是高等教育改革的一项重要内容。同年，中国人民大学在全国率先办起了函授教育，接着北京师范大学、厦门大学和其他高校也相继办起了函大和夜大。此后，普通高校函授和夜大学教育在全国范围内逐步开展。1963 年，教育部出台三个文件：《关于加强全日制高等学校和中等专业学校函授、夜校教育工作的通知（草案）》《关于全日制学校举办函授、夜校备案问题的通知》《关于全日制高等学校举办的函授部和夜大学人员编制的暂行规定（草案）》。国家加大了对函授教育的管理力度，同时扩大函授教育面，增加了函授专业和学科。关于夜大学，各高等学校所办的夜大学招生计划纳入了国家教育计划。据不完全统计，到 1965 年年底，全国已有 123 所普通高校设立了函授部，83 所普通高校附设了夜校部（如图 3-2 所示），在校生人数达 41.26 万人，其中函授生 13.2 万人，夜大生 1.8 万人；全国广播电视大学发展到 11 所，在校学生达 4.4 万人。可见，我国的成人本专科教育起步虽然较迟，但是发展很快。

① 1950 年，首钢职工大学成立；1958 年，我国第一所农民大学——黎明业余农业大学成立；1960 年，我国第一所电视大学——北京电视大学成立，同年，上海电视大学也成立。

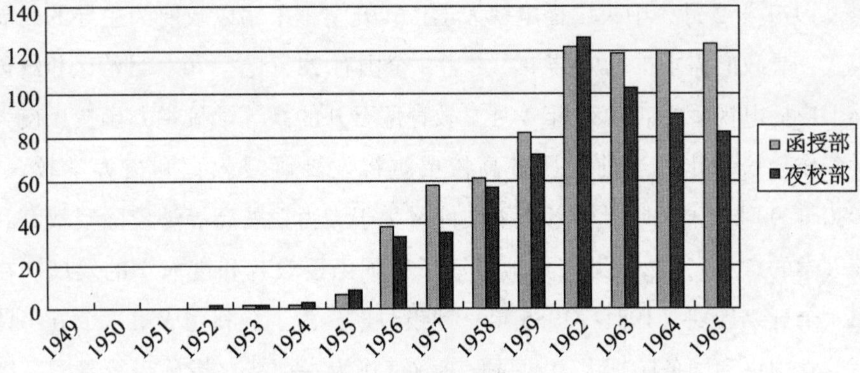

图 3-2　高校附设函授部、夜校部数量（1949—1965 年）①

（二）破坏与扭曲阶段（1966—1976 年）

1966—1976 年，受“文化大革命”的影响，我国的第三个、第四个五年计划（1966—1975 年）没有实现，经济发展出现严重倒退，同时我国成人本专科教育受到很大破坏，原有办学机构遭遇毁灭性的打击，绝大部分普通高校的函授、夜大都被停办，即使开展的少量教学也多被异化为阶级斗争的工具。②

（三）恢复与整顿阶段（1977—1985 年）

“文化大革命”结束以后，在邓小平理论的指导下，应对国家改革开放对人才的需求，教育系统积极贯彻“调整、改革、整顿、提高”方针，普通高校成人本专科教育也得到了恢复和整顿。在第五个五年计划（1976—1980 年）期间，我国高等继续教育在职工教育领域取得突破，开

① 中华人民共和国教育部计划财务司．中国教育成就统计资料（1949—1983）［G］．北京：人民教育出版社，1984：239.

② 何爱霞．我国成人高等教育办学机构的嬗变及趋向［J］．现代远程教育研究，2012（4）：21-27.

始举办成人脱产班，大批从业人员接受成人教育成为当时的一道亮丽风景。1979 年 2 月，中央广播电视大学正式开学，采用以政府为主导的发展模式，是政府需求推动的结果。之后，全国有 28 个省、市、自治区相继创办了广播电视大学。1980 年 4 月，教育部召开的高等学校举办函授、夜大学工作会议指出，当前阶段各高校要重视发展函授教育和夜大学教育。1980 年 9 月，国务院批转了教委文件《关于大力发展高等学校函授教育和夜大学的意见》，该意见有力地推动了我国函授教育和夜大学的发展。在第六个五年计划（1981—1985 年）建设时期，为了顺利完成第六个五年计划，党中央和国务院把大力加强职工教育作为一项战略措施，给予了高度重视，① 青工“双补”教育于 1982 年在全国各地展开，② 到 1985 年任务基本完成。1985 年，成人高等教育报考人数超过 170 万，全国举办成人高等教育的高等学校达 591 所，其中同时举办函授教育、夜大学的高校有 150 所，仅举办函授教育的高校有 181 所，仅举办夜大学的高校有 260 所，普通高校函授、夜大学招生数为 23. 53 万人，在校生数为 49. 30 万人。③在我国劳动人事政策、工资制度、招工制度等与学历挂钩的影响下，成人本专科教育办学重学历教育，轻职业培训；办学定位和社会需要不匹配，学习内容和实践应用相脱节现象逐步显现。

（四）规范与发展阶段（1986—1999 年）

这段时期我国正处于“七五”“八五”“九五”的国民经济建设重要时期，普通高校成人本专科教育受其影响，也呈现出新的办学特点。例如，第七个五年计划（1986—1990 年）期间，受“一切向钱看”和文凭

① 1981 年 2 月，国家颁布了《关于加强职工教育工作的决定》。这是我国 20 世纪 80 年代初职工教育的重要纲领性文件，标志着我国职工教育开始进入有计划地实行全员培训和建立比较正规的职工教育制度的新阶段。

② 1982 年，国家发出《关于国营工业企业进行全面整顿的决定》《关于切实搞好青壮年职工文化技术补课工作的联合通知》，要求各级领导把青工“双补”教育摆在重要位置上，真正作为职工教育的重点和企业整顿的重要内容。

③ 董明传，毕诚，张世平．成人教育史［M］．海口：海南出版社，2002：346.

热的影响，一些单位和学校乱办高等学历继续教育，出现了“三乱”（乱办班、乱收费、乱发证）现象，例如，广播电视大学系统的自学试听生、注册试听生等办学形式，在国家教育政策调整后停招。为了规范成人本专科教育发展，教育部出台了一系列政策法规。例如，从1986年起实行全国统一招生考试，之后又推行了“三生”（预科生、往届生、资格生）改革，实行了成人专科教育改革试点和专业证书教育试点，地方和部委教育行政主管部门普遍加强了对成人本专科教育的指导和管理，建立了对成人高校办学水平评估、教学质量抽查以及毕业证书验印等管理制度。1987年，国务院批转了国家教育委员会文件《关于改革和发展成人教育的决定》，该文件成为指导我国成人本专科教育改革发展的里程碑式的重要文献，对于成人本专科教育的地位、作用、方针、政策、任务、措施等都做了明确的规定。这些措施在一定程度上遏制了高等学历继续教育的办学乱象，也促进了非学历继续教育的发展。随着我国经济的快速发展和产业结构的调整，社会大众的生产生活水平提高，在第八个五年计划（1991—1995年）、第九个五年计划（1996—2000年）期间，我国改革开放进入新的历史发展阶段，成人本专科教育也发生了变化：一方面，体现在普通高校参与函授、夜大学的积极性不断提高，办学规模不断扩大；另一方面，独立设置的成人高校得到进一步调整和规范，院校数量持续减少，办学规模也不断缩减。但是整体来看，成人本专科教育的办学规模还是保持了较快发展，办学规模持续扩大，普通高校成为办学主体。

（五）转型与改革阶段（2000年至今）

进入21世纪，为应对高等教育大众化等外部变化和挑战，也为了克服成人本专科教育自身发展中存在的问题，我国普通高校和独立设置的成人高校努力推动成人本专科教育转型与改革发展。但是从教育部2000年以后发布的关于高等学历继续教育的政策文件来看，总量相较于2000年以前明显偏少，其中专门针对函授、夜大教育等成人本专科教育的政策文件更少，相关政策更多地聚焦现代远程教育、开放大学及电大教育。所以在第十个五年计划（2001—2005 年）、第十一个五年计划（2006—2010 年）、第十二个五年计划（2011—2015 年）这三个五年计划期间，大部分学校成人本专科教育改革力度并不是很大，转型发展一直处于探索实践中，主要呈现出以下特点。

1. 办学规模平稳发展，本科与专科层次间规模差距不断缩小

2000 年以来，成人本专科毕业生数、招生数及在校生数量整体上都呈增长态势（如图 3-3 所示）。在 2000—2009 年这段时间，通过增长率曲线可以看出成人本专科办学的年度毕业生数、在校生数在 2004 年、2006 年、2007 年度出现一定的起伏，这主要是由非典、网络本专科教育发展等所带来的影响；2010—2017 年，成人本专科教育办学呈现平稳发展走势。近年来，成人本专科教育的年度毕业生数和招生数均为 200 多万，在校生数逐年减少，但是仍有 500 多万，办学规模仍然很大。

成人本专科教育中，专科招生比例和数量大于本科，但本专科招生规模差距正不断缩小，成人本科招生数增长率整体上略高于专科招生数增长率，而且态势明显（如图 3-4 所示）。未来成人本专科教育中，本科教育将成为重点发展方向。

2. 普通高校成为成人本专科办学主力，成人高校数量和办学规模锐减

成人本专科教育的举办机构包含两大类：普通高等学校和独立设置的成人高校，后者包括开放大学（含广播电视大学）以及独立设置的其他成人高校（职工高等学校、农民高等学校、管理干部学校、教育学院、独立函授学院及其他机构等）。其中开放大学和广播电视大学开展的高等学历教育包括开放教育和统招高等教育（参加成人高考）两个部分，开放教育的办学数据纳入网络本专科教育统计口径，而统招高等教育则归属于成人本专科教育。如图 3-5 所示，2000 年以来，普通高等学校成人本专科教育的招生规模稳步增加，广播电视大学和其他成人高校的成人本专科教育招生数量明显减少。

根据图 3-5 中办学机构招生数增长率变化曲线的峰谷叠加效应，选择 2005 年、2008 年、2012 年三个时期来观察主要办学机构的招生份额（如

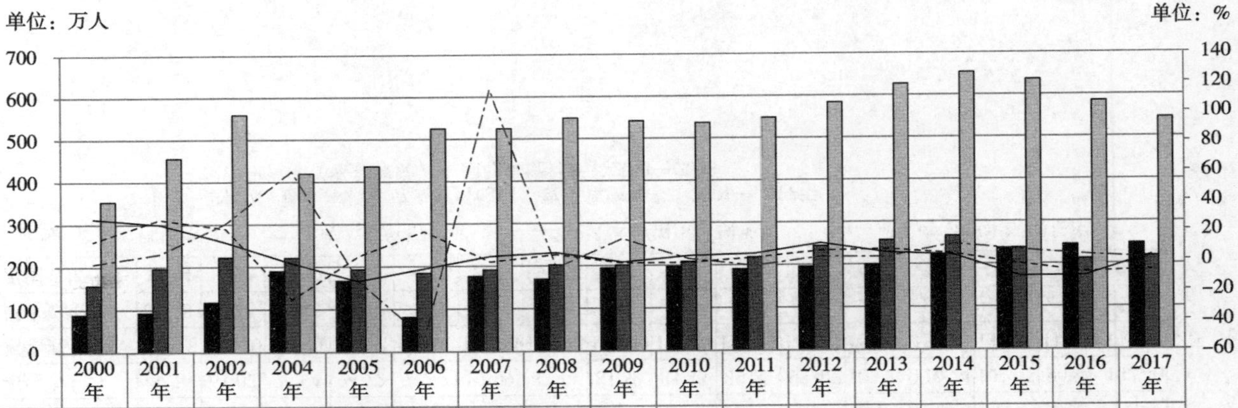

	2000年	2001年	2002年	2004年	2005年	2006年	2007年	2008年	2009年	2010年	2011年	2012年	2013年	2014年	2015年	2016年	2017年
毕业生数	88.04	93.06	117.50	189.62	166.79	81.52	176.44	169.09	194.39	197.29	190.66	195.44	199.77	221.23	236.26	244.47	247.04
招生数	156.15	195.93	222.32	221.16	193.03	184.44	191.11	202.56	201.48	208.43	218.51	243.96	256.49	265.60	236.75	211.23	217.53
在校生数	353.64	455.98	559.16	419.80	436.07	524.88	524.16	548.29	541.35	536.04	547.50	583.11	626.41	653.12	635.94	584.39	544.14
毕业生数增长率	−0.88	5.70	26.26	61.38	−12.04	−51.13	116.45	−4.16	14.96	1.49	−3.36	2.51	2.22	10.74	6.79	3.47	1.05
招生数增长率	29.48	25.48	13.47	−0.52	−12.72	−4.45	3.62	5.99	−0.53	3.45	4.84	11.64	5.14	3.55	−10.87	−10.78	2.98
在校生数增长率	13.96	28.94	22.63	−24.92	3.88	20.37	−0.14	4.61	−1.27	−0.98	2.14	6.50	7.43	4.26	−2.63	−8.11	−6.89

图3-3　成人本专科教育毕业生数、招生数及在校生数（2000—2017年）①
（数据来源：中国教育统计年鉴2000—2018）

① 2003年因“非典”爆发，没有招生，故未统计在内，下同。

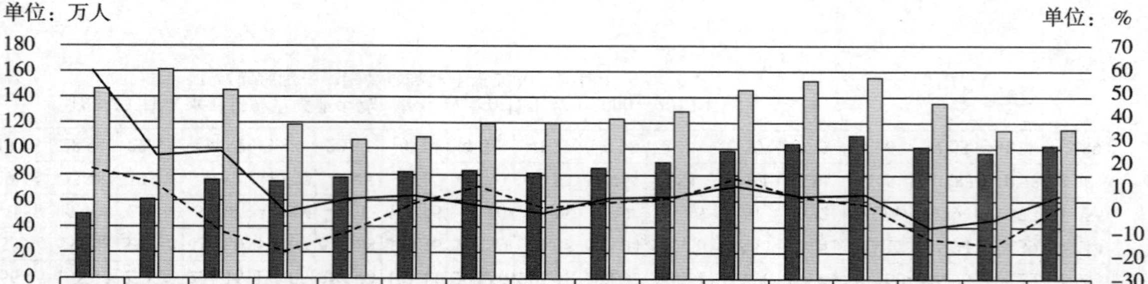

	2001年	2002年	2004年	2005年	2006年	2007年	2008年	2009年	2010年	2011年	2012年	2013年	2014年	2015年	2016年	2017年
成人本科招生数	49.76	61.02	75.94	74.72	77.77	82.09	83.14	81.58	85.33	89.72	98.48	103.82	110.24	101.47	96.94	102.40
成人专科招生数	146.18	161.30	145.21	118.31	106.68	109.03	119.42	119.90	123.09	128.79	145.47	152.68	155.36	135.28	114.29	115.13
成人本科招生数增长率	59.18	22.63	24.46	−1.61	4.08	5.55	1.28	−1.87	4.60	5.15	9.76	5.42	6.19	−7.96	−4.46	5.63
成人专科招生数增长率	17.04	10.35	−9.97	−18.53	−9.83	2.20	9.53	0.40	2.67	4.63	12.95	4.95	1.76	−12.93	−15.51	0.73

成人本科招生数　成人专科招生数　——成人本科招生数增长率　-----成人专科招生数增长率

图3-4　成人本科、成人专科的招生数及其增长率（2001—2017年）
（数据来源：中国教育统计年鉴2001—2018）

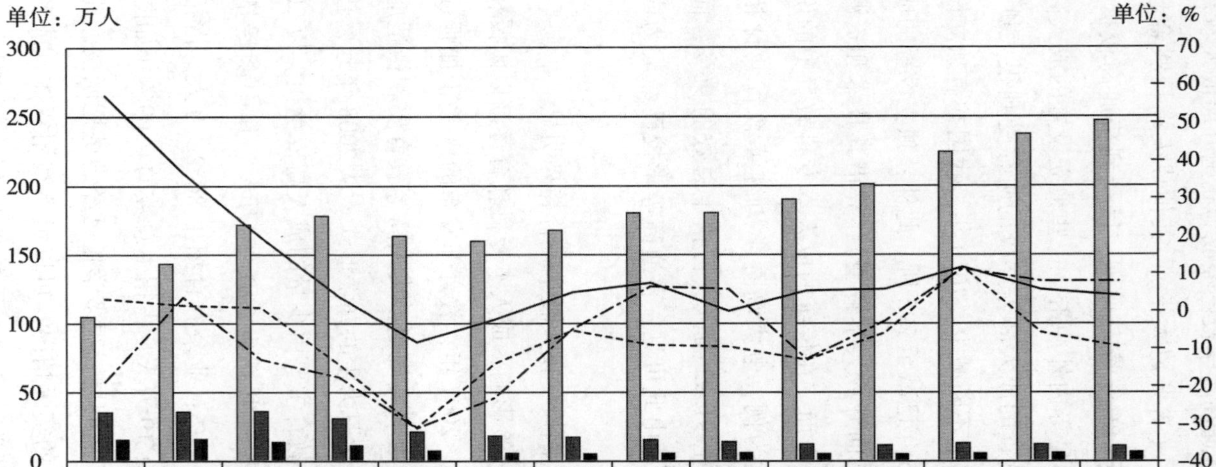

	2001年	2002年	2003年	2004年	2005年	2006年	2007年	2008年	2009年	2010年	2011年	2012年	2013年	2014年
普通高等学校	104.88	143.55	171.75	178.27	163.49	159.80	167.73	180.35	180.40	190.07	201.05	224.48	237.26	246.99
其他成人高校	35.36	35.89	36.21	31.06	21.40	18.40	17.44	15.88	14.38	12.51	11.78	13.15	12.41	11.23
广播电视大学	15.91	16.49	14.36	11.82	8.13	6.24	5.94	6.33	6.70	5.85	5.69	6.32	6.83	7.37
普通高等学校增长率	57.16	36.88	19.64	3.80	−8.29	−2.26	4.96	7.53	0.03	5.36	5.77	11.65	5.69	4.10
其他成人高校增长率	3.27	1.49	0.90	−14.22	−31.09	−14.02	−5.20	−9.00	−9.44	−12.99	−5.84	11.69	−5.69	−9.44
广播电视大学增长率	−18.93	3.67	−12.93	−17.67	−31.24	−23.21	−4.80	6.55	5.83	−12.79	−2.68	11.20	7.98	7.98

图3-5　主要办学机构成人本专科教育招生数及其增长率（2000—2014年）
（数据来源：中国教育统计年鉴2000—2015）

图 3-6 所示)，可以清晰地看出普通高等学校已经成为我国开展成人本专科教育的绝对主力，广播电视大学（含开放大学)、其他成人高校联合起来的招生比例情况至 2012 年已低至 8%。究其原因，因受到普通高校扩招、自身师资力量薄弱和办学投入不足等内外冲击，一些独立设置的成人高等学校走向转制重组之路，独立设置的成人高等学校的生存受到很大挑战，不少学校关闭、合并或转型，数量不断减少。2010 年，我国共有独立设置的成人高等学校 365 所，至 2015 年已减至 292 所。此外，独立设置的成人高校中的广播电视大学（总体已向开放大学转型)，凭借其技术和资源优势，办学重心已转移到开放教育方面，在传统的成人本专科教育中的份额几乎可以忽略不计。以 2010 年为例，电大高等学历继续教育共计招生 97. 19 万人，其中，开放教育招生 91. 92 万人，占招生总数的 95%，而成人本专科教育招生仅为 5%左右。由此可见，普通高等学校已经成为成人本专科教育的主力军。

3. 脱产教育形式逐渐取消，函授、夜大教学融合趋势明显

进入 21 世纪以后，受教育政策影响，成人本专科教育逐渐以函授和业余教育为主，脱产教育规模很小。2007 年，教育部发布的《关于加强成人高等教育招生和办学秩序管理的通知》规定：成人高等教育要积极适应在职人员的需求，继续坚持以业余学习为主的办学形式。从 2008 年起，普通高校停止招收成人脱产班，脱产教育主要由少量的成人高校承担。以 2015 年为例，普通高校成人本专科教育共招生 220. 93 万人，其中函授招生 134. 52 万人，占招生总数的 60. 89%；业余教育招生 86. 22 万人，占招生总数的 39. 02%；脱产生则只有 0. 19 万人，占招生总数的 0. 09%（如图 3-7 所示)。为了更好地解决工学矛盾问题，很多学校已经尝试把函授、业余的教学环节打通，学生根据自己的实际情况，可以灵活利用双休日或者晚上进行面授学习；同时构建网络学习平台，开展线上、线下的混合式教学，方便学生自主学习。所以目前函授和业余两种办学形式，教学环节和内容没有太多的区别，主要区别在于毕业证书上注明函授还是业余。

4. 入学门槛一降再降，教育质量社会认可度较低

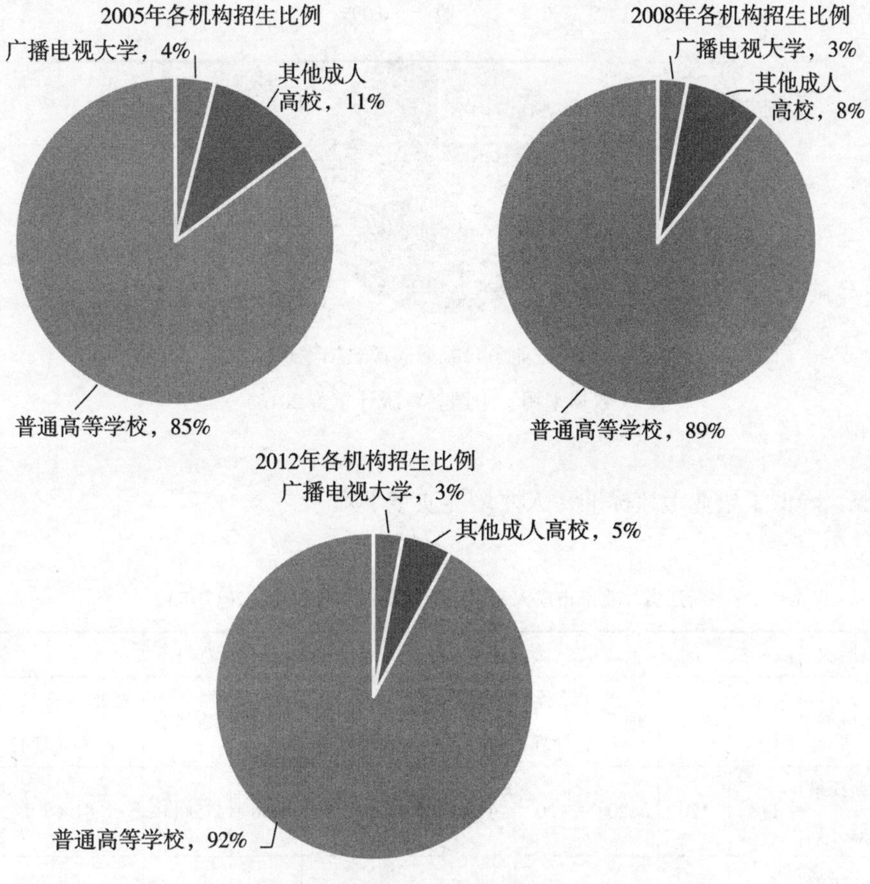

图 3-6 主要办学机构成人本专科教育招生数量对比（2005 年，2008 年，2012 年）
（数据来源：中国教育统计年鉴 2005—2013）

近年来，成人本专科教育总体的入学门槛一降再降，考生虽需参加成人高考，但录取要求非常低。以 2017 年浙江省和北京市成人高考录取最低控制分数线为例（见表 3-1），成人本专科教育的录取通过率非常高。同时，由 2000—2017 年成人本专科毕业生数、招生数及在校生数统计可知，成人本专科的年毕业生数和招生数的差距在不断缩小，即毕业通过率不断提高。由于成人本专科教育与网络本专科教育、自考本专科教育所处政策环境不同，各高校之间的生源竞争日趋激烈，导致成人本专科教育为了生

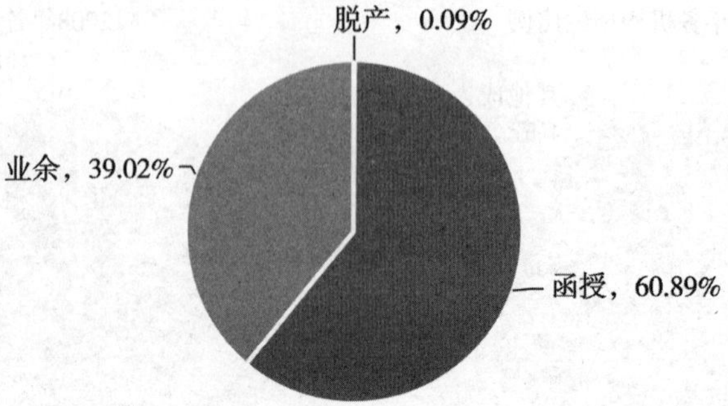

图 3-7　普通高校函授、业余、脱产等形式招生规模比较（2015 年）
（数据来源：中国教育统计年鉴 2016）

源，降低了毕业考核标准，人才培养质量下降。

表 3-1　　**浙江省、北京市成人高考录取最低控制分数线（2017 年）**

层次	专升本								高起专	
科类	文史、中医	艺术	理工	经济、管理	法学	教育学	农学	医学	文/理科	艺术（文）/艺术（理）
浙江最低分数	178	120	120	120	133	136	136	138	115/116	81/82
北京最低分数	188	174	137	128	185	180	150	193	118/118	70

（数据来源：浙江省、北京市教育考试院网站）

二、自考本专科教育发展历程

自考本专科教育主要是指高等教育自学考试的学历教育，① 具有本科、

① 高等教育自学考试是一种面向自学者的以学历考试为主的高等教育国家考试制度，参加学历考试合格者，国家承认其学历。详见顾明远．教育大辞典（第 3 卷）[M]．上海：上海教育出版社，1991：424.

专科两个层次。高等教育自学考试包括学历教育与非学历教育两方面的考试，以学历教育为主，其特点是：灵活、开放、经济、权威。自考本专科教育具有双重性质，它是一种高等教育形式，也是一种国家考试制度。个人自学、社会助学和国家考试在自考本专科教育中得到很好的结合，增加了高等教育的全纳性和公平性。高等教育自学考试工作由全国高等教育自学考试指导委员会（以下简称“全国考委”）负责。考试机构由全国考委、专业委员会、地方考试机构、主考学校等构成，考试命题采取全国统一命题、区域命题、省级命题三种形式，由全国考委统筹安排。由于个人自主学习和自考助学存在明显的不同，故自考本专科教育还可以进一步细分为个人自主学习子系统和全日制自考助学子系统。我国自考本专科教育的发展历程大致可以分为创建与推广（1981—1986 年）、规范与发展（1987—1998 年）、转型与改革（1999 年至今）三个阶段。

（一）创建与试点推广阶段（1981—1986 年）

1981 年，国务院提出建立高等教育自学考试制度，① 鼓励社会大众特别是青年自学成才，有效缓解了高等教育资源的供需矛盾。北京、天津、上海、辽宁四省市先后进行试点，人们参加高等教育自学考试的积极性很高，报考专业科次和人次数量很大。1982 年《中华人民共和国宪法》为自学考试制度提供了法律保障，大大提高了自学考试的地位。1983 年，全国高等教育自学考试指导委员会成立，在第一次全体会议上出台了《关于设立专业委员会的意见》和《关于制定专业考试计划的意见》两个文件，标志着我国高等教育自学考试组织机构进一步健全，自考本专科教育由试点进入推广阶段，极大地激发了广大成人学习者的学习热情。1981 年报考人

① 有学者认为，自考本专科教育初创时期可以从 1978 年开始计算，1978—1980 年属于酝酿期。1978 年的全国五届人大《政府工作报告》提出：我们要建立适当的考核制度，业余学习的人们经过考核，证明达到高等学校毕业生同等水平的，就应该在使用上同等对待，这成为我国推出高等教育自学考试制度的一个重要支撑文件。详见于德媛．高等教育自学考试制度历史演变分析［D］．苏州：苏州大学，2008：10.

数为4000人，到了1986年报考人数已达300余万人，全国30个省、直辖市、自治区先后建立了省一级的高等教育自学考试委员会，自考本专科教育办学体系基本形成。随着报考人次与科目的大量增加，自考本专科教育如何规范和健康发展成为一个非常重要的问题。

（二）规范与发展阶段（1987—1999年）

1986年10月，“加强、完善、提高、发展”的工作方针在全国高等教育自学考试年度工作会议上被提出，标志着我国自考本专科教育推广工作基本完成，进入了规范发展阶段。规范、完善与发展成为自考本专科教育阶段的主要任务，为此我国教育主管部门先后出台了一系列关于自考本专科教育的政策文件，① 内容主要涉及社会助学、国家考试、农村自考、教学质量及学习成果、课程与教学、性质与任务等多个方面。② 尤其是1988年3月《高等教育自学考试暂行条例》的颁布，以国家行政法规的形式，奠定了高等教育自学考试制度的框架和基础，提升了自考本专科教育在高等教育领域的办学地位。1991年8月，国家教委明确要求承担自考本专科教育的主考学校和专业指导学校不得在校内举办社会助学的全日制脱产学习班，通过采取一系列有力措施，保证了自学考试事业在国家“七五”（1986—1990年）、“八五”（1991—1995年）、“九五”（1996—2000年）计划期间健康、稳定、协调地发展。一方面，办学功能不断拓展，设立了中国人民解放军自学考试委员会，在军队开展自考本专科教育，为军队培

① 《高等教育自学考试暂行条例》（1988）、《高等教育自学考试有关经费项目收支标准试行办法》（1988）、《全国自学考试考籍管理试行办法》（1989）、《高等教育自学考试命题工作规定》（1992）、《关于高等教育自学考试社会助学工作的意见》（1995）、《高等教育自学考试实践性环节考核管理试行办法》（1996）、《高等教育自学考试开考专业管理办法》（1996）、《关于落实“教考职责分离”原则，发挥主考学校作用的意见（试行）》（1997）、《关于加强普通高等学校高等教育自学考试社会助学管理工作的通知》（1998）、《关于积极推进农村乡镇自学考试服务体系建设的意见》（1999）等。

② 邵晓枫，吴定初．改革开放以来我国高等教育自学考试政策的反思［J］．中国考试，2015（10）：32.

养了大量人才。另一方面，专业建设不断加强。到了1998年，自考本专科教育专科专业141种，专本衔接本科专业22种，独立本科段专业61种，专业总数已达224种。随着自考本专科教育办学的不断规范，其质量和声誉得到社会认可，这一时期毕业人数呈现稳步增长态势（如图3-8所示），1987—1999年，总计毕业学生250.39万人；年报考人次呈现出不稳定的增长态势，特别是1989年、1990年两年的报考人次出现了大幅度增长，随着国家政策调整，出台了《国家教委关于加强自学考试工作的意见》（教考〔1991〕3号）等文件，自学考试年报考人次快速回落。在20世纪90年代，主要呈平稳增长态势，1999年全国高等教育自学考试报考总人次达1305.16万人次。

（三）转型与改革阶段（2000年至今）

1999年是中国高等教育大众化实践工程启动的元年，《中共中央国务院关于深化教育改革全面推进素质教育的决定》发布，提出要通过多种形式积极发展高等教育，到2010年，我国适龄人口的高等教育毛入学率要从现在的9%提高到15%左右。这个目标在第十个五年计划（2001—2005年）期间就已经顺利完成，2002年我国高等教育毛入学率就达到了15%，根据马丁·特罗理论可知，中国高等教育开始进入大众化阶段。随着普通高等教育不断扩招，成人本专科、网络本专科等高等学历继续教育迅速发展，自考专业结构等与社会发展需求不相适应的矛盾渐显，高等教育自学考试呈现出一些新特征，面临着办学转型与变革。

1. 报考总规模逐步缩减，本科仍然受到考生青睐

我国自学考试的学历教育规模在2001年出现了拐点，呈现下降趋势（如图3-9所示）。2001年，高等教育自学考试本专科报考达到1330.43万人次，也是近十五年来的最高值。此后，高等教育自学考试本专科报考人数保持在950万人次至1200万人次之间，报考规模相对稳定。然而，从2011年开始，本专科报考的增长率出现明显下滑，报考规模逐步减少。究其原因，网络本专科教育和成人本专科教育的入学及毕业条件较低，而自

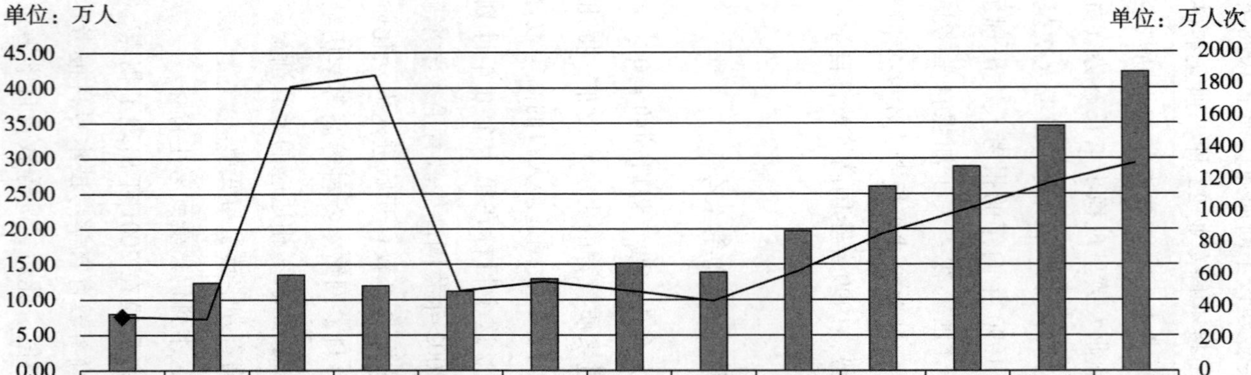

	1987年	1988年	1989年	1990年	1991年	1992年	1993年	1994年	1995年	1996年	1997年	1998年	1999年
毕业生总人数	8.00	12.39	13.50	12.00	11.17	12.95	15.11	13.88	19.73	26.02	28.88	34.54	42.20
报考总人次	337.42	323.95	1786.82	1859.35	499.66	557.91	501.07	439.11	624.97	858.21	1014.31	1180.81	1305.16

图3-8　自考本专科教育毕业生总人数、报考总人次（1987—1999年）
（数据来源：中国教育统计年鉴1987—2000）

考本专科教育毕业条件较高，使成人学习者在进行高等学历继续教育报考时，往往选易弃难。从而对自考本专科的生源基础产生冲击，自考报考科次和人次数据明显下滑。值得注意的是，自考总体报考规模大幅下滑主要体现在自考专科的报考人数上，自考本科报考人数仍保持稳定，甚至出现了一定的增长。2003 年前后，专科与本科的招生数还基本持平，随后本科报考人数超过专科报考人数，逐渐成为高等教育自学考试的学历教育考试主体。这主要是因为，一方面，国家相关政策的引导，全国考委在五届二次会议上明确提出，自学考试要大力发展本科教育；另一方面，随着高等教育大众化的发展，具有专科文凭的成人学习者日益增多，而自考在各种学历继续教育形式中“含金量”较高，吸引了大量成人学习者报考自考本科，以提升自身职业生涯发展的实力。

2. 外部环境快速变化，自学考试供给侧亟需改革

《国家中长期教育改革和发展规划纲要（2010—2020 年）》明确提出了“改革和完善高等教育自学考试制度”的任务要求。随着经济社会对人才需求的变化，现代信息技术的迅猛发展，高等教育大众化战略的不断推进，自考本专科教育面临着新的机遇与挑战。首先，学习型社会的构建带来发展机遇。近年来，许多国家和地区将加快发展继续教育和构建终身学习体系提升到国家战略层面。自考本专科教育也需要加强与其他教育形式的沟通合作，创新课程内容、教学手段和管理办法，搭建继续教育考试和公共服务平台，提高考试服务水平。目前，全国考办将学分银行建设作为自学考试制度创新的一个重要方向。其次，现代信息技术革命的挑战。信息技术快速发展为实现成人学习者任何时间和地点的泛在学习提供了条件和可能。自考本专科教育传统的学习形式、考试方式、助学模式都需要信息化。再次，高等教育大众化战略的实施，使得近年来上大学难的问题基本解决，生源竞争日趋激烈。自学考试经济效益不高，使得不少重点高校参与自学考试工作的积极性有所下降。2010—2016 年，自学考试本专科的报考总人数以年均 9. 77%的速度减少，改革势在必行。最后，是高等教育自学考试自身不足的制约。第一，国家政策支持系统不完善。自学考试在

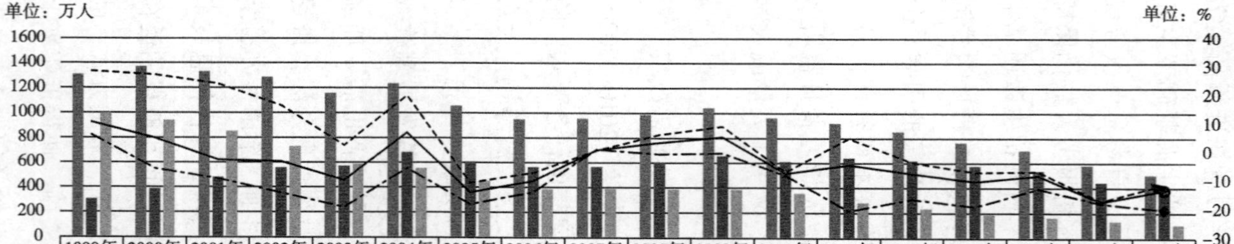

	1999年	2000年	2001年	2002年	2003年	2004年	2005年	2006年	2007年	2008年	2009年	2010年	2011年	2012年	2013年	2014年	2015年	2016年
自考本专科报考总人次	1305.16	1327.6	1330.43	1285.05	1155.91	1234.53	1058.04	949.24	956.27	988.82	1042.49	965.01	922.67	853.90	766.30	703.37	581.57	504.10
自考本科报考人次	304.41	386.60	478.86	557.11	570.18	683.03	608.34	563.51	566.91	602.22	657.05	610.94	641.63	618.99	576.18	537.57	445.47	395.40
自考专科报考人次	1000.76	941.08	851.57	727.94	585.73	551.51	449.70	385.73	389.36	386.60	385.44	354.06	281.04	234.91	190.12	165.80	136.10	108.70
自考本专科报考增长率	10.53	1.73	0.21	−3.41	−10.05	6.80	−14.30	−10.28	0.74	3.40	5.43	−7.43	−4.39	−7.45	−10.26	−8.21	−17.32	−13.32
自考本科报考增长率	28.38	27.00	23.87	16.34	2.35	19.79	−10.93	−7.37	0.60	6.23	9.11	−7.02	5.02	−3.53	−6.92	−6.70	−17.13	−11.24
自考专科报考增长率	6.05	−5.96	−9.51	−14.52	−19.54	−5.84	−18.46	−14.23	0.94	−0.71	−0.30	−8.14	−20.63	−16.41	−19.07	−12.79	−17.91	−20.13

图3-9 自考本专科教育报考人次及其增长率（1999—2016年）
（数据来源：中国教育统计年鉴1999—2017）

高等教育中的地位与国家政策支持力度不匹配。具体表现为国家资金投入不足，仅仅依靠自学考试的考试性收入难以维持自学考试的正常运转和长远发展。第二，自学考试专业、课程设置滞后。目前有些专业设置与经济社会发展和考生择业需求不相适应，专业调整及课程建设成为高等教育自学考试改革的核心内容。

3. 探索学分银行建设，与其他教育形式沟通衔接

高等教育自学考试制度一直是以“宽进严出”、学分零存整取为特征，在与各类教育形式衔接沟通方面积累了较为丰富的经验。2014 年 5 月，教育部提出机构职能调整方案，将高等教育自学考试的管理职能从考试中心调整到职业教育与成人教育司，从而加强了教育部职成司对各类高等学历继续教育形式的统筹管理。2016 年 9 月，教育部发布《教育部关于推进高等教育学分认定和转换工作的意见》（教改〔2016〕3 号），以普通高校和自学考试为主体推进学分互认，提出了若干方面的改革思路和意见。这凸显出自学考试制度的优势：一方面，自学考试认可考生在普通高校的课程学分；① 另一方面，自学考试学历部分与非学历证书考试项目也有很好的衔接，例如，依据全国计算机等级考试、全国英语等级考试的成绩可以替代高等学历继续教育的部分课程，申请相应的学分。②

目前，全国考办将“学分银行建设”作为自学考试制度创新的一个方向，从理论和实践两方面进行了积极的探索与研究，北京、上海、浙江、四川、重庆等地已经开展了自学考试与其他教育形式沟通衔接的探索。2017 年 1 月，国务院颁布《国家教育事业发展“十三五”规划纲要》，站在终身教育层面提出通过建设学分银行和国家资历框架实现继续教育的大力发展。2018 年 1 月，教育部办公厅印发《高等教育自学考试专业设置实

① 《高等教育自学考试暂行条例》（国发〔1988〕15 号）第 22 条明确规定：已经取得高等学校研究生、本科生或专科生学历的人员参加高等教育自学考试的，可以按照有关规定免考部分课程。

② 中国高等教育学会．高等教育改革发展专题观察报告 2015［M］．北京：北京理工大学出版社，2016：300.

施细则》和《高等教育自学考试开考专业清单》。这些政策法规把自学考试制度与完善终身学习体系紧密联系起来，在推进建立学习成果认证和“学分银行”制度中，高等教育自学考试将发挥重要作用。

三、网络本专科教育发展历程

网络本专科教育即现代远程教育，主要是指由教育部自1999年以来批准的67所高校和中央广播电视大学（现为国家开放大学）及地方开放大学举办的现代远程教育。其招生对象为18周岁以上的成人，主要提供高中起点专科、高中起点本科、专科起点本科层次的学历教育，通过远程网络课程学习和相关课程考试，达到毕业要求后颁发各高校毕业证书（注明“网络教育”字样）。由于办学院校类型的不同，网络本专科教育还可以进一步细分为开放大学及广播电视大学子系统和网络教育试点普通高等学校子系统。网络本专科教育办学历史时间较短，大致可以分为创建与探索（1999—2006年）、规范与发展（2007—2011年）、转型与改革（2012年至今）三个阶段。

（一）创建与探索阶段（1999—2006年）

我国网络本专科教育萌芽于20世纪90年代后期。当时，以互联网为标志的现代信息技术的迅猛发展，以双向交互式卫星电视和计算机网络为技术基础的现代远程教育在世界范围内得到关注。1998年6月，教育部报请国务院批复文件《关于发展我国现代远程教育的意见》。1999年1月，国务院批复了教育部制定的文件《面向21世纪教育振兴行动计划》，实施现代远程教育工程，打造开放教育网络，构建终身学习体系。作为行动计划的重点任务之一，教育部批准清华大学、浙江大学、北京邮电大学、湖南大学四所普通高等学校，作为首批进行网络教育试点的院校，标志着中国现代远程教育工程的正式启动。1999年4月，我国中央广播电视大学也开展了人才培养模式改革和开放教育试点。从办学实际情况来看，试点初期形成了小范围参与、大规模办学的办学局面。①截至2006年，教育部先后共审批了67所普通高校和中央广播电视大学参与试点，见表3-2。

表3-2　网络本专科教育试点高校列表

时间	学　校	文　件
1999年	清华大学、浙江大学、北京邮电大学、湖南大学、中央广播电视大学	教电厅〔1999〕1、2、3、4号
2000年	北京大学	教高厅〔2000〕1号
2000年	中国人民大学、北方交通大学、北京外国语大学、天津大学、复旦大学、同济大学、东南大学、无锡轻工业大学、山东大学、中山大学、四川大学、重庆大学、西安交通大学、北京理工大学、东北农业大学	教高厅〔2000〕8号
2000年	北京中医药大学、北京语言文化大学、华中师范大学、兰州大学	教高厅〔2000〕9号
2000年	北京师范大学、东北大学、上海交通大学、华中科技大学、华南理工大学	教高厅〔2000〕12号
2001年	华东师范大学、石油大学、厦门大学、中南大学、西南交通大学、西南师范大学	教高厅〔2001〕1号
2001年	福建师范大学	教高厅〔2001〕2号
2001年	哈尔滨工业大学	教高厅〔2001〕4号
2001年	中国农业大学、南开大学、吉林大学、东华大学、中国地质大学、武汉理工大学	教高厅〔2001〕7号

① 林世员，等．后试点时代普通高校网络教育的转型发展［J］．继续教育，2017，31（12）：11.

续表

时间	学　　校	文　　件
2002 年	北京科技大学、对外经济贸易大学、北京航空航天大学、中央音乐学院、大连理工大学、中国医科大学、东北财经大学、上海外国语大学、上海第二医科大学、华东理工大学、南京大学、郑州大学、武汉大学、华南师范大学、电子科技大学、西南科技大学、西南财经大学、四川农业大学、西北工业大学、西安电子科技大学、陕西师范大学	教高厅〔2002〕2 号
2002 年	中国科学技术大学	教高厅函〔2002〕5 号
2003 年	东北师范大学	教高厅函〔2003〕15 号
2006 年	中国石油大学（北京）	教高厅函〔2006〕16 号

（资料来源：作者根据教育部网站资料整理）

试点高校以“985”“211”高校为主，其中“985”高校 35 所，“211”高校 28 所，其他重点高校 5 所；理工类学校 25 所，综合类学校 23 所，师范类 7 所，外语类 3 所，农林类 3 所，医药类 3 所，财经类 3 所，艺术类 1 所。开展网络本专科教育试点工作的高校主要集中在京津地区和华东地区，基本上是教育部直属重点高校，综合办学实力强，区域分布如图 3-10 所示。到 2006 年，网络教育本专科毕业生数 88. 51 万人，在校生数 279. 29 万人，招生数 113. 25 万人，招生数年增长率为 27. 1%，这表明网络本专科教育的办学规模正在不断扩大。2006 年以后，没有高校再获批网络教育的试点资格，试点工作也没有停止，一直延续至今。

（二）规范与发展阶段（2007—2011 年）

随着高等教育大众化的发展，从 2007 年到 2011 年，我国网络本专科教育办学规模逐年快速扩大，如图 3-11 所示。其招生数年平均增长率为

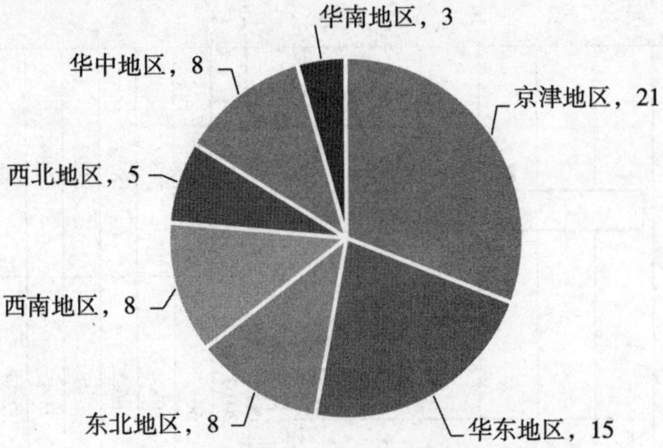

图 3-10　网络本专科教育试点院校分布情况

（资料来源：作者根据教育部等相关网站资料整理）

10.7%，而普通高等教育本专科招生的年平均增长率仅为 4.5%，成人本专科招生的年平均增长率仅为 3.5%。2011 年网络本专科招生 187.15 万人，成人本专科招生 218.51 万人。短短的 5 年时间，网络本专科招生规模与传统的成人本专科招生差距正不断缩小。由于试点高校数量较少，招生规模过于庞大，办学过程中出现了很多问题，其中虚假招生、乱发文凭的现象尤为突出，严重影响了网络教育的办学质量，同时也给成人本专科教育带来了冲击。

为此，教育部出台多个政策文件规范网络本专科教育的学习中心设置、招生工作、课程考试。例如，2006 年，教育部办公厅发布《关于进一步加强高校网络教育规范管理的通知》（教高厅〔2006〕1 号）；2007 年，教育部办公厅发布《关于进一步加强现代远程教育试点高校网络高等学历教育学历证书和学位证书规范管理的通知》（教高厅〔2007〕1 号）。教育部办公厅连续两年在 1 号文件发布关于高校网络教育的规范性文件，体现出国家对网络本专科教育试点办学的重视，也反映出当时高校网络教育办学过程中的确出现了一些问题。2011 年，教育部办公厅发布《网络高等学历教育招生与统考数据管理暂行办法》（教职成厅〔2011〕3 号）的通知，进一步强化对高校网络本专科教育的管理。

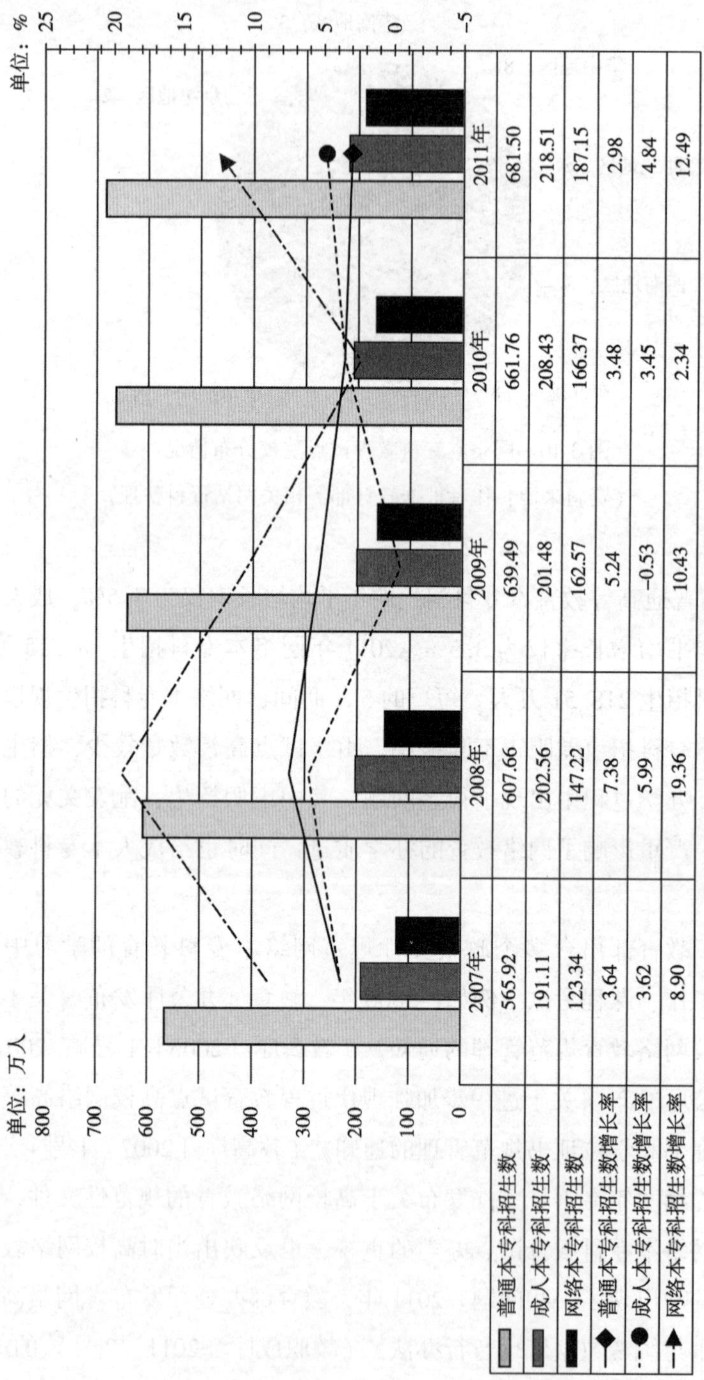

	2007年	2008年	2009年	2010年	2011年
普通本专科招生数	565.92	607.66	639.49	661.76	681.50
成人本专科招生数	191.11	202.56	201.48	208.43	218.51
网络本专科招生数	123.34	147.22	162.57	166.37	187.15
普通本专科招生数增长率	3.64	7.38	5.24	3.48	2.98
成人本专科招生数增长率	3.62	5.99	−0.53	3.45	4.84
网络本专科招生数增长率	8.90	19.36	10.43	2.34	12.49

图3-11　普通、成人、网络三种本专科教育招生数据比较（2007—2011年）

（数据来源：中国教育统计年鉴2007—2012）

（三）转型与改革阶段（2012年至今）

1. 办学规模增长快速，本专科层次增长差异较大

2012年，全国网络本专科教育招生196.45万人，比2011年增加了9.3万人，增长了4.97%。其中本科招生69.67万人，专科招生126.78万人，网络教育以专科层次为主。而国家开放大学学历继续教育招生突破百万。其中，开放教育春秋两季共招生约101.41万人，其中本科招生29.44万人，专科招生71.97万人。① 由于教育部将开放大学的开放教育招生数据统计到网络本专科教育里，故可以看出国家开放大学一年的招生数比其他67所普通高校招生的总和还多，开放大学在我国现代远程继续教育中扮演着越来越重要的角色。

从2012—2017年的数据来看，网络本专科办学规模总体呈增长态势（如图3-12所示）。6年来平均每年毕业生数167.26万，招生数223.64万，在校生数637.64万。2014—2015年网络本专科招生数量出现缓慢下降后，2016—2017年招生数量又出现快速增长。可见，教育部出台《高等学历继续教育专业设置管理办法》（教职成〔2016〕7号）后，网络本专科办学的规模不降反升。这一方面与开放大学的开放教育办学规模不断扩大有关；另一方面，受学历继续教育“末班车”等舆论的影响，大量成人学习者报名参加网络教育，导致网络本专科教育招生数量短期出现较大增长。同时从图3-13可以看出，2012—2017年度，网络教育本科招生数增长率年度变化较小，而网络教育专科招生数增长率年度变化较大。

2. 网络教育改革持续推进，质量提升并不明显

在20年的试点过程中，网络本专科教育质量问题一直是政府和社会十分关注的问题。教育部陆续出台了有关网络教育学院、学习中心及公共服

① 杨志坚. 中国远程高等教育发展研究报告（2013）［M］. 北京：中央广播电视大学出版社，2014：2.

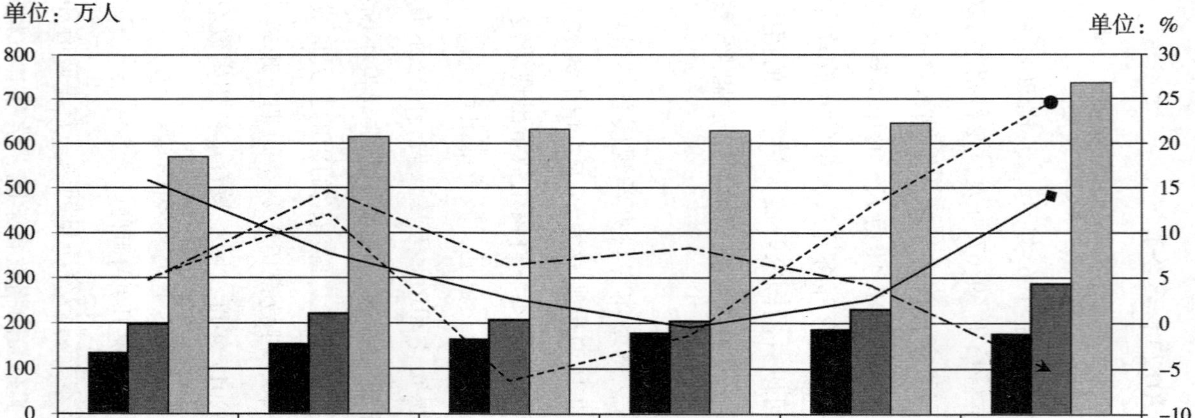

	2012年	2013年	2014年	2015年	2016年	2017年
毕业生数	136.09	156.08	166.13	179.98	187.48	177.79
招生数	196.45	220.07	206.19	203.40	229.61	286.11
在校生数	570.41	614.64	631.45	628.47	644.93	735.93
毕业生数增长率	4.74	14.69	6.44	8.33	4.17	–5.17
招生数增长率	4.97	12.03	–6.31	–1.35	12.88	24.61
在校生数增长率	15.82	7.75	2.73	–0.47	2.62	14.11

图3-12　网络本专科教育毕业生数、招生数及在校生数（2012—2017年）
（数据来源：中国教育统计年鉴2012—2018）

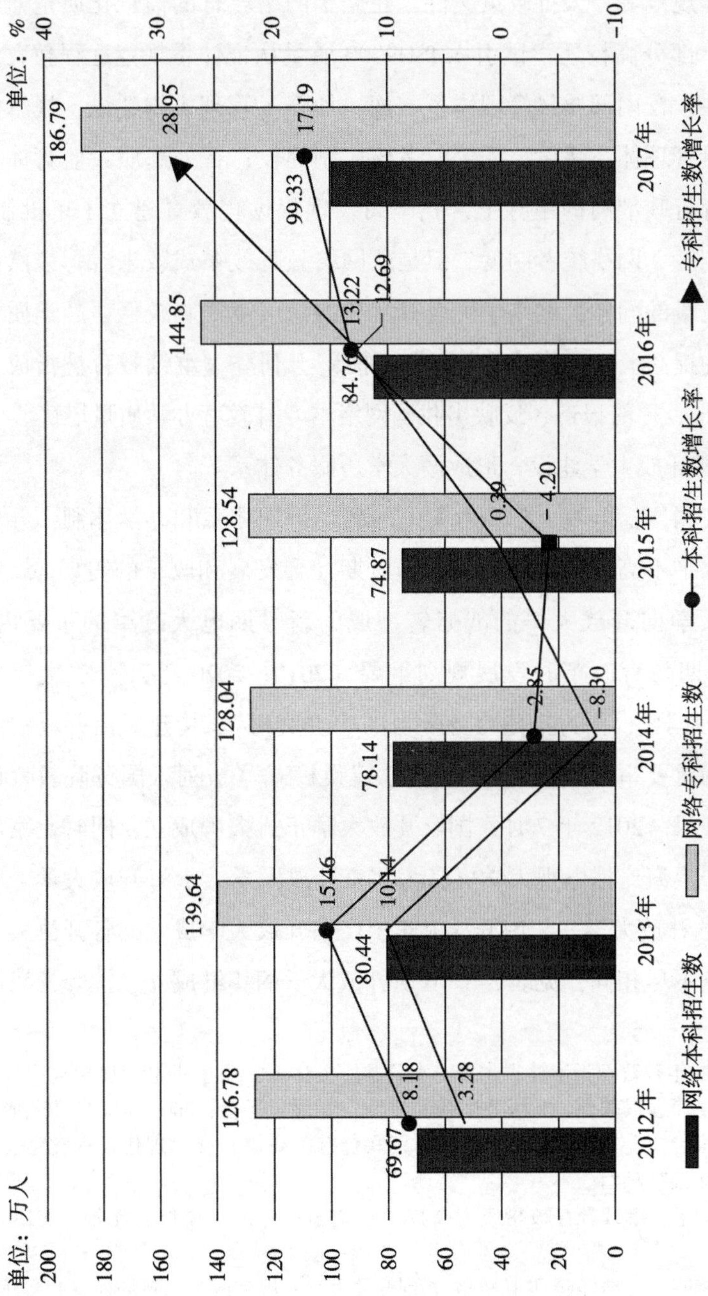

图3-13　网络本科、网络专科的招生数及其增长率（2012—2017年）

（数据来源：中国教育统计年鉴2012—2018）

务体系①的审批及管理、招生及就业、证书及电子注册、统考、年报年检、评估和教学规范等一大批政策文件，建立了网络教育的信息化质量监管平台和机制，部分高校还尝试引入 ISO9000 质量认证体系规范远程教育的办学管理。在学校内部质量管理体系方面，加强了管理机构建设、规章制度建设、质量管理体系建设、评价与考核机制建设；在外部质量监管体系方面，在教育行政部门的主导下，我国高校现代远程教育建立了审批制度、年报年检制度、网络统考制度。但是从网络教育改革成效来看，依然没有解决教学质量的问题，网络学历教育文凭的认可度一直较低，教学质量并没有太大的提高。2013 年，《中国青年报》上刊登《继续教育被指成为高校“钱袋子”》的报道，反映出我国网络本专科教育办学质量堪忧。②

3. 重视开放大学建设，形成两大学历服务体系

由于我国广播电视大学高度集中的教学管理体系和办学体制，办学层次和质量水平不高，已经不能适应新时期社会发展和改革的需要。③ 实现广播电视大学向开放大学的战略转型成为新时期电大改革的重要内容。《国家中长期教育改革和发展规划纲要（2010—2020 年）》首次提出要“办好开放大学”，作为搭建终身学习的“立交桥”、构建灵活开放的终身教育体系的重要举措。“探索开放大学建设模式”被列入国务院教育体制改革试点项目。2012 年 7 月，国家开放大学正式揭牌成立，同时北京广播电视大学、上海广播电视大学更名为北京开放大学、上海开放大学。同年 12 月，江苏开放大学、云南开放大学、广东开放大学成立，各开放大学改革的侧重点不尽相同，见表 3-3。6 所开放大学的相继成立，拉开了我国开

① 2005 年教育部批准建立中央电大公共服务体系，由中央电大奥鹏远程教育中心总体负责现代远程教育公共服务体系的建设、管理与运行，2007 年又批准弘成科技发展有限公司、知金教育咨询有限公司分别联合有关高校开展“现代远程教育公共服务体系建设试点”项目。

② 李剑平．继续教育被指成为高校“钱袋子”［N］．中国青年报，2013-09-23（11）．

③ 郝克明．总结经验 开拓进取 开创开放大学发展和改革的新局面［J］．开放教育研究，2017，23（6）：15-16.

放大学建设的序幕，标志着我国远程开放教育迈进了新的发展阶段。在办学层次上，开放大学可以设置本科专业，可授予学士学位，突破了办学层次的限制，逐步开启了政府领导下的自主发展模式。

表 3-3　　　　**6 所开放大学改革探索侧重点列表①**

学校名称	改革探索侧重点
国家开放大学	1. 形成切实有效的质量保证体系 2. 创新以需求为导向的人才培养模式 3. 推动信息技术与开放学位教育的深度融合 4. 加强实践教学环节
北京开放大学	1. “宽进严出，分级管理，一体化运作”的人才培养模式和质量保证的制度建设 2. 加强社会合作，争取更大支持，吸引更多资源
上海开放大学	1. 提升教学服务能力和质量品质 2. 在教育目标、教学内容、教学方法、质量管理上实现从传统广播电视大学到开放大学的整体战略转型
江苏开放大学	1. 推动办学机制、管理机制、人才培养模式、教师聘用机制、考试考核机制等创新 2. 加强适应江苏发展需求的特色专业建设，形成专业特色
广东开放大学	1. 探索应用型人才的培养规律 2. 探索现代信息技术与教育的深度融合 3. 探索教育技术专家与课程内容专家合作开发高质量课程资源 4. 探索高质量的学习支持服务 5. 推进学历教育、非学历教育和社区教育的共同发展，为学习型组织、学习型社区和学习型社会建设服务 6. 探索新的学校管理体制
云南开放大学	按照质量第一的要求，明确办学思路和办学定位，深化办学模式改革

① 杨晨．我国开放大学体系架构［J］．职教论坛，2015（3）：66.

2014年，国务院取消和下放了利用网络实施远程高等学历教育的网校审批权，近年来并没有新的学校获批试点开展网络本专科教育，而且北京大学、中山大学等几所高校根据办学战略定位调整，停办了网络本专科教育。目前网络本专科教育形成了两大学历服务体系：一是以60多所试点普通高校和大量校外学习中心为网络节点，通过现代教育技术手段，构建“网络教育”体系；二是通过开放大学以及辐射全国的广播电视大学系统，构建面向全社会的“开放教育”体系。

第二节 成人本专科教育：“一枝独秀”演变分析

根据我国高等学历继续教育的发展历程可知，成人本专科教育是高等学历继续教育生态系统诞生之初的唯一办学形式。普通高校、成人高校及函授站点是主要的办学机构，我国高等学历继续教育发展初期的系统结构如图3-14所示。

一、物种构成及种群关系

高等学历继续教育生态系统框架充分体现了高等学历继续教育系统要素构成以及与外部环境之间的相互作用关系：

一是高等学历继续教育系统主要包含三个种群，分别为教育行政主管部门种群、院校种群、函授站点种群。每个种群的物种数量都相对较少，其中院校种群是办学主体，主要有成人高校、普通高校两种类型。成人高校的数量增长很快，而普通高校数量增长则相对较慢，主要依靠拓展函授站点来扩大办学规模。

二是教育行政部门种群主要规范与管理成人教育院校种群的办学活动，成人教育函授站种群的办学活动则由教育行政部门种群、成人教育院校种群共同监督管理，院校起主导作用和负主要责任。权责相对明确，种群之间关系相对简单。

三是高等学历继续教育系统与外部环境之间不断地进行着物质、能

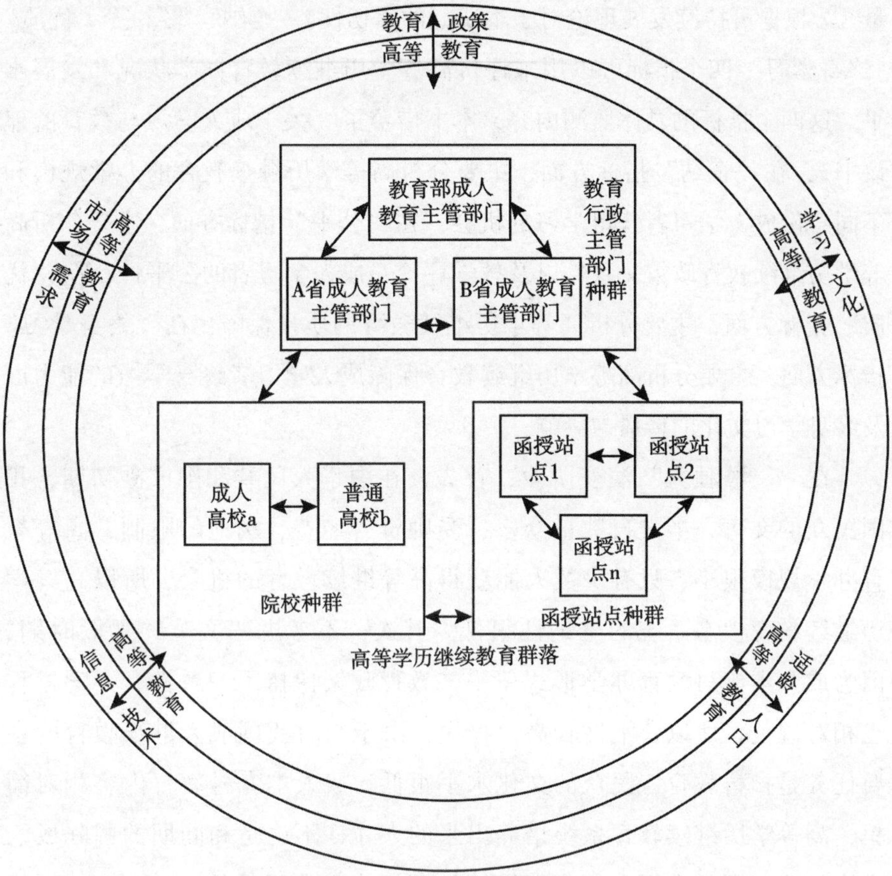

图 3-14　我国高等学历继续教育生态系统结构（1949—1980 年）
（注：A、B 表示不同省份；a、b、n 表示院校、函授站的数量）

量、信息的资源交换，具体表现为政策、师资、生源、经费、技术、设备以及毕业生等具体资源，体现出人才培养的重要功能。

二、群落办学水平综合分析

2015 年，联合国教科文组织发布了《关于成人学习与教育的建议书》。该建议书具体阐述了第六届国际成人教育大会通过的《贝伦行动框架》所提出的行动领域，主要包括政策、治理、筹资、参与、包容、公平以及质量。① 根据可持续发展理论对于本研究的适切性，“全纳”“公平”“优质”“终身学习”四个指标可以用来评价高等学历继续教育办学状况和发展水平。这四个指标的具体监测内容，本书借鉴了《关于成人学习与教育的建议书》，在“全纳”指标方面，主要分析高等学历继续教育的办学规模和不同身份成人学习者获得学习的机会；在“公平”指标方面，主要分析高等学历继续教育政策一致性以及教学评价对成人学习者的公平性；在“优质”指标方面，主要分析高等学历继续教育的质量保障；在“终身学习”指标方面，主要分析高等学历继续教育保障成人学习者终身学习的能力以及终身学习文化的传播与影响。

在“一枝独秀”演变阶段，首先，在中华人民共和国成立初期，我国民众的文盲、半文盲数量众多，受师资、经费、场地的限制，高等教育办学规模很小，只有少数人能获得高等继续教育的机会，所以高等学历继续教育生态系统的全纳性很低。其次，不考虑“文革”那段时期，因为成人本专科教育办学形式单一，教育政策保持了一致性，办学过程也相对规范，所以公平性较高。再次，由于当时我国成人继续教育的主要任务是扫盲教育，民众的文化水平很低，成人本专科教育内容相对简单，高等学历继续教育系统培养出来的人才，不论是和同期的国际成人教育相比，还是和现在的高等继续教育相比都是很低的。最后，关于终身学习这一指标，由于我国终身教育发展的酝酿期是在 1978—1987 年，② 所以这段时间国际终身教育思潮还没有在我国传播，同时成人本专科办学规模小，保障民众参与高等继续教育的能力还很有限。整体看来，在 1949—1980 年这一时期，我国高等学历继续教育办学综合水平较低，处于发展的初级阶段。

① 联合国教科文组织．关于成人学习与教育的建议书［J］．职业技术教育，2016，37（15）：76-80.

② 吴遵民．改革开放 40 年中国终身教育的历史回顾与展望［J］．复旦教育论坛，2018，16（6）：13.

三、群落演变动因生态分析

1949—1980 年是成人本专科教育独立存在和发展的时期，高等学历继续教育生态系统处于物种较少、种群关系简单、系统功能较弱的初级阶段。外部环境促使高等学历继续教育生态系统完成从无到有的异发演替，其中市场需求、适龄人口、教育政策等生态因子起到了主导作用，系统内部群落由于规模较小、结构功能简单，对高等学历继续教育系统发展的控制和对外部环境的影响较弱。

（一）外因分析

1. 市场需求生态因子分析

经济基础决定上层建筑，市场需求是促成高等学历继续教育生态系统异发演替的重要原因。一方面，中华人民共和国成立后百废待兴，急需恢复生产，改善人民生活。1956 年，中共八大指出我国当前的主要矛盾是先进的社会主义制度同落后的社会生产力之间的矛盾。① 解决矛盾的办法就是发展社会生产力，实行大规模的经济建设，而这需要大量的人力资源支撑。这对我国教育系统，特别是高等教育系统提出了迫切的人才培养需求。另一方面，城乡二元结构的限制，② 国家对人才的需求较多地集中在城市工业领域的职工教育。例如，第一个五年计划（1953—1957 年）的主要任务有两点：一是集中力量进行工业化建设；二是加快推进各经济领域的社会主义改造。市场需求的选择性导致生态系统办学院校种群物种发展的不均衡性，对系统办学的生态平衡有一定影响。

2. 适龄人口生态因子分析

---

① 中国共产党第八次全国代表大会．中共八大关于政治报告的决议［EB/OL］. 2008-06-04. http：//www. gov. cn/test/2008-06/04/content_1005155. htm.

② 1958 年 1 月全国人大常委会第九十一次会议讨论通过《中华人民共和国户口登记条例》，这标志着中国以严格限制农村人口向城市流动为核心的户口迁移制度的形成。

大量适龄人口成为我国高等学历继续教育生态系统异发演替的能量来源，保证了办学资金和生源，也决定了生态系统院校种群的办学类型基本以专科为主。1949 年，我国文盲人数占总人口的 80%以上，学校在校生人数只占总人口的 5%。文盲和半文盲多的现实，既是旧中国遗留下来的历史包袱，也是中华人民共和国教育系统必须解决的根本任务。这为我国开展成人继续教育提供了大量生源。由于当时人口整体文化素质很低，成人继续教育以扫盲教育、成人中等学历继续教育（成人高中、成人中专、成人初中）为主，成人高等学历继续教育比例很小，所以高等学历继续教育生态系统初级阶段的办学规模有限。

3. 教育政策生态因子分析

教育政策成为我国高等学历继续教育生态系统异发演替的重要制度保障。通过构建高等教育二元体制（双轨制）的办学政策，促进了我国高等学历继续教育生态系统的诞生和可持续发展。中华人民共和国成立初期，全国高等教育资源严重不足，1949 年全国只有 1 所成人高校，学生数 124 人。当时全国高等院校仅有 205 所，高等学历人才匮乏，如何多出人才、快出人才是高等教育领域面临的严峻问题，仅靠普通高等教育难以解决人才培养的供需矛盾。时任国家副主席的刘少奇提出建立“两种教育制度”的教育主张，后来以政府政策文件的形式确立下来。普通高等教育和继续教育（尤指成人高等教育）“两条腿”走路的办学方针的形成和确立，为我国高等教育双轨制办学体制的形成奠定了基础。在此背景下，国家出台一系列教育政策，① 一方面鼓励社会各行各业建立更多的成人高校；另一方面要求普通高校开办夜大学、函授和脱产教育。从相关教育政策内容来看，在人才极度匮乏的情况下，最先考虑的是办学规模如何扩大的问题，办学质量问题被放在第二位。这个时期由于受“文革”的影响，很多教育政策制定后并没有落实下去，实施中的政策也朝令夕改，影响了高等学历

① 文件主要有：《关于开展职工业余教育的指示》《关于举办工农速成中学和工农干部文化补习学校的指示》《各级职工业余教育委员会条例》《关于开展农民业余教育的指示》等。

继续教育生态系统的健康发展。①

（二）内因分析

1. 物种间相互作用分析

在高等学历继续教育生态系统发展的初期，由于国家教育政策的鼓励支持、生源充足、人们和社会对于学习的需求强烈，成人本专科办学规模较小等原因，教育行政主管部门、院校、函授站点三个种群的发展远远低于外部环境的承载力，三者是互利共生的关系。教育行政主管部门鼓励和支持院校扩大办学规模，提高办学质量，培养更多的人才；院校鼓励和规范函授站点的发展，进而扩大自身的办学规模；函授站点在教育行政主管部门的许可下，依托院校的力量办学，求得生存与发展。

2. 种群网络生存对策分析

在高等学历继续教育生态系统发展的早期，由于外部环境的资源充足，生态系统种群采用的是规模优先的 r 对策发展模式（详见第二章第一节关于种群生存对策介绍）。这一点在院校种群中表现得尤为突出。1949 年全国只有 1 所成人高校，在校生 124 人。1956 年成人高校数量增长到 156 所，在校生 6 万多人。受"文革"影响，1972 年后，以"七二一"工人大学为主体的成人高校在全国范围内广泛兴起，1975 年达到 10386 所，1976 年多达 46810 所。② 所以"文革"时期，院校种群发展采用了规模扩张的 r 对策发展模式，院校种群数量沿 J-形增长曲线发展（如图 2-1 所示），快速扩张超过了当时学历继续教育环境的最大承载力，破坏了生态平衡。一方面，占用和浪费了大量本来就不足的师资、经费及物资设备等资源；另一方面，不讲质量，急于求成，人才培养质量明显下降。"文革"之后，随着外部环境教育政策的拨乱反正，高等学历继续教育生态系统得

① 刘子杰．质量、公正与制度保障——中英成人高等学历教育的比较研究［D］．上海：华东师范大学，2008：34-36.

② 中国成人教育协会．中国成人教育改革发展三十年［M］．北京：高等教育出版社，2008：20.

到恢复，1980 年成人高校数量锐减到 2775 所，以后逐渐减少。① 国家出台相应的教育政策，按照“调整、巩固、充实、提高”的八字方针进行治理，开始重视成人高等教育质量，取得了一定的效果：一是成人高校数量和招生规模明显减少；二是普通高校函授、夜大学办学的恢复和规模不断扩大。1980 年，举办夜大学、函授教育的普通高等学校有 93 所，在校学生数为 18.87 万人。② 可见，在外部环境教育政策因素的积极影响下，我国高等学历继续教育系统的办学生态得到了恢复与改善。

3. 群落功能分析

在高等学历继续教育生态系统发展的初级阶段，群落演替主要经历了两种模式：一是诞生时期的异发演替阶段，主要是受外部环境生态因子驱动，院校开始承担成人高等学历继续教育，逐渐形成双轨制办学模式。二是“文革”时期的逆向演替阶段，一系列教育政策导致高等学历继续教育生态系统受到严重破坏，函授、夜大学等基本停办，系统培养人才的功能基本丧失。改革开放后，由于外部环境的改善，教育政策的落实，高等学历继续教育生态系统逐步得到恢复和发展。可见，在发展的初级阶段，由于容易受到外部环境的影响，高等学历继续教育生态系统的物种较少、种群关系简单、群落功能较弱，人才培养的数量和质量都不高，系统的抗胁迫能力较差，对外部环境的反作用力也有限。

第三节　成人、自考本专科教育：“双雄并举”演变分析

由自考本专科教育发展历程可知，从 1981 年开始，高等学历继续教育生态系统诞生了一种新的教育形式，即自考本专科教育。我国高等学历继续教育生态系统物种日益丰富，种群之间关系也逐渐复杂，系统人才培养的功能逐渐增强，其系统结构如图 3-15 所示。

① 《中国教育年鉴》编辑部．中国教育年鉴 1949—1981［M］．长沙：湖南教育出版社，1984.

② 董明传，毕诚，张世平．成人教育史［M］．海口：海南出版社，2002：336.

一、物种构成及种群关系

一是高等学历继续教育系统现阶段主要包含六个种群，分别为成人教育行政主管部门种群、自考教育行政主管部门种群、教育协会种群、成人教育院校种群、自考教育院校种群、函授站点种群。种群的数量大大增加，相互之间的关系也日益复杂。其中成人教育行政主管部门种群、成人教育院校种群和函授站点种群关系更为密切，形成成人本专科教育子系统群落；而自考教育行政主管部门种群、自考教育院校种群则构成了自考本专科教育子系统群落。教育协会种群成为行政主管部门种群、院校种群之间联系沟通的一个新的渠道。

二是自考教育行政主管部门种群构成主要包括全国高等教育自学考试指导委员会（简称"全国考委"）、教育部高等教育自学考试办公室、高等教育自学考试专业委员会、全国教育考试暨自学考试研究委员会等中央机构，以及各省（自治区、直辖市）、地（市）设有高等教育自学考试委员会等地方机构。在当地人民政府领导和上一级高等教育自学考试委员会指导下进行工作。各级教育行政部门设立高等教育自学考试办公室，管理自学考试日常工作。

三是自考教育院校种群构成包括主考院校和助学院校两部分。其中北京大学等315所全日制普通高等学校承担了高等教育自学考试主考学校的任务，① 参与自学考试的命题和评卷，负责有关实践性学习环节的考核，在毕业证书上副署等工作；大量普通高校、民办院校、成人高校以及社会其他教育机构开展了自考助学活动，因此自考教育院校种群规模很大。

四是教育协会种群构成主要以成人教育类协会为主。1981年4月3日，作为第一个全国性的成人教育协会，中国成人教育协会（China Adult Education Association，CAEA）在北京成立，它是全国各类成人教育团体和

① 教育部．高等教育自学考试简介［EB/OL］．2004-08-07．http：//old.moe.gov.cn//publicfiles/business/htmlfiles/moe/moe_285/200408/2861.html.

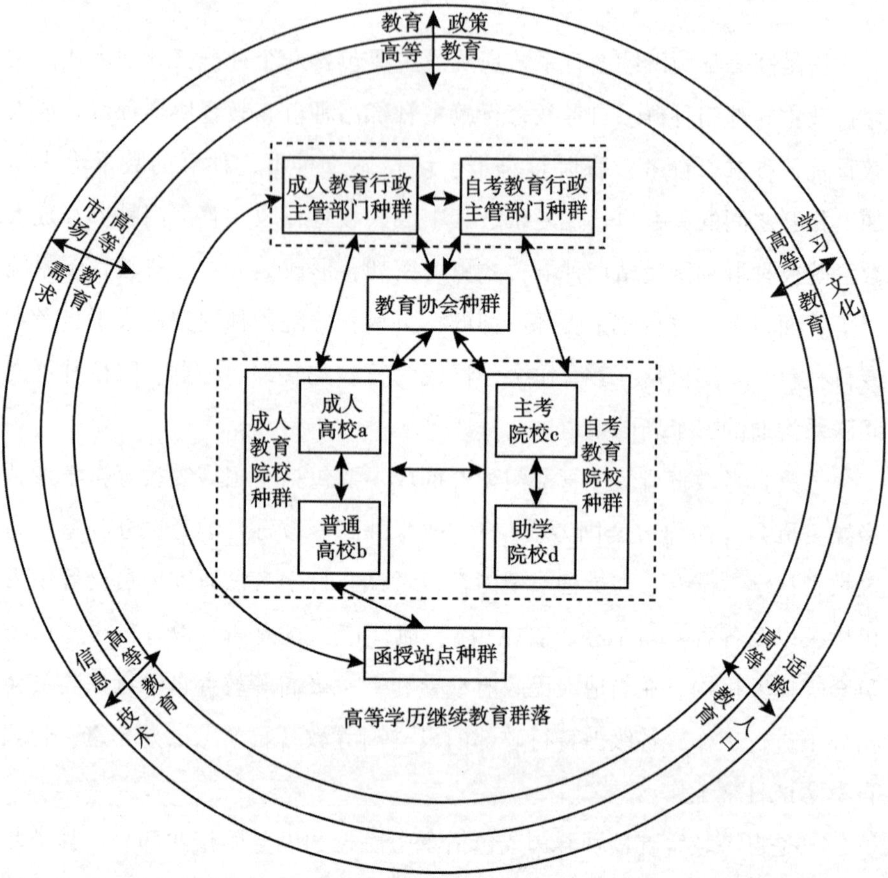

图 3-15　我国高等学历继续教育生态系统结构（1981—1998 年）

（注：1. a，b，c，d 表示院校数量；2. 行政主管部门种群、院校种群的划分依据是成人本专科教育、自考本专科教育的区别。）

成人教育工作者自愿组成的群众性、学术性社会团体。随后各省市也建立了相应的成人教育协会组织，丰富了我国高等学历继续教育系统的种群类型，成为教育行政主管部门种群与院校种群以及外部环境之间一个新的沟通渠道和联系纽带。

二、群落办学水平综合分析

随着我国高等学历继续教育办学进入"双雄并举"发展阶段，办学水平发生了较大变化。首先，这一时期我国高等学历继续教育生态系统的全纳性有了很大提高。在改革开放初期，成人本专科教育在为"文革"耽误的一代人进行学历补偿教育，缓解了高等教育资源的严重不足；20世纪90年代，高等教育发展还处于精英化阶段，成人本专科教育也为高考落榜人提供了高等教育机会，成人高等教育的生源呈现低龄化倾向。而对于新增加的自考本专科教育，其办学特点就是面向社会全体公民开放，使广大群众都享有接受高等教育的权利。

其次，高等学历继续教育生态系统的公平性也得到提高。1986年，原国家教委对各类高等学校实行全国统一的成人高等教育招生考试制度，保障了招生政策的一致性，逐步取消了自学试听生、注册试听生等办学形式。高等教育自学考试作为一种国家考试制度，政策具有权威性、一致性和公平性。在办学环节，无论是成人本专科教育还是自考本专科教育，都日益强调办学的规范性和鼓励成人学习者通过刻苦学习来获取大学文凭。

再次，高等学历继续教育生态系统的优质性也得到改进。从1995年起至1997年5月底，国家开展了全国普通高校函授、夜大学教育评估工作，实行国家、地方（或部门）、学校三级评估体制，有841所普通高校参加评估，对评估不合格的普通高校采取了相应措施，此外也暂停和限制了部分成人高等学校的年度招生资格。① 对于自考本专科教育，其又作为一种高等教育国家考试制度，实行的是"宽进严出"办学模式。1991年8月，国家教委要求主考学校和专业指导学校不得在校内举办社会助学的全日制脱产学习班，严格实施命题与辅导分开的原则，参加命题工作的教师，在规定时间内不得参与任何形式的教学辅导工作。② 这些举措在一定程度上

---

① 文件《教育部关于暂停和限制部分成人高等学校1999年招生的通知》（教发〔1999〕44号）。

② 文件《国家教委关于加强自学考试工作的意见》（教考〔1991〕3号）。

提升了成人本专科、自考本专科教育的办学质量。但是也必须注意到，在个别院校，成人本专科教育的乱招生、乱办班、乱发证现象依然存在；自考本专科教育课程内容与市场需求脱节，考试管理模式与评价手段单一，学习支持服务体系相对薄弱，社会助学缺乏监管等问题制约了办学质量进一步提高。

最后，高等学历继续教育生态系统在保障全民终身享有学习机会方面的能力进一步加强。这段时期为终身教育发展的初创期，终身教育思想逐渐形成政策，并朝立法化方向推进。① 一方面，成人本专科教育增加了办学规模，1989 年招生数为 57.5 万人，到了 1998 年招生数量已达 100.2 万人；另一方面，自考本专科教育虽然学习资源和支持服务有限，毕业通过率低，但是在全国构建了完善的高等教育自学考试组织管理机构，让全民拥有了获得大学文凭的机会。整体看来，在 1981—1998 年这段时期，我国高等学历继续教育办学综合水平得到一定程度的提高，进入了快速发展阶段。

三、群落演变动因生态分析

1981—1998 年是我国高等学历继续教育生态系统的快速发展期。外部环境促使高等学历继续教育生态系统新种群的产生，其中市场需求、适龄人口、教育政策等生态因子依然起主导作用，信息技术生态因子对系统的影响力开始加强。生态系统的物种日益丰富、种群不断增加，群落变得复杂，系统办学能力提高很快。

（一）外因分析

1. 市场需求生态因子分析

市场需求的增长，推动了自考本专科教育的产生，促进了独立设置成

① 吴遵民．改革开放 40 年中国终身教育的历史回顾与展望［J］．复旦教育论坛，2018，16（6）：13.

人高校的发展。1978 年，党的十一届三中全会召开，党和政府的工作重点转移到以经济建设为中心的轨道上来，进行改革开放。1981 年，党的第十一届六中全会指出：在社会主义初级阶段，我国社会的主要矛盾是人民日益增长的物质文化需要同落后的社会生产之间的矛盾。社会面临的主要问题是生产力水平低，劳动力市场上的人们科学技术、文化素质不高。邓小平同志曾说："同发达国家相比，我们的科学技术和教育整整落后了二十年。"① 解决这些问题的重要途径之一就是发展教育，培养高素质的人才，提高工人的技术技能水平。而我国的现实国情是高等教育的办学规模很小，师资、经费、设备等都严重不足，当时不可能办更多的高等学校或招收更多的学生，也不可能完全满足社会适龄青年的学习愿望。为此，我国一方面确立了高等教育自学考试制度，以缓解普通高校办学的压力；另一方面重视以企事业单位为法人的成人高校建设，直接对接市场的人才需求，因为这些学校既能开展学历教育，也可以开展岗位技能类的非学历培训。例如，1981 年，职工高等学校 1140 所，农民高等学校 72 所，教师进修学院 247 所，占成人高校总数的 97.7%。

2. 适龄人口生态因子分析

以知青②为主体的大量适龄人口成为成人本专科教育快速发展、开展自考本专科教育的重要推动力。"文革" 十年高等学校大约少培养了 200 多万大学毕业生，同时产生了大量的上山下乡的知青，这些成人学习者生活经验丰富，继续学习的需求非常强烈，是国家急需的潜在的优质人力资源。但是当时我国普通高校的办学能力有限，供需矛盾非常突出，高考录取率太低。教育部在上报国务院的《关于 1980 年全国高等学校招生工作会议的报告》中提到，近几年来高考报考人数很多，平均每年 500 万人左

① 中国成人教育协会．中国成人教育改革发展三十年 [M]．北京：高等教育出版社，2008：82.

② 这里特指从 1968 年开始一直到 1978 年末期，自愿从城市去到农村和农垦兵团务农或建设保卫边疆的年轻人，这些人中大多数人实际上只接受过初中或高中教育。

右，而招生人数很少，平均每年仅 30 万左右。① 为此，必须通过其他途径来解决社会知识青年和人民群众的高等教育问题。高等学历继续教育系统在“一枝独秀”发展阶段已经积累了一定的办学经验，例如，扩大其办学规模。但是高等教育实行“双轨制”办学，师资的瓶颈很难突破。由于成人本专科教育的师资和办学场地等也主要来自高校，成人本专科教育扩大办学规模也很有限，所以引入自考本专科教育，对自学者进行以学历教育为主的高等教育国家考试是最经济、可行、易行的办法。

3. 教育政策生态因子分析

一系列教育政策成为我国高等学历继续教育现阶段快速发展的重要制度保障。在改革开放初期，为了更好地为知青等大量被“文革”耽误的民众实施学历补偿教育，1980 年，教育部印发了《关于高等学校举办函授教育和夜大学审批工作的意见》《关于大力发展高等学校函授教育和夜大学的意见》，使普通高校举办函授、夜大学教育有了制度保障和办学指南。1981 年，国家颁布了《关于加强职工教育工作的决定》，国务院批转了教育部关于《高等教育自学考试试行办法》的报告，高等教育自学考试制度建立。1982 年，青工“双补”教育在全国各地展开。1985 年，中共中央发布的《关于教育体制改革的决定》指出：“有关干部、职工、农民的成人教育和广播电视教育是我国教育事业极为重要的组成部分。”这些政策文件有力地推动了我国成人高校办学的开展，同时增强了我国高等学历继续教育生态系统办学的全纳性和公平性。

此外，为了给大量高考落榜生提供高等教育机会，从 1986 年起，全国成人高等教育实行统一招生考试，有效地提升了新生的入学质量。1987 年，国务院批转了《国家教育委员会关于改革和发展成人教育的决定》，国家教委根据一些学校的要求，发出《关于同意北京大学等十一所高等学校试办函授、夜大学大专起点本科班的复函》和《关于同意四川经济管理

① 中国成人教育协会．中国成人教育改革发展三十年［M］．北京：高等教育出版社，2008：82.

干部学院等十三所成人高等学校试办大专起点本科班的复函》，以试点的方式将"专升本"的招生范围扩大到非师范类。这些政策的出台使 20 世纪 90 年代初的应届高考落榜生逐渐成为成人高等教育学习者的主体，成人高等教育对象呈现低龄化、未就业、文化素质较好的特点，这为成人本专科教育办学规模的扩大、人才培养质量的提升奠定了基础。因此，这段时期我国成人本专科教育的优质性有所提升。

4. 信息技术生态因子分析

这一时期信息技术的发展和终身教育的兴起进一步加速了我国高等学历继续教育生态系统的发展。信息技术的快速发展使个人学习突破了时空限制，促进了世界远程教育的发展。20 世纪 60 年代中期以来，在联合国教科文组织的大力提倡下，终身教育这一学习文化受到广泛关注。在此背景下，1969 年，英国建立了开放大学，为众多在职成年人提供接受高等教育的机会，成为世界远程教育的典范。作为我国高等学历继续教育生态系统的重要办学机构，广播电视大学的诞生和发展就是借鉴了英国远程教育发展模式。① 1978—1983 年是我国广播电视大学创办和发展的重要时期，由于在学习时间、学习地点等方面为学生提供了充分的自由选择权，体现出广播电视大学办学的优势，举办的成招专科②第一年招生共计 32.24 万人，另外还有许多自学试听生。而同期的普通高等教育招生每年仅 30 万左右，信息技术在我国改革开放初期学历补偿教育中发挥了重要作用。

（二）内因分析

1. 物种间相互作用分析

在高等学历继续教育生态系统"双雄并举"发展阶段，由于面向"文

① 1978 年 4 月，教育部向邓小平呈交报告，提出借鉴英国开放大学"在教学组织和管理方面的一些做法"，引进现代化教学手段。转引自中国成人教育改革发展三十年［M］. 北京：高等教育出版社，2008：46.

② 具体指电大招收具有高中毕业或同等学历的在职成人为主要培养对象，利用业余等形式实施的高等专科学历教育。

革”耽误的知青进行学历补偿教育和为大量高考落榜生提供高等教育机会，高等学历继续教育系统外部环境的市场广阔、生源充足，加上有教育政策鼓励，物种数量和类型有了快速增长，新出现了自考教育行政主管部门种群、自考教育院校种群、教育协会种群。其中院校办学种群属于核心种群，成人教育院校种群凭借全国成人高考，开展入学门槛较低、毕业相对容易的成人本专科教育，而自考教育院校种群依据“宽进严出”的办学理念开展自考本专科教育，二者所包含的院校物种相互作用关系是资源利用性竞争关系，即在共用资源短缺时的间接抑制，在当时生源充足的情况下，二者处于逐步规范和快速发展阶段。

2. 种群网络生存对策分析

在高等学历继续教育生态系统“双雄并举”发展阶段，虽然外部环境的资源充足，但普通高等教育依然保持精英化教育模式，办学规模有限。到了1998年高等教育毛入学率仅为9.8%，所以高等学历继续教育系统办学从1981年开始长期处于供不应求的阶段。高等学历继续教育系统的办学院校种群依旧采用的是规模优先的r对策发展模式，院校种群数量沿S-形增长曲线发展（如图2-1所示），主要表现为成人教育院校种群、自考教育院校种群、函授站点种群机构数量和办学规模的不断增加，但是人才培养质量不高。一方面，受到师资、场地、办学经费等条件的制约，办学院校种群的数量增长受到限制；成人本专科的办学规模也受到各院校招生计划的限制，不能盲目扩大招生。另一方面，院校种群对于从外部获得的办学经费等能量资源，没有主要用于成人本专科教育、自考本专科教育的教学环节，而是部分挪作他用，① 支援院校开展的普通高等全日制教育。

3. 群落功能分析

在高等学历继续教育生态系统“双雄并举”发展阶段，群落演替主要处于正向演替的发展期，高等学历继续教育系统的院校、函授站点种群的

① 严继昌. 实现我国继续教育发展战略目标的八点建设性意见［J］. 现代远程教育研究，2011（5）：8.

物种数量和多样性增加很快，出现了成人本专科教育、自考本专科教育两种办学形式，系统的整体办学规模不断扩大，人才培养质量有所改善，但是仍然偏低。改革开放初期，我国人口整体受教育水平低和高等教育资源严重不足是一对主要矛盾。我国改革开放元年（1978 年）的人口教育情况是：全国 15 岁及以上人口中有 1/4 以上的人未上过学，15 岁及以上人口和从业人员的平均受教育年限只有 4. 76 年和 5. 68 年。① 为此，我国通过出台一系列教育政策来缓解供需矛盾，不断扩大高等学历继续教育的办学规模，走的是先保证规模后考虑质量之路。对于这一阶段的知青、高考落榜生和大量在职人员来说，因为学习机会来之不易和自身文化水平不高，强化了自身努力学习的动力，也降低了对高等学历继续教育系统服务能力和水平的要求。同时，成人本专科教育实行全国统一招生考试，开展全国普通高校函授、夜大学教育评估工作，国家教委要求自学考试主考学校和专业指导学校不得在校内举办社会助学的全日制脱产学习班，严格执行教考分离的原则，这些举措对于优化高等学历继续教育系统办学生态也起到了积极作用。所以当时的教学质量和人才培养水平，特别是自考本专科教育得到社会和成人学习者较高程度的认可。

第四节　成人、自考、网络本专科教育："三足鼎立"演变分析

由网络本专科教育发展历程可知，从 1999 年开始，高等学历继续教育生态系统在"双雄并举"发展阶段基础上又产生了新的变化，增加了网络本专科教育这种新的教育形式。我国高等学历继续教育生态系统的物种多样性进一步增加，院校等办学机构种群之间的关系更加复杂，高等学历继续教育系统与外部环境的联系更加紧密，其系统结构如图 3-16 所示。

① 张车伟. 人口与劳动绿皮书：中国人口与劳动问题报告 No. 19［M］. 北京：社会科学文献出版社，2018：5.

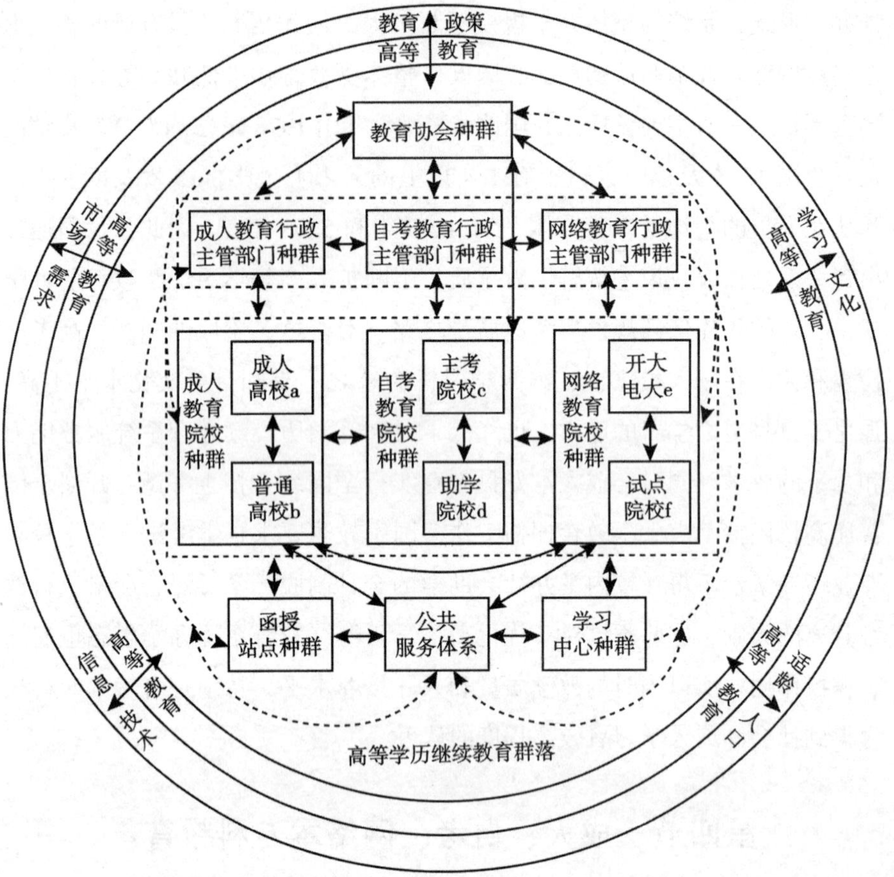

图 3-16　我国高等学历继续教育生态系统结构（1999 年至今）

（注：1. a，b，c，d，e，f 表示院校数量；2. 行政主管部门种群、院校种群的划分依据是成人本专科教育、自考本专科教育、网络本专科教育的区别。）

一、物种构成及种群关系

一是高等学历继续教育系统现阶段主要包含十个种群，在系统“双雄并举”发展阶段基础上新增加了网络教育行政主管部门种群、网络教育院校种群、学习中心种群和公共服务体系四个种群，构成了网络本专科教育子系统。随着种群的数量大大增加，高等学历继续教育系统内部关系也日益复杂。

二是在教育行政主管部门种群方面，成人教育、自考教育、网络教育三方面的教育行政管理工作分而治之。其中网络教育行政主管部门主要负责试点高校开展的现代远程教育和中央广播电视大学及后来成立的开放大学所承办的开放教育，同时对网络教育学习中心和远程教育公共服务体系进行监管。2014 年，教育部将高等教育自学考试的管理职能从考试中心调整到职业教育与成人教育司，成立了高等继续教育处，成人教育、自考教育、网络教育行政主管部门种群的关系日益密切，三者管理工作和政策制定的统筹性逐步增强。

三是在院校种群方面，试点高校和中央广播电视大学在网络教育方面得到了快速发展，其办学规模不断扩大。同一时期成人教育院校种群的办学规模稳中有升，自考教育院校种群办学规模则逐渐缩小。面对同一个外部环境和生源市场，网络教育院校种群、成人教育院校种群、自考教育院校种群之间的关系变得日益复杂，竞争与合作并存。

四是在函授站点、学习中心、公共服务体系种群方面，这三个种群数量快速发展，办学规模和区域布局得到了空前发展。函授站主要由承担成人本专科教育的院校设立，学习中心主要由举办网络本专科教育的高校和开放大学设立，奥鹏、弘成、知金三大现代远程教育公共服务体系主要由教育部批准的三家网络公司负责运维，而省级现代远程教育公共服务体系主要由部分省市成立的负责区域现代远程教育的服务机构来支持。一个办学机构往往既是多所院校的函授站点，又是多家试点高校学习中心，现代远程教育公共服务体系就是典型的这种情况。函授站点、学习中心、公共服务体系种群的不断发展壮大，增强了高等学历继续教育生态系统面向大众提供随时随地泛在学习的机会，也增强了系统群落的复杂性。

五是在教育协会种群方面，成人本专科教育、网络本专科教育、自考本专科教育在办学过程中，院校种群等逐渐组建了成人教育类协会、远程教育类协会、开大电大教育类协会等一系列民间协会团体，与中国成人教育协会及各省市级成人教育协会一起丰富壮大了协会种群。教育协会发展趋势圈子化，为局部利益服务；力量分散，缺乏话语权，对高等学历继续教育生态系统发展的促进作用有待加强。

二、群落办学水平综合分析

随着我国高等学历继续教育办学进入“三足鼎立”阶段，办学能力和发展水平发生了显著变化。首先，高等学历继续教育生态系统的全纳性进一步提高。随着我国开始实施高等教育大众化战略，网络本专科教育逐步加入，而信息技术改变了传统的教学方式，突破了时空限制和缓解了工学矛盾，使更多人有机会接受高等学历继续教育。例如，2005—2015 年这段时期，成人本专科教育招生人数平均每年 218.40 万，网络本专科教育招生人数平均每年 165.01 万，加速推动了我国高等教育大众化进程。

其次，高等学历继续教育生态系统的公平性指标出现了下降情况。一方面，成人本专科教育、自考本专科教育、网络本专科教育面对同样的成人学习者，教育政策的差异性较大，对院校之间的公平办学产生不利的影响。文件《关于支持若干所高等学校建设网络教育学院开展现代远程教育试点工作的几点意见》（教高厅〔2000〕10 号）提出：网络教育是一项试点工作，本项试点期限为 4~5 年，但是该试点工作一直延续至今。对于同一个区域的院校来说，网络教育试点院校的高等学历继续教育办学具有更多的政策优势。另一方面，高等学历继续教育办学环节的规范性有所降低，由于生源竞争日趋激烈，部分院校教学考核评价环节“放水”。在高等学历继续教育领域出现了“劣币驱除良币”的现象。

再次，高等学历继续教育生态系统的优质性指标出现了下降情况。一是全国成人高考的录取分数线不断降低，专科考试满分 450 分，而录取分数线仅为 100 分左右；网络本专科教育实行自主招生考试，基本没有入学门槛限制，导致生源质量下降严重。二是成人本专科教育、网络本专科教育的质量保障体系不够健全，缺乏外部的有效监管，毕业审核环节不严，毕业通过率过高。虽然信息技术的快速发展对网络本专科教育产生了积极影响，但是目前网络本专科教育质量提升还是比较缓慢。三是自考本专科教育在这一时期招生规模不断缩小，课程资源建设与内容更新落后于经济社会的发展需要，应试教育特征明显；同时学习手段单一，学习时间长，文凭获取率低，对成人学习者的吸引力不断下降。因此，这一时期我国高等学历继续教育生态系统虽然办学规模不断扩大，但是人才培养质量不高，也受到了社会的批评。①

最后，在终身学习这一指标上，高等学历继续教育生态系统的保障能力进一步提高。目前，试点高校、开放大学及公共服务体系共设立校外学习中心（点）9000 多个，② 承担成人本专科教育院校设置的函授站点数量也多达上万个。网络本专科教育和成人本专科教育构建了庞大的网络学习平台和课程学习资源，方便了成人学习者的随时随地学习。终身学习文化已经深入人心，学习型社会建设取得积极进展。整体看来，从 1999 年至今，"全纳""终身学习"等指标得到了明显提升，但是"公平""优质"等指标提升，效果并不明显，甚至在一段时期部分地区出现了下降情况，表明我国高等学历继续教育虽然保持了较快的发展速度，但是遇到了一些问题，逐步进入转型与改革发展阶段。

三、群落演变动因生态分析

自 1999 年至今，我国高等学历继续教育生态系统进入多元发展期。外部环境促使网络本专科教育的产生，其中信息技术、教育政策等生态因子起到了主导作用，市场需求、适龄人口和学习文化等生态因子对生态系统人才培养质量提出了更高要求。生态系统的物种、种群多样性和竞争日趋激烈，导致了群落变得更加复杂，对外部环境的抗胁迫能力和反作用力逐渐增强。

---

① 李剑平. 继续教育被指成为高校"钱袋子"［N］. 中国青年报，2013-09-23(11).

② 中国高等教育学会. 高等教育改革发展专题观察报告 2015［M］. 北京：北京理工大学出版社，2016：330.

(一) 外因分析

1. 市场需求生态因子分析

在我国高等学历继续教育“三足鼎立”发展阶段，市场需求的变化是推动高等学历继续教育办学质量改进的直接原因。经济生态环境主要包含产业结构、经济水平、职业薪酬和市场需求情况等因素。这些因素通过市场人才需求和评价间接传递到高等教育领域。一方面，随着高等教育大众化的发展，普通高等教育的大规模扩展，我国具有大学本专科学历的人员比重越来越大，因此市场对于高等学历继续教育系统的资源依赖程度减弱，相应资源供给的数量和质量就会下降。

另一方面，随着市场经济的快速发展，社会对人才的需求由学历需求向“学历+技能”并重转变，企事业单位希望高校培养的人才不但具有良好的综合素质，同时具有企事业所需的基本技能，从而减少培训环节和培训成本。因此，从21世纪初以来，高等学历继续教育系统在市场需求推动下，一直在进行办学转型探索，“学历+技能”成为改革的重要内容。2014年9月，宁波大学《成人高等教育“学历+技能”人才培养体系的研究与实践》荣获第七届国家级高等教育教学成果一等奖，这是全国继续教育领域唯一一项获得国家级高等教育教学成果一等奖项目，间接反映出市场需求决定了我国高等学历继续教育的改革发展方向。

2. 适龄人口生态因子分析

在我国高等学历继续教育“三足鼎立”发展阶段，适龄人口范围不断扩大是保障高等学历继续教育办学规模稳中有升的重要原因。随着普通高等教育的连年扩招，高等职业教育单独招生考试的实行，高考录取率持续提升，高考落榜生的数量大量减少。高等学历继续教育系统只有不断扩大其生源选择范围，才能保持其生态系统运行的能量供应。为此，生源的年龄范围从18~22岁逐步向上扩展。部分生源是接受过专科层次教育的成人学习者，而不再是高考落榜生，他们的年龄和职业分布更加广泛，他们的学习需求更加多样。这一趋势通过图3-3（2000—2017年成人本专科招生数及其增长率)、图3-9（1999—2016年我国自考本专科报考人次及其增长率)、图3-12（2012—2017年网络本专科招生数及其增长率）可以得到充分体现。同时成人学习者学习目的日益多元化，不再是仅仅为了追求学历文凭，例如，2016年国家开放大学本科招生中入学时已具有本科及以上学历学习者占到3.19%。

此外，高等学历继续教育生态系统生源中，老年人的比重开始增加，随着我国老龄化社会的到来，传统适龄人口范围发生重大变化。中国社会科学院发布的《人口与劳动绿皮书：中国人口与劳动问题报告No.19》指出，中国总人口将在2028年左右开始出现负增长；从2011年开始，中国老年人口进入了一个快速增长时期，从2010到2040年，预计中国老年人口将总共增加2.24亿人，年平均增长率为3.62%，平均每年净增746万,① 目前高等学历继续教育系统开始重视社区教育、老年教育办学，显然是受适龄人口因素变化的影响。

3. 教育政策生态因子分析

在我国高等学历继续教育"三足鼎立"发展阶段，一系列与网络教育相关的教育政策出台成为网络本专科教育子系统及相关种群产生并快速发展的直接原因（见表3-4)。特别是《国家中长期教育改革和发展规划纲要(2010—2020年）》明确提出，未来一段时期要"以加强人力资源能力建设为核心，大力发展非学历继续教育，稳步发展学历继续教育"，表明外部环境开始要求我国高等学历继续教育系统办学转型，由原来注重办学规模的r对策发展模式转向注重办学质量的K对策发展模式。因此，2010年可以看作生态系统"三足鼎立"发展阶段的一个分界点，将1999—2010年称作"三足鼎立"前期，2010年至今称作"三足鼎立"后期。

在"三足鼎立"前期面临两个棘手的问题：一是国家财力有限，一个大学生的生均经费，约等于16个小学生、9个初中生、4个高中生。高等

① 董鑫．社科院：中国总人口将在2028年左右出现负增长［N］．北京青年报，2019-01-03.

教育大众化需要投入的资金太高，将会挤占基础教育经费，国家财政也难以承担。二是就业困难，当时每年大学毕业生不过 80 多万，已经难于安排工作，高等教育大众化势必增加待业大学生，影响社会安定。① 而通过教育政策引导，大力发展高等学历继续教育，一方面因为高等学历继续教育学费较低，成人学习者基本上自己承担，国家投入很少经费支持，有效缓解了高等教育经费不足的问题；另一方面由于成人学习者大部分都有工作，国家不用考虑他们的就业问题，同时学历的提升加速了各行业人才的流动，促进了经济社会的发展。

1999 年是中国高等教育大众化实践工程启动的元年。1999 年 1 月，国务院批复了教育部制定的《面向 21 世纪教育振兴行动计划》。1999 年 6 月，《中共中央国务院关于深化教育改革全面推进素质教育的决定》发布。这两个文件对高等学历继续教育办学生态产生重要影响：一是我国现代远程教育工程的正式启动，增加了高等学历继续教育生态群落的种群类型和数量，导致生态系统内部的复杂性、多样性、竞争性增加，进一步提升了整个高等学历继续教育生态系统的办学规模。二是启动了高等教育大众化战略，普通高等教育、高等学历继续教育连续几年大幅扩招。其中网络本专科教育试点院校利用政策优势，拥有极其丰富的生源环境，短时间内办学规模持续快速增长，产生了花盆效应②。同一时期，关于成人本专科、自考本专科的教育政策文件则相对偏少，缺乏有针对性的政策激励和监督管理。高等学历继续教育系统整体办学规模增长过快，超过了自身办学承载力，人才培养质量出现下降。

在“三足鼎立”后期，即 2010 年以来，我国相关继续教育政策不再聚焦成人本专科、网络本专科、自考本专科某一种教育形式的改革，而是着眼于我国高等学历继续教育生态系统的全局变革。因为短期的、一次解

---

① 潘懋元 . 21 世纪：可持续发展的中国高等教育——兼论中国高等教育大众化问题 [J]. 教育科学研究，1999 (2)：6.

② 花盆效应又称局部生境效应。花盆是一个半人工、半自然的小生境。详见曾祥跃 . 网络远程教育生态学 [M]. 广州：中山大学出版社，2011：82-84.

决一个问题的行为方式，容易导致经济学家卡恩（A. E. Kahn）所称的“小决策的专制”。① 2016 年，教育部发布了《高等学历继续教育专业设置管理办法》（教职成〔2016〕7 号），该文件统一了各类高等学历继续教育专业设置及自学考试专业开考的管理政策，适用于所有承办高等学历继续教育的院校，这是教育部规范高等学历继续教育专业设置的首份文件，②标志着我国高等学历继续教育系统整体性改革的开始。

表 3-4　　网络本专科教育相关政策文件列表

文件名称	文号	发文机构	发文时间
国务院批转教育部《面向 21 世纪教育振兴行动计划》的通知	国发〔1999〕4 号	国务院	1999 年 1 月 13 日
教育部关于成立教育部现代远程教育资源建设委员会和教育部现代远程教育资源建设专家组的通知	教高〔1999〕6 号	教育部	1999 年 9 月 15 日
教育部关于实施“新世纪高等教育教学改革工程”的通知	教高〔2000〕1 号	教育部	2000 年 1 月 26 日
关于启动网络课程教学试点项目的通知	教高司〔2000〕7 号	教育部	2000 年 2 月 1 日
关于实施新世纪网络课程建设工程的通知	教高司〔2000〕29 号	教育部	2000 年 5 月 25 日
关于支持若干所高等学校建设网络教育学院开展现代远程教育试点工作的几点意见	教高厅〔2000〕10 号	教育部	2000 年 7 月 28 日

① ［美］尤金·P. 奥德姆，加里·W. 巴雷特. 生态学基础（第五版）［M］. 陆健健，等，译. 北京：高等教育出版社，2009：412-413.

② 马国刚，等. 教育改革新常态下高等学历继续教育的发展趋向［J］. 中国成人教育，2017（18）：18.

续表

文件名称	文号	发文机构	发文时间
教育部关于印发《高等教育学历证书电子注册管理暂行规定》的通知	教学〔2001〕4号	教育部	2001年2月5日
教育部关于重申保证高等教育质量，加强学历文凭、学位证书管理的通知	教学〔2001〕6号	教育部	2001年2月5日
关于印发《〈高等教育学历证书电子注册管理暂行规定〉实施细则》的通知	教学司〔2001〕80号	教育部	2001年12月4日
教育部办公厅关于印发《关于现代远程教育校外学习中心（点）建设和管理的原则意见》（试行）的通知	教高厅〔2002〕1号	教育部	2002年1月7日
教育部关于印发《现代远程教育技术标准体系和11项试用标准V1.0版》（简介）的通知	教技〔2002〕1号	教育部	2002年2月4日
教育部关于加强高校网络教育学院管理提高教学质量的若干意见	教高〔2002〕8号	教育部	2002年7月8日
教育部关于当前加强高等学校学历证书规范管理的通知	教学〔2002〕15号	教育部	2002年9月25日
教育部办公厅关于对现代远程教育试点学校网络教育学院开展年报年检工作的通知	教高厅函〔2003〕1号	教育部	2003年1月3日
教育部办公厅关于印发《现代远程教育校外学习中心（点）暂行管理办法》的通知	教高厅〔2003〕2号	教育部	2003年3月10日
教育部办公厅关于严格现代远程教育招生工作管理的紧急通知	教电〔2003〕369号	教育部	2003年8月29日

续表

文件名称	文号	发文机构	发文时间
关于落实《教育部办公厅关于严格现代远程教育招生工作管理的紧急通知》精神的通知	教高司函〔2003〕147号	教育部	2003年9月4日
教育部高等教育司关于规范现有现代远程教育校外学习中心（点）管理工作的通知	教高司函〔2003〕173号	教育部	2003年9月26日
教育部办公厅关于对现代远程教育试点高校网络教育学生部分公共课实行全国统一考试的通知	教高厅〔2004〕2号	教育部	2004年1月14日
教育部关于成立第一届全国高校网络教育考试委员会的通知	教高函〔2004〕10号	教育部	2004年6月13日
教育部关于开展现代远程教育试点高校网络教育部分公共基础课全国统一考试试点工作的实施意见	教高〔2004〕5号	教育部	2004年11月26日
关于对《普通高等学校网络教育学院教学工作评估指标体系》和《现代远程教育校外学习中心（点）评估指标体系》征求意见通知	高司函〔2004〕271号	教育部	2004年12月14日
教育部办公厅关于进一步加强高校网络教育规范管理的通知	教高厅〔2006〕1号	教育部	2006年2月7日
教育部关于做好现代远程教育试点高校网络教育部分公共基础课全国统一考试工作的通知	教高函〔2006〕17号	教育部	2006年6月14日
教育部办公厅关于进一步加强现代远程教育试点高校网络高等学历教育学历证书和学位证书规范管理的通知	教高厅〔2007〕1号	教育部	2007年4月4日

续表

文件名称	文号	发文机构	发文时间
教育部办公厅关于调整第二届全国高校网络教育考试委员会主任的通知	教高厅函〔2009〕59号	教育部	2009年11月25日
国家中长期教育改革和发展规划纲要（2010—2020年）	国家中长期教育改革和发展规划纲要工作小组办公室	教育部	2010年7月29日
教育部办公厅关于印发《网络高等学历教育招生与统考数据管理暂行办法》的通知	教职成厅〔2011〕3号	教育部	2011年8月16日
关于印发《“中央广播电视大学人才培养模式改革和开放教育试点”项目研究工作实施意见（试行）》的通知	教高厅〔1999〕4号	教育部办公厅	1999年8月23日
教育部办公厅关于建设中央广播电视大学现代远程教育公共服务体系的通知	教高厅〔2005〕2号	教育部办公厅	2005年4月19日
教育部关于办好开放大学的意见	教职成〔2016〕2号	教育部	2016年1月16日
教育部关于印发《高等学历继续教育专业设置管理办法》的通知	教职成〔2016〕7号	教育部	2016年11月18日
教育部办公厅关于开展高等学校继续教育发展年度报告工作的通知	教职成厅函〔2018〕15号	教育部办公厅	2018年3月21日

（资料来源：教育部等网站）

4. 信息技术生态因子分析

在我国高等学历继续教育“三足鼎立”发展阶段，信息技术的发展成为高等学历继续教育可持续发展的加速器。

首先，信息技术的快速发展促进了网络本专科教育子系统种群的产生和快速发展壮大。使得试点高校和开放大学组成的网络本专科教育与成人本专科教育、自考本专科教育形成三足鼎立的局面，而且其发展速度远高于其他两种办学形式。例如，目前国家开放大学注册在籍学生 359 万人，其中本科学生 105 万人，专科学生 254 万人，包括近 20 万农民学生，10 万士官学生，6000 多残疾学生。① 正是借助信息技术的力量才使国家开放大学的办学规模远远超过世界上任何一所大学。

其次，信息技术的快速发展大大提高了高等学历继续教育生态系统的全纳性。随着高校各种网络学习平台的搭建，不同网络学习形式的形成，大量网络课程资源的建设，使人人皆学、处处能学、时时可学成为可能，有利于成人学习者的终身学习。目前无论是成人本专科教育、自考本专科教育，还是网络本专科教育，都把信息技术作为促进教学改革与办学创新的重要手段。

再次，信息技术的发展将进一步促进高等学历继续教育生态系统物种的变异和群落的演化。目前承担成人本专科教育的院校正在积极探索"面授+网络助学"的混合教学模式；承担网络本专科教育的高校意识到限制学生学习效果的最大影响因子是学习支持服务，而不是学习资源，② 这些高校正在探索如何利用信息技术提升学习支持服务能力；高等教育自学考试正在积极推进自学考试报名、缴费、日常管理、助学等环节的信息化、网络化建设。三种办学形式都在借助信息技术探索学习银行和资历框架建设，信息技术的发展促进了三种办学形式的融合，相互合作、相互学习的趋势明显。

5. 学习文化生态因子分析

教育与文化关系是错综交叉的，教育本身是文化的一部分，受到文化

① 国家开放大学．国家开放大学简介［EB/OL］．2019-2-15．http：//www.ouchn.edu.cn/Portal/Category/CategoryList.aspx？CategoryId = 924df1f7-0cbb-414f-9abb-257ba7c97f50.

② 曾祥跃．网络远程教育生态学［M］．广州：中山大学出版社，2011：147.

的制约，二者是一种相互联系、相互影响的非线性作用关系。终身教育理念在我国的传播，对高等学历继续教育生态系统产生了重要影响。在我国高等学历继续教育“三足鼎立”发展阶段，以终身学习为特征的学习文化指引了高等学历继续教育生态系统可持续发展方向。联合国教科文组织发布的《教育：财富蕴藏其中》（1996）将终身教育建立在学会认知、学会做事、学会共同生活、学会生存四个支柱的基础上。2002 年，我国开始进入高等教育大众化阶段，阶段性学校教育开始向终身教育转变。成人学习者面对一个知识更新周期大大缩短、多变的时代，认识到只有通过终身学习才能使自己克服本领恐慌，跟上时代的步伐。

以 2017 年上半年北京自学考试报考情况为例（如图 3-17 所示），总计报考的 64870 人中，非京籍占到 81%，中青年的在职人员成为报考的主要群体，超过半数以上的成人学习者具有专科及以上学历。显然这些学习者参加自学考试不仅仅是为了拿到自考文凭，也为了提高自身的认知能力、工作能力和可持续发展能力。这对我国高等学历继续教育系统的办学质量提出了更高的要求，教学要不断满足成人学习者终身学习的需要，而不是停留在传统的学历补偿教育阶段。

（二）内因分析

1. 物种间相互作用分析

在我国高等学历继续教育“三足鼎立”发展阶段，群落内部物种已经非常丰富，主要形成了十个种群。从 2000 年起，普通高等教育连年大幅度扩招，一方面挤压了高等学历继续教育系统的生源空间；另一方面也导致高校师资紧张，对高等学历继续教育的支持与监管减弱，高等学历继续教育系统为了维持和提升自身办学承载力，开始借助信息技术大力实施现代远程教育。因此，成人教育院校种群、自考教育院校种群、网络教育院校种群的院校物种之间开始出现资源利用性竞争，相互之间生源竞争日趋激烈。函授站点种群、学习中心种群、现代远程教育公共服务体系种群的物

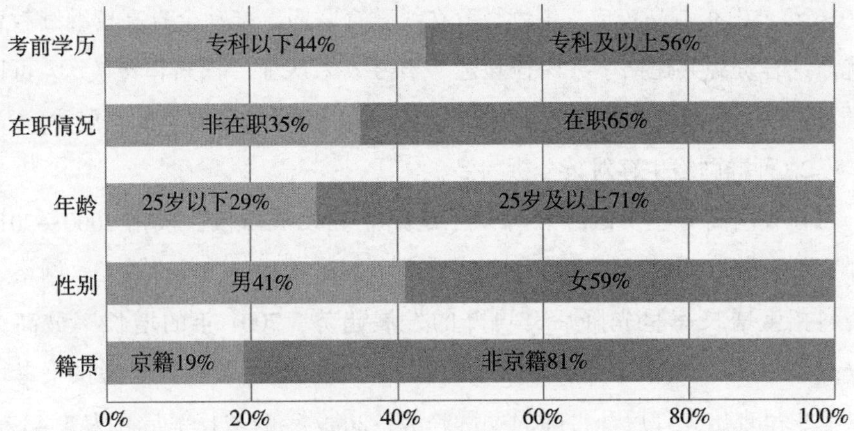

图 3-17　北京市自学考试上半年考生群体特征分析（2017 年）①

种之间也是资源利用性竞争关系。随着生源竞争的加剧，成人教育院校种群与函授站点种群之间，网络教育院校种群与学习中心种群及公共服务体系种群之间的合作关系逐渐演变为互利共生的关系。目前大部分高校主要依靠函授站点、学习中心进行招生，而且依赖性很强，因此即使高校发现部分教学点存在办学管理不规范等问题，也很少严肃处理。正如一位高校继续教育学院院长所说："成人教育市场太需要规范了，是谁把它搞乱了，很多也是我们高校自己弄乱了。例如，某大学 2015 年把函授站砍了，当年只招了 37 人，没有函授站，高校招生就成了问题。"②

生态系统理论认为，当系统输入资源减少的时候，互利共生作用将有所增加，合作比竞争有更大的生存机会。③ 目前，在课程资源共享、学分互认、学分银行建设、资历框架构建等方面，承办成人教育、自考教育、

① 华东师范大学课题组．教育部职成司委托课题"高等教育大众化背景下高等学历继续教育定位和发展研究——基于国际比较的视角"［R］．2017.

② 教育部职业教育与成人教育司委托课题"高等教育大众化背景下高等学历继续教育定位和发展研究——基于国际比较的视角"的访谈笔记，2016-12-08.

③ ［美］Eugene P. Odum，Gary W. Barrett. 生态学基础（第五版）［M］. 陆健健，等，译．北京：高等教育出版社，2009：412.

网络教育的一些高校已经开始合作，促进继续教育办学转型发展。例如，2016 年，山东省高校成立继续教育在线教育联盟，推动全省高校继续教育优质课程资源共建共享、课程互选、学习成果认证、积累和转换。① 可以预见，既竞争又合作将是未来一段时期各高校继续教育办学的主旋律。

2. 种群网络生存对策分析

在我国高等学历继续教育“三足鼎立”发展阶段，根据 2000—2015 年高等学历继续教育年度招生情况统计（如图 3-18 所示），成人、网络本专科招生增长率呈先降后升再降的发展趋势，2001 年的增长率最高为 26. 24%，2010 年及以后的增长率都低于 10%；高等教育自学考试报考增长率也呈现出先降后升再降的发展趋势，2009 年的增长率最高为 5. 43%，2010 年及以后的增长率都为负值。这表明从 2010 年开始，在我国高等学历继续教育生态系统“三足鼎立”后期，招生规模开始显著受到外部环境承载力的限制，办学模式开始转型。由于外部环境的适龄人口数量下降，劳动力市场对人力资源提出更高要求，推动院校种群办学模式发生改变，即从规模优先的 r 对策发展模式向质量优先的 K 对策发展模式转变。

但是从高等学历继续教育系统实践办学来看，在该发展阶段，院校办学种群依然采用的是规模优先的 r 对策发展模式。例如，试点高校和开大电大利用网络本专科教育的政策优势，采用 r 对策发展模式，大规模地招生，造成对生源环境的“乱砍滥伐”。② 由于成人本专科教育同网络本专科教育院校种群之间的资源利用性竞争关系，生态位重叠，为了生存和发展，成人本专科教育继续采用 r 对策发展模式，以保持现有的办学生态位，没有向质量优先的 K 对策发展模式转变。受办学院校种群发展模式影响，函授站点、学习中心、公共服务体系种群数量和规模不断发展壮大，这些种群的办学规模越来越大，以追求办学利润为主要目的，生存发展能力越来越强，在一定程度上已经使院校种群对其产生很强的生源依赖。同一时

① 陈锋．山东高校成立继续教育在线教育联盟促转型发展［EB/OL］. 2016-05-19. http：//news. upc. edu. cn/info/1432/71384.

② 曾祥跃．网络远程教育生态学［M］. 广州：中山大学出版社，2011. 83.

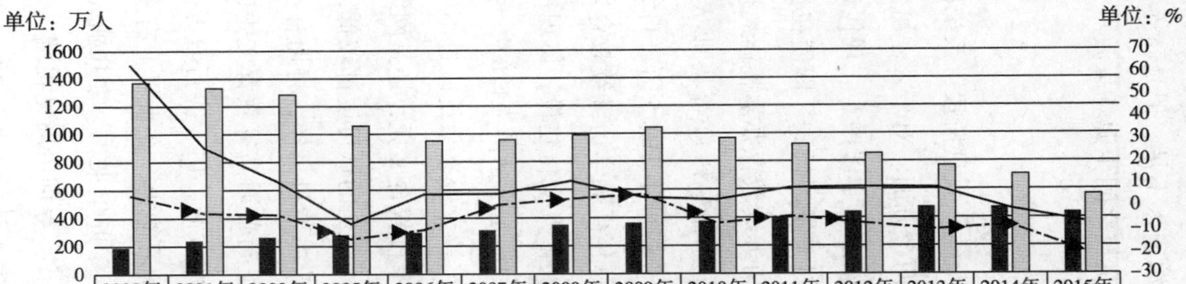

	2000年	2001年	2002年	2005年	2006年	2007年	2008年	2009年	2010年	2011年	2012年	2013年	2014年	2015年
成人、网络本专科招生总人数	189.35	239.03	265.74	282.13	297.69	314.45	349.77	364.05	374.79	405.67	440.40	476.57	471.79	440.15
高等教育自学考试报考总人次	1369.13	1330.43	1285.05	1058.04	949.24	956.27	988.82	1042.49	965.01	922.67	853.90	766.30	703.37	563.90
成人、网络本专科招生增长率	63.56	26.24	11.17	−7.53	5.52	5.63	11.23	4.08	2.95	8.24	8.56	8.21	−1.00	−6.71
高等教育自学考试报考增长率	4.90	−2.83	−3.41	−14.30	−10.28	0.74	3.40	5.43	−7.43	−4.39	−7.45	−10.26	−8.21	−19.83

图3-18 高等学历继续教育年度招生情况统计（2000—2015年）

（注：由于非典，2003年成人本专科教育没有招生，所以2003—2004年，成人、网络本专科招生增长率出现大幅波动，故不考虑这两年增长率。数据来源：中国教育统计年鉴2000—2016。）

期自考本专科教育延续传统的办学模式，影响力继续减弱，办学规模不断萎缩。外部环境资源承载力有限，生源输入不足，但是高等学历继续教育系统依然采用 r 对策发展模式，导致院校之间生源竞争激烈，不同程度降低了人才培养质量要求。

3. 群落功能分析

在我国高等学历继续教育“三足鼎立”发展阶段，系统群落功能依然体现在人才培养规模和人才培养质量两个方面。对于人才培养规模，因为成人教育、网络教育院校种群及函授站点、学习中心、现代远程教育公共服务体系种群采用的是规模优先的 r 对策发展模式，即使在自考教育院校种群办学逐渐萎缩的情况下，高等学历继续教育办学整体规模仍呈不断扩大之势。以 2005—2015 年为例，成人本专科教育毕业人数平均每年 184.44 万，网络本专科教育毕业人数平均每年 119.5 万，自考本专科毕业人数平均每年 69.56 万人，因此平均每年高等学历继续教育毕业生数高达 373.5 万人，极大地推动了我国高等教育大众化建设，体现出高等学历继续教育系统的全纳性正在增加，极大地满足了适龄人口的终身学习需求。

对于人才培养质量，高等学历继续教育生态系统改进不明显，人才培养水平呈现下降趋势。无论是成人本专科教育文凭，还是网络本专科教育文凭、开大电大的开放教育文凭，在社会上的认可度都较低，很多企事业单位的用人招考都明确标注“全日制”本专科字样，将拥有本专科继续教育文凭的人员排除在外。自学考试文凭与普通高等教育文凭也有被区别对待的现象，但自学考试文凭含金量相对较高，由于实行教考分离，“宽进严出”，企事业单位认可自考学生的学习能力，在世界上有多个国家和地区承认我国的高等教育自学考试文凭。①近年来，“零基础入学、100%毕业，网络教育注水，买卖成人学历证书”等词语屡见报端，“用一流大学牌子招生，让不入流老师上课，发国家承认的大学文凭”，继续教育被指

① 诸宗宗．自考文凭出国留学也管用［J］．成才与就业，2001（9）：15.

成为高校“钱袋子”。① 这些都反映出社会对高等学历继续教育生态系统人才培养质量的不认可，改革势在必行。成人、网络、自考三个学历继续教育子系统虽然办学形式有所差别，但是面对的是同样的成人学习者。院校种群之间的生源竞争增加了招生环节的办学经费消耗，目前大部分高校和函授站点、学习中心等教学点的学费收入分配比例为：对于医学类专业，高校和教学点的分配比例一般是4∶6；对于综合类专业，高校和教学点的分配比例一般是2∶8或3∶7（高校在前）。学费收入大部分归属函授站点、学习中心，② 导致教学环节的投入大大减少，师资和教学经费投入不足已成为人才培养质量下降的重要原因。这不是一所学校办学过程中的个别问题，而是高等学历继续教育整个办学生态出现的现象，因此必须从生态系统整体层面来分析和解决。

---

① 李剑平．继续教育被指成为高校“钱袋子”［N］．中国青年报，2013-09-23(11).

② 华东师范大学课题组．教育部职成司委托课题“高等教育大众化背景下高等学历继续教育定位和发展研究——基于国际比较的视角”［R］．2017.

第四章　我国高等学历继续教育群落的现实发展困境

教育部长陈宝生在2019年全国教育工作会议上指出："在我国各类教育中，继续教育还属于薄弱环节。既要深度调整既有利益格局，做好'老城改造'，还要推动新的模式与路径建设，启动'新区建设'。学历继续教育历史脉络长、量大面广，属于'老城改造'，改革发展需要多方协同、稳妥推进。"① 高等学历继续教育作为我国高等教育事业的重要组成部分，是继续教育的重要支柱，其规模庞大、办学形式多样，是一个复杂的人工教育生态系统，无论是整体人才培养质量，还是区域办学发展水平，都存在一些问题需要解决。

第一节　办学群落整体发展处于生态失衡状态

生态平衡是指在一定时间内，生态系统的生物群落和外部环境之间、生物群落各个种群之间，通过物质循环、能量流动和信息传递，使它们相互之间达到高度适应、协调和统一的状态。从我国高等学历继续教育演化历程可知，生态失衡使我国高等学历继续教育亟须进行"老城改造"，办学发展面临的严峻问题影响了未来可持续发展。一是系统资源输入输出严

---

① 陈宝生．落实 落实 再落实——在2019年全国教育工作会议上的讲话［EB/OL］．2019-01-18．http：//www.moe.gov.cn/jyb_xwfb/moe_176/201901/t20190129_368518.html.

重失衡。不但学费标准偏低且多年未变，缺乏政府投入，导致外部环境输入的资金、师资等资源偏少，而且少量院校过度重视办学经济利益，缺乏基本办学规范保证，发了多年真的“假文凭”，人才培养质量低下，严重影响了高等学历继续教育的办学声誉。二是高等学历继续教育演变频率过快破坏了生态平衡时间。十年树木，百年树人。我国高等学历继续教育系统从诞生至今，仅仅用了70年时间。这对于一个教育生态系统来说，时间是非常短暂的，但是我国高等学历继续教育系统办学形式发生了很大变化。随着外部环境因素的变化，尤其是教育政策的影响，高等学历继续教育系统的办学机构种群类型和数量不断变化，导致系统群落结构不稳定，关系复杂混乱，影响了办学院校公平竞争和规范办学。三是办学协调性和统一性不高，滞缓了生态失衡向生态平衡发展。例如，成人本专科教育、网络本专科教育、自考本专科教育的入学标准和毕业标准差异性很大，但是文凭都属于高等学历继续教育性质。面对同样的成人学习者，人才培养质量标准各异，大大增加了招生环节的不公平竞争和系统内部各环节的物质和能量消耗，减少了教学环节的物质和能量供给，导致我国高等学历继续教育系统人才培养质量低下和难以改进。这些问题滞缓了我国高等学历继续教育的改革发展步伐。

一、院校之间互斥竞争为主，缺少互利共生

目前，在我国高等学历继续教育办学领域，对于承担成人本专科教育、自考本专科教育、网络本专科教育的院校而言，面对的都是成人学习者，在同一生源市场，不同高校之间的办学生态位模糊且相互重叠。随着经济社会的发展，除了学历文凭，学有所用已成为成人学习者参加继续教育的重要目的，这就对院校办学提出了更高的要求。但是办学质量提升需要大量的经费、师资和设备的投入，在生源市场供给不稳定、办学经费投入不足的情况下，办学院校往往采用的是多渠道扩大招生来源，而不是聚焦提升办学质量。通过增加招生环节的办学成本来保证生源的供给，而凭借教学质量和办学特色来吸引学生的办学方式被放在次要位置，导致院校

不断增加函授站点、学习中心的数量，同时加入国家、省市公共服务体系。这种发展策略使院校对函授站点、学习中心等助学机构产生了较强的资源依赖关系，而其相互之间则产生了较强的竞争排斥关系。因此，生源之间的竞争是典型的资源利用性竞争，在外部环境生源输入有限的情况下，院校之间相互抑制发展，导致院校之间课程资源共建共享、学分互认等互利共生的探索实践仍然偏少，滞缓了我国高等学历继续教育整体改革进程。

二、质量优先的 K 对策发展模式难以形成

目前，由于我国实行高等教育大众化战略，普通高等教育不断扩招，高等教育的供需矛盾得到很大的缓解，导致高等学历继续教育系统外部环境生源输入相对减少。对于网络本专科教育，办学模式是典型的规模优先的 r 对策发展模式，办学规模不断扩大。由于我国网络本专科教育缺乏社会认可度较高的外部质量保障评价体系，所以人才培养质量的监管有所缺失。对于成人本专科教育，近年来办学规模有所下降，一方面由于网络本专科教育在生源竞争中具有政策优势；另一方面也由于成人本专科教育自身办学缺乏特色和吸引力。为了生存和发展，同时考虑到改革的难度和成本，承担成人本专科教育的院校倾向于继续采用 r 对策发展模式，以维持现有的办学规模效应，对于如何向质量优先的 K 对策发展模式转型，行动计划和实施方案还不够清晰，也缺乏相应的政策支持，成功案例偏少。对于自考本专科教育，同时作为一种国家考试制度，并没有采取 r 对策发展模式来稳定生源供给。由于自考本专科教育相对的封闭性，课程资源更新较慢，考核评价方式相对单一，也影响了教学质量的提升和对成人学习者诉求的满足。因此，2010 年以来，自考本专科报考总人数以年均 9.77%的速度递减。成人本专科教育、网络本专科教育办学院校的 r 对策发展模式，为函授站点、学习中心、公共服务体系等种群数量增长和规模扩大带来了发展机遇，也导致院校对其产生了严重的生源依赖，招生环节费用大幅增加，办学环节经费投入不足问题日益凸现。缺少办学经费的支持，质量优

先的 K 对策发展模式很难形成，所以院校虽然一直在推动学历继续教育人才培养模式改革，但是成效并不明显。

三、办学生态位模糊，人才培养质量低下

我国高等学历继续教育办学生态位是在不断变化的。从扫盲教育到青工“双补”,① 再到面向高考落榜生的学历补偿教育，继续教育的办学定位相对清晰，主要是提供文化知识和工作技能的补偿教育。目前，终身学习时代到来，我国高等教育进入普及化阶段，高等学历继续教育不再仅仅是简单的补偿教育，而是被赋予更多的办学内涵，与成人学习者、高校，以及经济、社会的可持续发展紧密联系起来。但是目前，部分院校对学历继续教育的定位不清，对国际终身教育快速发展的认识不足，一直还停留在传统的学历补偿教育阶段，功利化办学趋势明显，没有把学历继续教育纳入高校的整个人才培养体系，也没有纳入高校办学的可持续发展战略。例如，继续教育在不少高校包括一些重点大学中，已经被“边缘化”，客观上产生误导，让社会大众以为继续教育层次低、不重要，是低端成人教育的代名词。②

除了发展理念的落后导致办学生态位模糊外，内外结合的高等学历继续教育质量保障体系仍未真正建立，也是导致人才培养质量不高的重要原因。对于成人本专科教育、网络本专科教育而言，都只是建立了相对简单的内部质量保障体系，并且面对同样的成人学习者，质量标准差距很大。同时，成人本专科教育、网络本专科教育、自考本专科教育三个子系统之间缺乏协同合作，生源的竞争使三者都不同程度降低了自身的质量考核标准。更为关键的是，我国高等学历继续教育质量保障并未纳入教育部的高等教育质量保障体系，目前外部质量保障体系的监督与考核评估存在制度不健

---

① 青工“双补”，亦称“双补教育”，专指中国 20 世纪 80 年代对青壮年职工进行初中文化、初级技术补课教育。

② 季明明．一流大学要引领终身学习和继续教育发展［J］．开放学习研究，2019，24（1）：3.

全、标准不统一的情况，导致高等学历继续教育各种教育形式不规范办学的现象时有发生，影响了高等学历继续教育人才培养质量的社会公信力和办学口碑。高等学历继续教育的功能在我国已经被“矮化”，受应试导向、学历导向、学科导向的影响，长期停靠在学历补偿教育的“码头”。为此，一方面，要重视外部环境的变化和需求，办学精准定位；另一方面，高等学历继续教育也要加快自身机制、体制改革，构建社会认可的质量保障体系。

第二节　办学群落区域发展处于非均衡状态

20 世纪 80 年代以来，自然生态学中有关生态区域或者群落的研究成果被逐步应用到社会学、教育学中来，区域的概念不仅仅是一个静态的地域概念，更多是从环境的整体性出发，将它视为一种动态的、开放的生态区域。① 生态区域内的高等学历继续教育系统在生存和发展中总要不断地与外界环境进行着物质、知识、信息、人才等方面的交互活动，而我国地域辽阔，各地区的政治、经济、文化发展速度和水平不均衡，使高等学历继续教育在规模、层次、结构、内容、形式以及质量水平等方面存在一定的区域差异。基于“胡焕庸线”② 的地理基线和东、中、西部生态区域划分③，借助《中国统计年鉴》《中国教育统计年鉴》《中国社会统计年鉴》《中国教育经费统计年鉴》《中国人口与就业统计年鉴》的数据，本节从人力资源存量、高等学历继续教育机会、高等学历继续教育所需资

---

① 贺祖斌．高等教育生态论［M］．桂林：广西师范大学出版社，2005：91-92.

② “胡焕庸线”是中国人口分布的重要基线，即胡焕庸教授于 1933 年提出的“瑷珲—腾冲一线”：此线东南，人口非常密集；此线西北，人口异常稀疏。根据 2000 年第五次全国人口普查资料，利用 ArcGIS 进行的精确计算表明，按胡焕庸线计算而得的东南半壁占全国国土面积 43.8%、总人口 94.1%。

③ 按地域分布，东部生态区包括北京、天津、上海、河北、辽宁、江苏、浙江、福建、山东、广东、广西、海南 12 个省份；中部生态区包括山西、内蒙古、吉林、黑龙江、河南、安徽、江西、湖北、湖南 9 个省份；西部生态区包括重庆、四川、贵州、云南、西藏、陕西、甘肃、青海、宁夏、新疆 10 个省份。

源供给三个维度，分析我国大陆地区 31 个省（区、市）高等学历继续教育发展差距。

一、各省（区、市）人力资源存量差距较大

各地区人力资源存量一方面表明学校教育积累的成果和贡献力；另一方面也能反映出继续教育的办学基础和发展空间。人力资源发展水平通常将学历水平视为人力资本存量的替代指标，① 它代表人口及劳动力的知识和技能水平。衡量各省区市人力资源发展水平可以用 15 岁及以上人口的成人识字率、6 岁及以上人口的平均受教育年限、就业人口受高等教育比例、每十万人口高等教育平均在校生数等指标来表征。

（一）成人识字率西部多数省份偏低

持续开展扫盲教育，提高成人识字率，为我国经济发展提供了人力资源的基础保障。我国扫盲教育政策变迁历程先后经历了“拨乱反正”阶段（1978—1987 年）、顶层设计的初步形成阶段（1988—1993 年）、工作机制的全面形成阶段（1994—2003 年）、从知识性扫盲向功能性扫盲转变阶段（2004—2011 年）、“两基”② 目标全面实现后的平稳发展阶段（2012 年至今）。如图 4-1 所示，2000 年我国 15 岁及以上人口中成人识字率平均值为 90.92%，然后持续稳步提升，到 2010 年，成人识字率达到最高值 95.92%，随后呈震荡平稳走势，2017 年成人识字率为 95.15%，其中男性文盲率 2.42%，女性文盲率 7.34%。这表明我国扫盲教育工作传统历史使命基本完成，正在由知识性扫盲与功能性扫盲向发展性扫盲的范式转变，推动成人学习者消除性别差异，树立终身学习信念，并拥有持续发展的知识与能力。

同时也必须看到，不同地区成人识字率发展水平仍有较大的差距，如图 4-2 所示。2017 年度，四川（92.95%）、贵州（89.89%）、云南

① 赖立，等．中国继续教育发展报告 2012［M］．北京：教育科学出版社，2012：121．

② “两基”是基本实施九年义务教育和基本扫除青壮年文盲的简称。

(91.61%)、西藏（65.04%）、甘肃（90.83%）、青海（90.37%）、宁夏(92.81%) 等省市区的成人识字率与全国平均值的差距较大，而且这种趋势长期存在，表明这些区域成人识字率仍有较大提升空间。但是新疆成人识字率一直高于全国的平均水平（2000—2017 年)，表明即使同在西部生态区，各省（区、市）的教育发展水平仍有很大的不同。

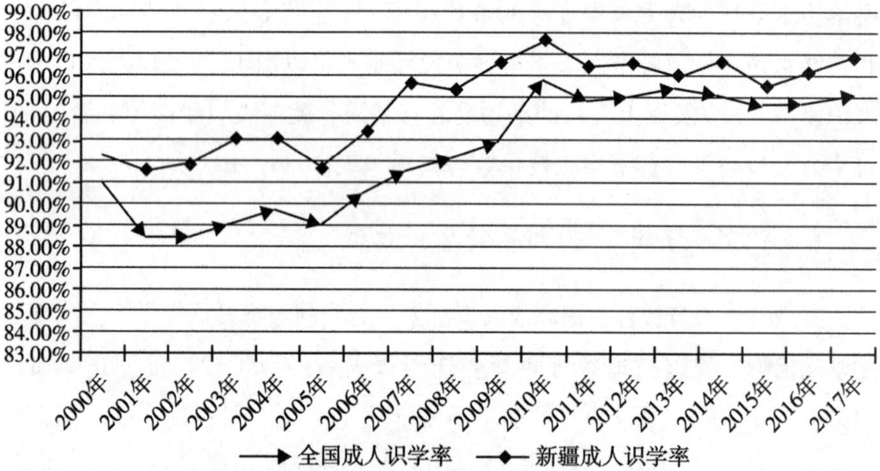

图 4-1 我国成人识字率变化趋势（2000—2017 年）

(数据来源：中国统计年鉴 2000—2018)

(二) 人口文化素质东强西弱格局未变

人口的受教育年限是一个国家人口素质发展水平的重要标志，也是反映教育发展状况的基本指标。从 2000 年以来，我国 6 岁及以上人口平均受教育年限、受高等教育比例一直在稳步提升（如图 4-3 所示）。2017 年，我国抽样调查 6 岁及以上人口平均受教育年限为 9.21 年，受大专及以上高等教育人口比例为 13.87%。① 第六次全国人口普查数据显示，2010 年全

① 数据源于中国统计年鉴 2017 年全国人口变动情况抽样调查样本数据，抽样比为 0.824‰。

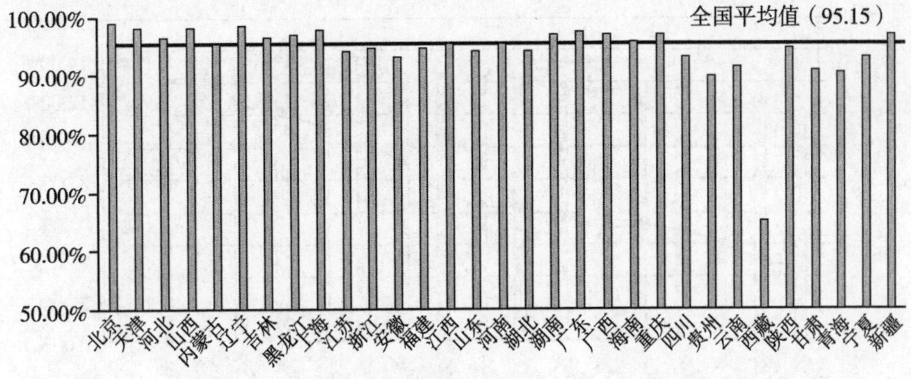

图 4-2　2017 年全国 31 个省（区、市）成人识字率情况

（数据来源：中国统计年鉴 2018）

国 6 岁及以上人口平均受教育年限为 8. 8 年，受大专及以上教育的人口占 6 岁及以上人口的比重为 9. 5%。可以看出，我国人口整体受教育水平正在逐步由普通高中、中职水平开始向大专及以上水平发展，人口的文化素质不断提高。

如图 4-4 所示，2017 年，在 31 个省（区、市）中，我国东部地区的 6 岁及以上人口平均受教育年限远远超过全国平均值 9. 21，受高等教育人口比例也远远领先全国平均值 13. 87%。例如，北京平均值 12. 67 年、比例为 47. 61%，天津平均值 11. 01 年、比例为 28. 85%，上海平均值 11. 41 年、比例为 34. 03%。而人口平均受教育年限明显低于全国平均值的有安徽、江西、广西、四川、贵州、云南、西藏、甘肃、青海等省份，受高等教育人口比例明显低于全国平均值的有河北、安徽、江西、河南、湖南、广西、四川、贵州、云南、西藏、青海等省份。这些数据表明我国中西部地区受教育水平与东部地区仍有一定的差距。

（三）东部与中西部就业人员受高等教育比重差距较大

我国总体劳动力资源丰富，劳动力文化程度不断提高。《中国劳动统

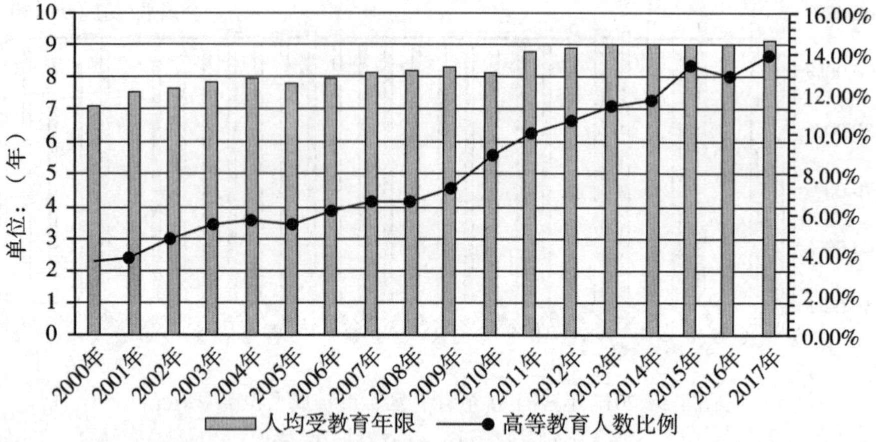

图 4-3　全国 6 岁及以上人均受教育年限和受高等教育人数比例（2000—2017 年）

（数据来源：中国统计年鉴 2000—2018）

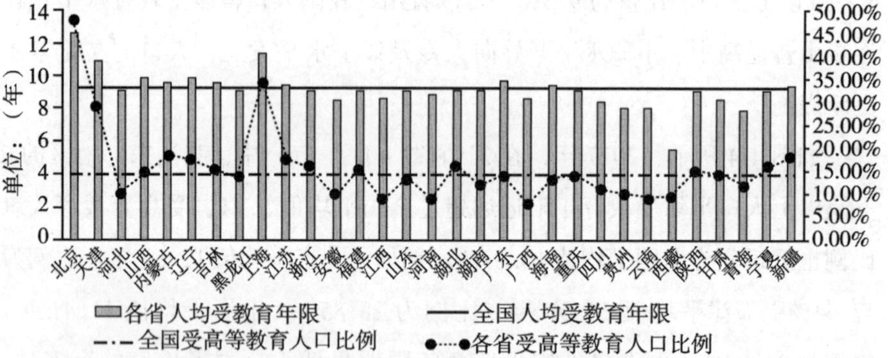

图 4-4　2017 年全国 31 个省（区、市）人均受教育年限情况

（数据来源：中国统计年鉴 2018）

计年鉴 2011》显示，2010 年全国就业人员为 7154. 79 万人，受过高等教育（即具有大专及以上学历）人员比例为 10. 05%。而《中国人口和就业统计年鉴 2018》数据显示，2017 年，全国就业人员大专及以上学历者比例为 19. 4%，是 2010 年的近两倍。其中高职及大学专科者占 10. 6%，大学本科

及研究生占 8.8%，但是同时也应该看到，小学及以下文化程度者占 19.2%，初中文化程度者占 43.4%，高中及中职文化程度者占 18%。我国目前就业人员群体结构呈现出以受初中教育程度人员为主，小学及以下、高中及中职、大专及以上三者比例接近相等的局面。对于全国就业人员来说，学历水平方面还有较大的发展空间。如图 4-5 所示，可以看出就业人员受高等教育水平的地区差距，北京（57.4%）、天津（35.9%）、上海（48.3%）、江苏（27.2%）、浙江（27.8%）、新疆（25%）等地区的就业人员文化程度远高于全国平均值，一方面说明了这些地区对于人才的吸引力；另一方面也反映了当地高等教育资源丰富。而我国中部和西部多数省份，例如，安徽、江西、河南、湖北、湖南、四川、贵州、云南、西藏、甘肃等就业人员受高等教育文化程度明显低于全国平均值，高等教育人才流失严重。

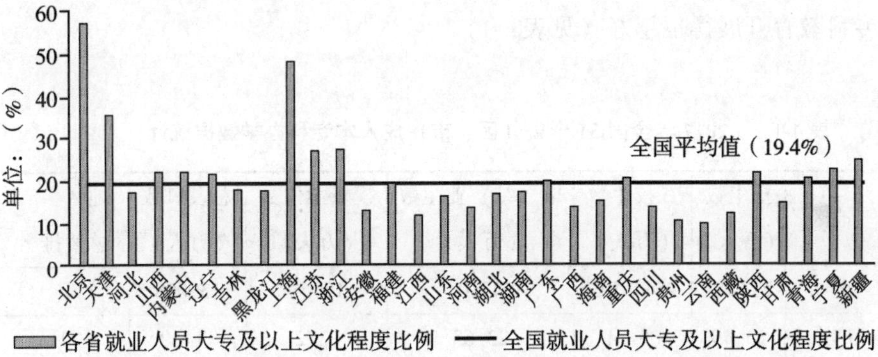

图 4-5　2017 年全国 31 个省（区、市）就业人员受高等教育文化程度情况

（数据来源：中国统计年鉴 2018）

二、各省（区、市）高等学历继续教育机会差距较大

继续教育的普及程度和社会成员的参与程度是衡量一个地区继续教育发展水平的主要指标。其中高等学历继续教育使大量的成人学习者提高了知识和文化水平，是主要的办学形式。因此，高等学历继续教育在成人本专科、自考本专科、网络本专科方面的不同办学能力反映出各地区继续教

育机会的差距。

（一）成人本专科教育办学多数省份缩减，少数省份增加

成人本专科教育起步较早，中华人民共和国成立之初就开始办学，各省（区、市）都建立了比较完备的成人高等教育办学体系。我国2017年成人本专科教育毕（结）业生数247.04万人，授予学位数为15.68万人，招生数217.53万人，在校生数544.14万人，预计毕业生数228.23万人。对比2012年成人本专科教育办学规模，五年来成人本专科招生数减少10.83%，毕（结）业生数增加26.4%，在校生规模下降6.68%，因此，整体办学规模在缓慢减少。大多数省（区、市）的成人本专科办学规模与地区总人口数正向相关，人口总数越多，成人本专科教育的办学规模越大；同时也受地方经济发展水平的影响，地区生产总值排名越高，成人本专科教育开展得也越好（见表4-1）。

表4-1　**2017年全国31个省（区、市）成人本专科办学数据统计**

地区	招生数（万人）	在校生数（万人）	毕（结）业生数（万人）	授予学位数（万人）	总人口数（万人）	地区生产总值排名
全国	217.53	544.14	247.04	15.68	139008	
广东	25.49	65.31	23.65	0.72	11169	1
江苏	19.91	44.78	17.30	2.40	8029	2
河北	16.66	41.78	12.22	0.75	7520	8
山东	15.76	37.51	27.92	1.80	10006	3
湖南	13.99	27.78	11.37	0.21	6860	9
河南	12.50	28.22	15.92	0.80	9559	5
四川	11.62	30.84	15.77	0.13	8302	6
广西	10.74	25.15	9.69	1.11	4885	19
浙江	9.73	21.96	10.92	0.94	5657	4
安徽	7.95	18.11	8.43	0.46	6255	13

续表

地区	招生数（万人）	在校生数（万人）	毕（结）业生数（万人）	授予学位数（万人）	总人口数（万人）	地区生产总值排名
湖北	7.77	17.93	9.52	0.39	5902	7
云南	6.78	20.30	6.80	0.12	4801	20
辽宁	6.41	14.80	6.18	0.42	4369	14
北京	6.16	15.86	7.05	1.05	2171	12
陕西	5.66	14.96	6.59	0.37	3835	15
吉林	5.17	11.42	7.16	0.27	2717	24
上海	4.55	13.45	4.72	1.02	2418	11
重庆	4.25	11.98	5.55	0.10	3075	17
黑龙江	3.86	9.76	6.33	0.26	3789	22
贵州	3.47	10.69	4.54	0.07	3580	25
江西	3.41	14.01	5.85	1.39	4622	16
新疆	3.08	7.59	3.25	0.03	2445	26
福建	2.48	10.34	5.29	0.16	3911	10
甘肃	2.36	7.31	3.08	0.12	2626	27
天津	2.24	4.93	3.06	0.06	1557	18
山西	2.22	8.34	4.43	0.24	3702	23
宁夏	1.12	2.64	1.02	0.00	682	29
内蒙古	0.75	2.14	1.62	0.03	2529	21
西藏	0.53	1.81	0.66	0.04	337	31
海南	0.46	1.40	0.65	0.04	926	28
青海	0.44	1.07	0.53	0.19	598	30

（数据来源：中国统计年鉴 2018、中国教育统计年鉴 2018）

由表4-2、图4-6可知，成人本专科招生数、在校生数、毕（结）业生数占地区人口比例的全国平均值分别为0.16、0.39、0.18，而2012年这三个指标分别为0.18、0.43、0.14，二者差距不是很大。因此，随着我国人口变化，全国成人本专科教育办学规模逐步在减少，但是降幅不是很大。2017 年，在全国 31 个省（区、市）中，在校生数超过全国平均值（0.39）的地区有北京、广东、江苏、上海、河北、西藏、广西、云南、吉林、湖南等省份，表明这些地区成人本专科教育的现有办学规模相对较大；招生数超过全国平均值（0.16）的地区有北京、江苏、广东、河北、广西、湖南、吉林、上海、浙江等省份，表明这些地区成人本专科教育办学相对活跃，成为成人学习者学历提升的重要选择。成人本专科招生数、在校生数、毕（结）业生数占地区人口比例均低于全国平均值的地区有陕西、辽宁、湖北、河南、安徽、新疆、黑龙江、贵州、甘肃、江西、青海、福建、山西、海南、内蒙古等省份，表明这些省区市成人本专科教育办学呈弱化趋势。和 2012 年相比，北京、天津、山西、内蒙古、辽宁、上海、湖北、海南、甘肃、宁夏等省份的招生数、在校生数、毕（结）业生数占地区人口比例三个指标都在下降，表明随着高等教育逐渐普及化，不但北京、上海、天津等高等教育发达地区的成人本专科在萎缩，山西、内蒙古等中部地区省份的降幅也很大。但是我们也看到，2017 年，河北、湖南、广东、广西、贵州、云南、西藏、新疆与 2012 年办学情况相比，招生数、在校生数、毕（结）业生数占地区人口比例均在提升，这表明这些地区成人本专科教育仍然具有一定的发展潜力和办学空间。

表 4-2　**2017 年成人本专科教育占地区人口比例及与 2012 年差值（单位:%）**

地区	招生数占地区人口比例	招生数占地区人口比例差值(2017,2012)	在校生数占地区人口比例	在校生数占地区人口比例差值（2017,2012）	毕（结）业生数占地区人口比例	毕（结）业生数占地区人口比例差值（2017,2012）
全国	0.16	−0.02	0.39	−0.04	0.18	0.03
北京	0.28	−0.24	0.73	−0.58	0.32	−0.14
天津	0.14	−0.09	0.32	−0.17	0.20	0.00

续表

地区	招生数占地区人口比例	招生数占地区人口比例差值(2017,2012)	在校生数占地区人口比例	在校生数占地区人口比例差值（2017,2012)	毕（结）业生数占地区人口比例	毕（结）业生数占地区人口比例差值（2017,2012)
河北	0.22	0.06	0.56	0.16	0.16	0.05
山西	0.06	−0.11	0.23	−0.28	0.12	−0.01
内蒙古	0.03	−0.18	0.08	−0.31	0.06	−0.05
辽宁	0.15	−0.05	0.34	−0.13	0.14	−0.02
吉林	0.19	−0.08	0.42	−0.16	0.26	0.04
黑龙江	0.10	−0.10	0.26	−0.19	0.17	0.01
上海	0.19	−0.06	0.56	−0.22	0.20	−0.04
江苏	0.25	0.03	0.56	0.07	0.22	−0.03
浙江	0.17	−0.05	0.39	−0.09	0.19	0.01
安徽	0.13	−0.03	0.29	−0.02	0.13	0.03
福建	0.06	−0.06	0.26	−0.05	0.14	0.06
江西	0.07	−0.06	0.30	−0.04	0.13	0.05
山东	0.16	−0.01	0.37	−0.07	0.28	0.15
河南	0.13	−0.03	0.30	−0.02	0.17	0.06
湖北	0.13	−0.06	0.30	−0.17	0.16	0.00
湖南	0.20	0.04	0.40	0.06	0.17	0.02
广东	0.23	0.05	0.58	0.12	0.21	0.07
广西	0.22	0.02	0.51	0.09	0.20	0.08
海南	0.05	−0.05	0.15	−0.10	0.07	−0.02
重庆	0.14	−0.06	0.39	−0.04	0.18	0.03
四川	0.14	−0.04	0.37	−0.04	0.19	0.04
贵州	0.10	0.00	0.30	0.05	0.13	0.06
云南	0.14	0.01	0.42	0.03	0.14	0.01

续表

地区	招生数占地区人口比例	招生数占地区人口比例差值(2017,2012)	在校生数占地区人口比例	在校生数占地区人口比例差值（2017,2012）	毕（结）业生数占地区人口比例	毕（结）业生数占地区人口比例差值（2017,2012）
西藏	0.16	0.03	0.54	0.17	0.20	0.09
陕西	0.15	-0.03	0.39	-0.14	0.17	0.00
甘肃	0.09	-0.04	0.28	-0.07	0.12	0.00
青海	0.07	-0.03	0.18	-0.05	0.09	0.01
宁夏	0.16	-0.09	0.39	-0.15	0.15	-0.01
新疆	0.13	0.01	0.31	0.00	0.13	0.06

（数据来源：中国统计年鉴 2013—2018、中国教育统计年鉴 2013—2018
备注：数值为 0.00 是由于保留 2 位小数，四舍五入导致，实际值大于 0）

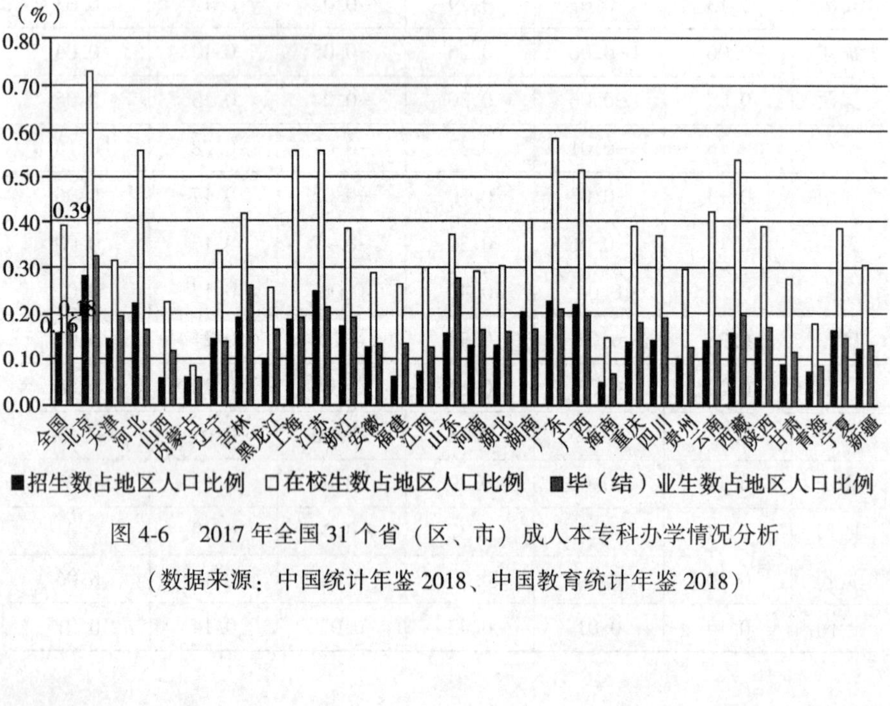

图 4-6　2017 年全国 31 个省（区、市）成人本专科办学情况分析

（数据来源：中国统计年鉴 2018、中国教育统计年鉴 2018）

（二）自考本专科教育各省差异较大，院校办学意愿下降

目前，全国建立起中央、省、地、县四级高等教育自学考试管理体系，每年定期组织全国统一的课程考试。各省（区、市）统计的自学考试报考数据显示，自学考试的区域发展受到各地经济、人口、高等教育发展水平的影响，呈现出比较大的差异性。① 以 2017 年为例，在全国 31 个省（区、市）中，高等教育自学考试学历教育报考人次最多的省（市、自治区）是广东省，其报考人数为 65.52 万人次，占全国总报考人次的 13.9%；报考人数最少的省（市、自治区）是西藏自治区，其报考人数只有 2594 人次，除西藏自治区外，报考人数少于 1 万人次的省（市、自治区）还包括内蒙古自治区和宁夏回族自治区。通过表 4-3、表 4-4 可知，近年来江苏、广东、四川、湖北、山东、湖南、江西等省属于高等教育自学考试报考的热门省份，同时这些地区生产总值排名、人口数量排名、省内高等学校数量及在全国排名情况也是比较高的，显示出正相关性。

表 4-3　　**全国高等教育自学考试报考规模前 7 名地区（2013—2017 年）②**

排名	2013 年	2014 年	2015 年	2016 年	2017 年
1	江苏省	湖北省	湖北省	江苏省	广东省
2	湖北省	广东省	江苏省	湖北省	江苏省
3	广东省	江苏省	广东省	广东省	四川省
4	江西省	湖南省	四川省	四川省	湖南省
5	湖南省	四川省	湖南省	湖南省	山东省
6	吉林省	江西省	江西省	山东省	湖北省
7	山东省	吉林省	山东省	江西省	江西省

① 李骐，李全龙，李国成．基于大数据的自学考试现状、困境与破解途径［J］．现代远程教育研究，2019，31（3）：86-95.

② 李骐，李全龙，李国成．基于大数据的自学考试现状、困境与破解途径［J］．现代远程教育研究，2019，31（3）：86-95.

表 4-4　　江苏等 7 省 GDP、人口及高校数量排名情况（2016 年）

省份	地区生产总值排名	人口数量排名	高等学校数量（全国排名）
江苏省	2	5	166（1）
广东省	1	4	147（2）
四川省	6	3	109（10）
湖南省	8	7	123（6）
湖北省	7	9	128（5）
山东省	3	2	144（3）
江西省	17	13	98（12）

（数据来源：中国统计年鉴 2017）

（三）网络本专科教育各省发展严重不均衡，急需进行改革

目前，我国试点高校和开放大学举办现代远程教育，通过对院校布局分析可知，所在区域以京津地区最多，有 21 所高校和 2 所开放大学；华东地区 15 所高校和 2 所开放大学；华南地区 3 所高校和 1 所开放大学；东北地区 8 所高校；西北地区 5 所高校；华中地区 8 所高校；西南地区 8 所高校和 1 所开放大学。可以看出，网络本专科教育试点总体布局不够均衡，试点院校多集中于京津和华东地区，而华南和西北地区试点院校明显偏少。根据《中国劳动统计年鉴 2018》，我国 2017 年网络本专科教育总计毕（结）业生数为 17.78 万人，授予学位数 5.54 万人，招生数 286.11 万人，在校生数 735.93 万人。由于网络本专科教育是跨区域招生，同时学生数据又被统计到承办网络教育高校所在地区，所以通过年鉴数据，网络教育和各省（区、市）的人口总量无法建立直接关系。因此对各省网络本专科教育办学数据与全国网络教育办学总数据进行比较，从而看出各省区市的网络教育办学能力，见表 4-5。可以看出，北京拥有网络教育试点高校最多，同时又是国家开放大学、北京开放大学所在地，其网络本专科教育（含开放大学的开放教育）占据整个现代远程教育的半壁江山，2017 年毕（结）

业生数、招生数、在校生数都超过了网络教育办学总量的50%。高等教育资源发达的上海、天津等地的网络教育办学规模很小，而河北、山西、内蒙古、江西、广西、海南、贵州、西藏、青海、宁夏、新疆等省区市没有现代远程教育试点高校，反映出试点多年的现代远程教育布局存在一定的不均衡性。

表4-5　**2017年全国网络本专科办学情况统计分析（单位：万人）**

地区	招生数	在校生数	毕（结）业生数	授予学位数	招生比例	在校生比例	毕业生比例	授予学位比例
北京	143.77	438.65	93.35	2.16	50.25	59.60	52.50	39.03
四川	28.26	48.41	14.64	0.37	9.88	6.58	8.24	6.72
陕西	15.53	28.04	7.25	0.43	5.43	3.81	4.08	7.78
辽宁	13.92	32.10	8.44	0.59	4.86	4.36	4.75	10.67
山东	10.96	20.50	4.64	0.25	3.83	2.79	2.61	4.57
吉林	9.52	24.79	7.81	0.05	3.33	3.37	4.39	0.91
天津	9.09	15.94	3.52	0.10	3.18	2.17	1.98	1.85
湖北	9.06	21.16	6.30	0.17	3.17	2.88	3.55	3.05
重庆	8.65	15.96	7.14	0.08	3.02	2.17	4.02	1.40
河南	6.29	13.25	3.48	0.15	2.20	1.80	1.96	2.71
上海	5.51	12.37	4.19	0.25	1.92	1.68	2.35	4.58
江苏	4.51	8.76	2.45	0.33	1.58	1.19	1.38	5.93
福建	4.27	8.57	2.32	0.07	1.49	1.16	1.30	1.20
广东	4.14	10.70	2.78	0.11	1.45	1.45	1.56	2.06
黑龙江	3.88	7.33	2.42	0.06	1.36	1.00	1.36	1.12
甘肃	3.85	8.12	1.72	0.03	1.34	1.10	0.97	0.55
湖南	3.07	6.74	2.67	0.06	1.07	0.92	1.50	1.00
浙江	1.42	3.94	1.24	0.27	0.50	0.54	0.70	4.88
云南	0.43	10.41	1.41	0.00	0.15	1.42	0.79	0.00
安徽	0.00	0.18	0.01	0.00	0.00	0.02	0.01	0.00

（数据来源：中国统计年鉴2018、中国教育统计年鉴2018）

三、各省（区、市）高等学历继续教育资源供给差距较大

高等学历继续教育办学，需要外部生态环境提供大量的经费、师资、生源等办学资源。其中，办学经费主要体现在地区政府投入和成人学习者学费指标上；由于高等学历继续教育师资主要来自普通高等教育，所以教学师资主要体现在地区高校数量和教职工规模指标上；生源主要体现在各省人力资源存量上。生源情况在前面已有分析，这里重点分析经费和师资两个指标的现实情况。

（一）继续教育经费差距明显且投入不足

继续教育经费投入是加快发展继续教育的基础性要素，也是提高高等学历继续教育质量的重要保障。高等学历继续教育属于“准公共产品”，多渠道筹措继续教育经费、不断增加事业经费投入，是继续教育可持续发展的必要条件。目前经费投入总体不足，地区经费差异明显是高等学历继续教育办学的基本现状。① 高等学历继续教育办学经费来源单一，除了少量独立设置成人高校外，大部分院校高等学历继续教育缺少国家财政的专项补助，办学收入主要来源于成人学习者的学费，各省（区、市）成人本专科教育、自考本专科教育、网络本专科教育的学费标准明显不同。②

1. 成人本专科教育学费

独立设置成人高校与普通高校是承担成人本专科教育的主要力量。对于成人高校，我国独立设置成人高等学校的办学条件可谓喜忧并存。③

① 赖立，等．中国继续教育发展报告 2012［M］．北京：教育科学出版社，2012：142.

② 各省区市都设立了官方教育考试院网站，含有成人高等教育、自学考试等栏目，但是关于成人本专科教育、自考本专科教育的学费标准、办学经费收支情况很少有具体的说明和信息公开，为此本书主要借助各院校招生简章注明的学费价格，反映各地区的学费标准差异。

③ 何爱霞．2010 年以来我国高等继续教育发展现状与趋势分析［J］．现代远距离教育，2016（5）：19.

2010年，我国成人高等学校数量为365所，经费收入131.21亿元；2017年，我国成人高等学校数量为282所，经费总收入161.08亿元。虽然办学经费有所增加，但是以成人学习者的学费为主，国家拨款相对较少，独立设置的成人高校数量和办学规模一直在不断减少。

对于普通高校，成人本专科教育的办学经费收入主要来自成人学习者的学费。因此，生均学费标准不同，也是导致我国31个省（区、市）成人本专科教育发展不平衡的重要因素。一般情况下，普通高校成人本专科教育高起专的学习年限为2.5年，专升本的学习年限为2.5年，高起本的学习年限为5年。学费标准与学习形式、专业科类有关，主要由省区市的物价局、财政厅、教育厅联合制定，不定期进行调整。通过对成人本专科教育学费统计可知（见表4-6），我国各省区市成人本专科教育学费标准差距较大，且存在一些问题。一是学费标准过低、更新过慢。据不完全统计，河北（2008年）、辽宁（2003年）、江苏（2007年）、安徽（2006年）、江西（2000年）、河南（2002年）、海南（2002年）、重庆（2000年）、贵州（2000年）、云南（2004年）、陕西（2006年）、青海（2001年）等省区市收费依据文件都是10多年前出台的。学费标准多年不变，虽然部分省份允许高校上浮10%进行学费定价，但是物价不断上涨、人力资本提升和办学规模缩减，导致院校开展成人本专科教育的经费投入减少、办学质量和经济效益下降。

表4-6　**31个省（区、市）成人本专科教育学费情况（单位：元/学年）**

省区市	学费标准	数据来源
北京	以北京化工和信息职业技术学院为例，业余高起本：文、理兼收2030，理科2720，艺术类3190，外语类2610；业余专升本：经管2436，理工2880，艺术类年3828；业余高起专：文科2400，理科2604~2800，艺术类3600	北京化工大学2018年成人高等教育招生章程［EB/OL］http：//cel.buct.edu.cn/tzgg/102492.htm 北京信息职业技术学院2019年成人高等教育招生章程［EB/OL］http：//www.bitc.edu.cn/zsxx/crxljy/crgdjyzk/

续表

省区市	学费标准	数据来源
天津	计算机、英语类专业：业余 1840，艺术类专业：业余本科 4500，其他专业：业余 1600	天津师范大学成人高等教育 2019 招生简章［EB/OL］ http://jxjy.tjnu.edu.cn/info/1056/1833.htm
河北	函授文科 700，理科 900；业余文科 900，理科 1100，艺术类 1500	依据《冀价行费〔2008〕42 号文件》
山西	高起专（3 年制）、高起本（5 年制）函授文、理 1000；专升本（3 年制）函授理工类 1500，其余 1000；专升本业余艺术类 2200	山西大学成人高等教育 2018 招生指南［EB/OL］ http://jxjyxy.sxu.edu.cn/xljy/zsgz/141699.htm
内蒙古	文史财经类本科：2200，理工农医类本科：2400；文史财经类专科：1800，理工农医类专科：2000	内蒙古农业大学成人高等教育学费标准［EB/OL］ http://jiwei.imau.edu.cn/info/1010/1967.htm 根据《内发改委费字〔2017〕604 号文件》
辽宁	成人教育和高等教育自学考试脱产班学费标准，参照普通高校同类专业学费标准收取，业余班按不超过普通高校同类专业学费标准的 60%收取，以辽宁师范大学为例，学费 1800~4000 不等	关于调整我省普通高校收费标准的通知 辽价发〔2003〕15 号［EB/OL］ http://www.lncc.edu.cn/jcc/info/1003/1068.htm 辽宁师范大学成人高等教育 2019 招生简章［EB/OL］ http://jxjy.lnnu.edu.cn/ReadNews.asp?NewsID=593
吉林	全日制成人高校按照普通高校同类专业本、专科学费标准的 80%比例收取，业余、半脱产按 50%比例收取，函授按 40%比例收取。成人高校普通专科班，按普通高校专科同类专业学费标准执行	学费标准执行吉教计字〔2000〕68 号、吉省价综〔2013〕193 号规定的标准、根据吉政办发〔2006〕31 号《关于进一步规范高等学校教育收费管理的若干规定》的文件要求收费
黑龙江	脱产班：理工、外语类 4100，文科类 3700，艺术医学类 4900；夜大学：理工、外语类 2700，文科类 2500，艺术医学类 3300；函授：理工、外语类 2000，文科类 1800，艺术医学类 2400	黑龙江省物价监督管理局、财政厅关于我省成人高等（中专）学历教育收费标准及有关问题的通知（黑价联〔2017〕33 号）［EB/OL］ http://jyt.hlj.gov.cn/zwgk/jysf_105/201802/t20180202_112151.htm

续表

省区市	学费标准	数据来源
上海	一般专业：物价局核准每学年收费标准3200，对应每学分收费标准为125。特殊专业：物价局核准每学年收费标准4800，对应每学分收费标准为200	上海师范大学成人高等教育学生收费、退费管理办法［EB/OL］http：//cec. shnu. edu. cn/2d/ab/c14887a667051/page. htm
江苏	半脱产（含业余班、夜大、函授）艺术专科2800，本科3200；医科专科2200，本科2500；理工类专科1900，本科2200；文科类专科1700，本科2000	省物价局 省财政厅 省教育厅关于成人高校和成人中专校收费问题的通知（苏价费〔2007〕271号）［EB/OL］http：//jjy. yzpc. edu. cn/2018/1021/c1657a22212/page. htm
浙江	艺术类专业由学校按生均教育培养成本自主确定；工科类、医学类专业3000；其他专业2700	《浙江省物价局 浙江省财政厅 浙江省教育厅 关于调整成人高等教育收费标准的通知》（浙价费〔2014〕245号）
安徽	以安徽师范大学为例，函授形式1100、1320不等；业余形式1320、1650、2200不等	现行标准依据皖价行费〔2000〕311号、皖价费〔2006〕240号文件，安徽师范大学2019招生简章［EB/OL］http：//cce. ahnu. edu. cn/info/1009/1933. htm
福建	以泉州师范学院为例，一般专业函授、业余都是1680，艺术类专业最低2500	泉州师范学院2017年成人教育招生简章 http：//www. qztc. edu. cn/jxjyxy/417/list2. htm
江西	业余专科层次：一般专业1400、艺术类1800；业余本科层次（含高起本、专升本）：一般专业1700、艺术类2100	根据赣教计字〔2000〕163号文件规定收费标准高达本专业学制5年，专升本、高达专学制3年
山东	理、工、管、财类专业2200，文、法、教育类专业2000，艺术类专业2600	山东科技大学函授教育招生简章［EB/OL］http：//cjwww. sdust. edu. cn/jianzhang/zsbkxz. asp 依据《鲁价费发〔2013〕93号文件》
河南	函授：文史类专科1100，本科1300；理工类专科1500，本科1700；医学类专科2000，本科2200；半脱产（含夜大）：文史类专科1200，本科1500；理工类专科1700，本科1900；医学类专科2300，本科2500；全日制脱产班按高校同等专业学费标准收取	河南省发展计划委员会、财政厅、教育厅关于调整我省成人高等教育收费标准的通知（豫计收费〔2002〕1213号），成人高等教育收费标准［EB/OL］http：//cwb. sqmc. edu. cn/2019/0104/c3709a64259/pagem. htm

续表

省区市	学费标准	数据来源
湖北	全日制脱产生学费标准按本校或省属一般院校同类专业收费标准执行；半脱产生学费标准按本校或省属一般院校同类专业收费标准的 70%执行；夜大生学费标准按本校或省属一般院校同类专业收费标准的 65%执行；函授生学费标准按本校或省属一般院校同类专业收转标准的 50%执行。一般专业 2000	湖北省《关于进一步规范高校教育收费管理的通知》［EB/OL］https：//cwc. hbtcm. edu. cn/info/1020/1068. htm
湖南	业余生：文科类 2100，理科类 2200，艺术类 3800，医药类 3200，“211 工程”高校的成人高等学历教育学杂费标准可上浮 20%。其他高等院校的精品专业，经国家或省教育行政主管部门认定并报省物价、财政部门同意后，其学杂费标准可上浮 10%	湖南省物价局、湖南省财政厅、湖南省教育厅关于调整我省成人高等学历教育收费标准有关事项的通知（湘价教〔2014〕92 号）［EB/OL］http：//www. hunan. gov. cn/xxgk/wjk/szbm/szfzcbm _ 19689/sfzhggwyh _ 19690/gfxwj _ 19691/201407/t20140711_4884481. html
广东	以广东技术师范大学为例，函授专升本（3 年制）一般专业 2500，函授高起本一般专业 2500，高起专（3 年制）一般专业 2300	广东技术师范大学 2019 年成人高等教育招生简章［EB/OL］https：//jsjxxy. gpnu. edu. cn/info/1110/1773. htm
广西	以广西师范大学为例，高起专（函授业余）理工外语类 2250，文史类 1890，艺术类 4200；专升本（函授业余）理工外语类 2250，文史类 2100，艺术类 4560；高起本（业余）理工外语类 1880，文史类 1750，艺术类 3800	2019 年广西师范大学成人高等教育招生简章［EB/OL］http：//www. cjy. gxnu. edu. cn/2019/0610/c2369a153775/page. htm
海南	函授：史学、农学一般 1520，理工一般 1680，医学 2200，艺术 3200；夜大：史学、农学一般 2280，理工一般 2520，医学 3300，艺术 4800	海南省发展计划厅、财政厅、教育厅关于调整我省高等教育收费标准的通知（琼计价管〔2002〕832 号）［EB/OL］http：//www. hainu. edu. cn/ stm/caiwu/2015422/10415104. shtml

续表

省区市	学费标准	数据来源
重庆	以重庆大学为例，半脱产、周末、业余一般专业 3200、3600、4000 不等	重庆大学成人高等教育 2017 级学生收费依据（渝价〔2000〕506 号）[EB/OL] http://www.cce.cqu.edu.cn/info/1599/3015.htm
四川	以成都大学为例，文科类（含文理兼收）1850，理工科类 2050，非临床医学类 2050，文兼艺类 3000	成都大学 2019 年成人高等教育招生简章［EB/OL］http://jxjy2.cdu.edu.cn/index.php?a=shows&catid=16&id=4083
贵州	以贵州轻工职业学院为例，夜大（业余）教育：文史类 1200，财经类 1500，理科 1500，医、药类 2100，艺术类 2800；函授教育：文史类 900，财经类 1100，理科 1100，医、药类 1500，艺术类 2000	依据《省人民政府关于同意调整成人高等教育学费标准的批复》（黔府函〔2000〕518 号）文件关于成人高等教育（专科）学费收费标准的公示［EB/OL］http://www.gzqy.cn/info/1040/4471.htm
云南	对于一般专业来说，函授是 2000，业余是 2400，其他部分特殊专业的学费会高一些	依据云发改〔2004〕536 号文件规定
西藏	以西藏职业技术学院为例，高起专函授一般专业 2200，专升本（与其他高校合作）一般专业 2200	西藏职业技术学院 2019 年招生简章［EB/OL］http://www.xzgzy.cn
陕西	以陕西师范大学为例，函授专科 2250，专升本及高起本：文史类、教育类 2500，英语类 2700，理工类 2700。业余专科 2250（艺术类 3500），专升本及高起本：文史类、教育类 2500，外英类 2700，艺术类 4200	陕西师范大学 2019 成人高等教育招生简章［EB/OL］http://www.snnu.net/portal.php?mod=view&aid=2943 依据《省教育厅、物价局、财政厅陕教资〔2006〕53 号文件》
甘肃	成人教育函授、夜大学费收费标准文史类为 1400，理工类为 1600。医学类、艺术类仍为 2100 和 2600	关于商请提高我省成人高等教育函授学费收费标准的函［EB/OL］http://jiangsu.china.com.cn/html/2016/gsnews_1207/8414093.html

续表

省区市	学费标准	数据来源
青海	按全脱产、夜大、函授、高等职业教育、民族预科生教育五类标准进行收费，其中最低收费标准为 1050，最高标准为 4100	《青海省发展计划委员会青海省财政厅、青海省教育厅关于下发〈改革高校收费管理形式和调整收费标准方案〉的通知》（青计价格〔2001〕651 号）
宁夏	以宁夏师范学院为例，专科业余 1600，专升本业余专业 1800、2000、2200 不等	宁夏师范学院 2019 年成人高等教育招生简章［EB/OL］http：//crjy. nxtu. cn/info/1996/3089. htm
新疆	以新疆师范大学为例，专升本文科类 3000、3800 不等，理工类 3500，艺术类 4300；专科文科一般 1900，理科 2500	新疆师范大学成人高等学历教育招生简章［EB/OL］http：//cjy. xjnu. edu. cn/2019/0712/c4991a101429/page. htm

（数据来源：各省（区、市）部分高校继续教育学院网站信息整理）

2. 自考本专科教育学费

个人自学与自考全日制助学是自考本专科教育的两种主要形式。资金保障是高等教育自学考试改革、转型及持续发展的物质基础。对于个人自学的考生，一般情况下，每门课程只要缴纳报考费几十元左右，取得自考文凭只需要几千元的学习费用，和高等学历继续教育其他学习形式相比，费用是最少的，同时个人付出的学习努力也是最多的。近年来资金供给不足已成为自学考试进一步完善发展的重要障碍，自学考试主考院校办学意愿不断下降，不断缩减高等教育自学考试办学专业和办学规模。如一位师范类主考院校自学考试管理者 A 说："学校高等教育自学考试原来高峰时有 6 万科次的考试，11 个专业，目前只剩 3. 2 万科次的 5 个本科专业。三年前低于 1000 人报考的专业全部设置为预警专业，去年全部停办专科，现在我一点问题也没有。为什么？我觉得办多了，亏，不办。这也没办法，有些专业考的人总共才 100 多人，我要那么多课程与之相匹配，每个考生每科报考费用仅 45 元，而自学考试涉及众多环节如命题、试卷印发、组织考试和阅卷等，费用成本很高。"① 另一位"双一流"

① 教育部职业教育与成人教育司委托课题"高等教育大众化背景下高等学历继续教育定位和发展研究——基于国际比较的视角"的访谈笔记，2019-1-25.

高校的继续教育学院院长 B 说："自学考试是我国一个很好的学历继续教育品牌，国际上认可。但是自学考试的经费太少，学院办学积极性不高，只是因为有义务和责任才去做，很多时候要靠其他收入补贴自学考试工作费用支出。"①

对于参加自考全日制助学的考生，由于采用全日制在校学习方式，和高等学历继续教育其他学习形式相比，学习费用标准是最高的，不同地区收费标准有所差异。以浙江省为例，根据教育考试院文件《关于公布 2019 年自学考试全日制助学院校招生计划的通知》（浙教试院〔2019〕39 号），浙江工商大学等 34 所院校被允许进行自考全日制助学，招生计划为 13120 名，② 学费标准为 10000~20000 元，与民办高等教育统招生学费标准接近。随着高等教育进入普及化，高考专科分数线降低，越来越多的人通过统招进入大学学习，全日制自考助学的生源日益减少。湖北省教育考试院信息显示，2010 年自学考试报考人次为 100.5 万人次，而 2017 年仅为 35.49 万人次，10 年前还火爆异常的全日制自考助学班，出现过一所高校一年招收自考生 8000 人的"盛况"，而目前每年招生量过千的，已属罕见，多数学校逐步放弃全日制自考助学。③ 浙江省教育厅一位领导 C 反馈："2017 年，浙江省高考录取率 91%，高等教育毛入学率为 57%，最近几年很多学校都完不成自考全日制招生计划。"④ 同时统招学费的上涨，也影响着自考全日制助学高校的积极性。一所民办高校继续教育学院负责人 D 表示："现在学校统招生学费一年都两万元了，而且生源还不错，学校资源

① 教育部职业教育与成人教育司委托课题"高等教育大众化背景下高等学历继续教育定位和发展研究——基于国际比较的视角"的访谈笔记，2019-1-25.

② 浙江省教育考试院．关于公布 2019 年自学考试全日制助学院校招生计划的通知［EB/OL］. 2019-04-30. https://www.zjzs.net/moban/index/000000006a5862b7016a6cd618280004.html.

③ 徐啸寒，等．曾经一年百万人报考，如今不足十万人次，全日制自考助学班淡出江湖［N］. 楚天都市报，2018-07-24（6）.

④ 教育部职业教育与成人教育司委托课题"高等教育大众化背景下高等学历继续教育定位和发展研究——基于国际比较的视角"的访谈笔记，2018-3-30.

毕竟是有限的，所以就尽量压缩自考招生规模了。”① 可以说，随着自考全日制助学办学规模的快速萎缩，以及个人自主学习报考自考课程费用偏低，导致高等教育自学考试经费收入减少，制约了自考本专科教育的转型发展与人才培养质量提升。

3. 网络本专科教育学费

我国网络本专科教育已经形成两大学历服务体系，一是以 60 多所高校为主体的“网络教育”体系，办学经费主要来自学费收入；二是以 6 所开放大学为主体的“开放教育”体系，国家虽然有一定的办学投入，但是学费依然是主要收入来源。对于网络本专科教育学费标准，采用按区域定价的策略，不同地区的学费标准有所不同，不同高校同一专业的学费标准也不同。实行学分制和弹性学习期限，一般情况下高起专 2. 5~5 年，专升本 2. 5~5 年，高起本 5~7 年。以中国人民大学、中国石油大学、西南科技大学、北京外国语大学的网络教育学院为例，综合分析可以发现高校网络学院学费按照学分收取。高起专、专升本 80 学分左右，高起本 150 学分左右，一个学分 80~120 元。以上海开放大学和 5 所地方电大为例分析开放教育的学费标准，由表 4-7、表 4-8 可以看出，上海开放大学与高校网络教育的学费标准基本相当，地方电大学费标准因为地区不同而差异较大，平均值低于高校网络教育的学费标准。

表 4-7　　**上海开放大学学费标准②**

层　次	专　业	最低毕业总学分	学分费标准
上海开放大学 开放教育本科 （高中起点本科）	各专业	147 学分	108 元/学分

① 教育部职业教育与成人教育司委托课题“高等教育大众化背景下高等学历继续教育定位和发展研究——基于国际比较的视角”的访谈笔记，2018-3-30.

② 上海开放大学招生简章［EB/OL］. http：//zhaosheng. shou. org. cn/index. php?c=article&id=115.

续表

层　次	专　业	最低毕业总学分	学分费标准
上海开放大学开放教育本科（专科起点本科）	艺术类视觉传达设计	71 学分	200 元/学分（补修课 70 元/学分）
	艺术类其余各专业	71 学分	160 元/学分（补修课 70 元/学分）
国家开放大学开放教育本科（专科起点本科）	各专业	72 学分	160 元/学分（补修课 70 元/学分）
上海开放大学开放教育专科（高中起点专科）	动漫设计	76 学分	150 元/学分
	艺术设计	76 学分	150 元/学分
	舞蹈表演	76 学分	150 元/学分
	表演艺术（声乐表演）	76 学分	150 元/学分
	计算机应用技术	90 学分	110 元/学分
	机电一体化技术	90 学分	110 元/学分
	应用化工技术	90 学分	110 元/学分
	其余各专业	76 学分	120 元/学分

表 4-8　**2016 年我国 5 家广播电视大学各层次、各专业学费（单位：元）**①

机构名称	层次	专　业	每学位学费	每学年学费
贵州电大	本科	文史类	5000	2000
		财经类	6000	2400
		理工类	6750	2700
		体育艺术类	9000	3100
	专科	文史类	3875	1550
		财经类	4625	1850
		理工类	5000	2000
		体育艺术类	7750	3100

① 郝丹，郭文革．中外远程教育学费比较研究［J］．中国远程教育，2018（4）：22-31，79.

续表

机构名称	层次	专　业	每学位学费	每学年学费
广州电大	本科	文史、财经、管理类（三年）	7500	2500
		文史、财经、管理类（二年半）	8750	3500
		理工、外语类（三年）	8625	2875
		理工、外语类（二年半）	10000	4000
	专科	文史、财经、管理类（三年）	6900	2300
		文史、财经、管理类（二年半）	8050	3220
		理工、外语类（三年）	7935	2645
		理工、外语类（二年半）	9200	3680
		艺术类（三年）	12600	4200
		艺术类（二年半）	15750	6300
宁波电大	本科	所有专业	7810	3124
	专科	所有专业	7600	3040
天津电大	本科	会计学、工商管理、汉语言文学、学前教育等	5670	2268
		商务英语、机械设计制造及其自动化、计算机科学与技术等	6480	2592
	专科	人力资源管理、社会工作、法学、小学教育、学前教育、会计学、电子商务等	5590	2236
		机械制造与自动化、英语、计算机网络技术、工程造价管理、汽车、应用化工技术等	6020	2408
宁夏电大	本科	除护理学、汽车之外的专业	5680	2272
	专科	除护理学、汽车之外的专业	5320	2128
		护理学	5700	2280
		汽车	6300	2520
		教育部“一村一名大学生计划”	3800	1520
		新型产业工人培养和发展助力计划	5320	2128

2000—2016 年，我国远程教育的学费水平没有明显的增加，但是相比全国成人本专科教育学费标准的平均水平来说，还是略高一些。根据郝丹、郭文革对中外远程教育学费的比较研究可以发现：一是远程教育学费存在明显的地区差异，例如，广州电大的学费水平高于宁波电大、天津电大、宁夏电大和贵州电大；二是专业对远程教育学费存在显著影响，艺术类专业、医学类专业学费普遍高于其他专业；三是我国远程教育学费显著偏低，与国际远程教育差距明显，例如，学士层次每学位学费均值约为英国开放大学的 5.80%，加拿大阿萨巴斯卡大学的 12.84%，澳大利亚迪肯大学的 1.48%。①

（二）高校师资差距明显且对学历继续教育支持减弱

高校是承担高等学历继续教育的主要力量，因此一个地区高校的数量和层次对高等学历继续教育办学产生重要影响。1998—2007 年的 10 年间，我国 31 个省（区、市）普通高校数量的地区间标准差增大了 73.5%，表明各地区间的绝对差距加大。② 由表 4-9 可知，江苏、广东、山东三个省份的高校总体数量和教职工规模位列前三甲，北京、上海、天津等直辖市高水平大学和优质师资相对更多，宁夏、青海、西藏高校数量、教职工规模则排在末尾。各省高校的数量和师资规模差距较大，地区生产总值差距明显。江苏高校数量是西藏的 25 倍，教职工数量是西藏的 45.5 倍，生产总值是西藏的 65.5 倍。可见，师资的差距导致了各省高等学历继续教育办学水平不同，经济发展的差距将加剧这种不均衡。

目前，随着国家对普通高等教育的财政投入在不断加大，据曹淑江的统计，我国中央直属高校的平均生均成本在 2000 年是 23500 元，2011 年增加到 46520 元，11 年内几乎翻了一番；全国地方普通高校的平均生均成

① 郝丹，郭文革．中外远程教育学费比较研究［J］．中国远程教育，2018（4）：22-31，79.

② 张德祥．1998—2007 年中国高等教育结构发展变化的制度分析［J］．中国高教研究，2009（12）：1-7.

本2000年是12216元，2011年增加到20009元，增幅达到64%。在学费没有大幅上涨的情况下，这意味着国家教育财政投入进一步向精英教育倾斜，① 高等学历继续教育作为高校“钱袋子”的功能在不断弱化。在很多高校发展战略中，优先发展本科教育、研究生教育，优秀师资集中于这两个领域，学校核心工作围绕“双一流”建设展开。高等学历继续教育被放在次要甚至不重要的位置。少量重点高校甚至部分或全部取消了高等学历继续教育办学，逐步退出高等学历继续教育市场。随着高校支持力度减弱，高等学历继续教育的改革与发展变得非常困难。

表4-9　**31个省（区、市）高校机构数量及教职工数（2017年）**

地区	普通高校数量（所）	成人高校数量（所）	高校教职工数（人）	地区生产总值（亿）
江苏	167	8	168583	85869.76
广东	151	14	154540	89705.23
山东	145	11	154311	72634.15
河南	134	11	145755	44552.83
湖北	129	14	131395	35478.09
湖南	124	12	102318	33902.96
河北	121	6	105505	34016.32
安徽	119	6	81266	27018
辽宁	115	19	97806	23409.24
四川	109	17	121894	36980.22
浙江	107	9	92654	51768.26
江西	100	8	80113	20006.31
陕西	93	15	103994	21898.81
北京	92	23	142197	28014.94

① 曹淑江．我国高等教育成本与学费问题研究［J］．中国高教研究，2014（5）：44-49.

续表

地区	普通高校数量（所）	成人高校数量（所）	高校教职工数（人）	地区生产总值（亿）
福建	89	3	68302	32182.09
黑龙江	81	21	73918	15902.68
山西	80	11	59116	15528.42
云南	77	2	53533	16376.34
广西	74	6	66934	18523.26
贵州	70	3	47896	13540.83
重庆	65	4	58388	19424.73
上海	64	14	73891	30632.99
吉林	62	14	63351	14944.53
天津	57	14	47143	18549.19
内蒙古	53	2	39598	16096.21
甘肃	49	5	41179	7459.9
新疆	47	6	30349	10881.96
海南	19	1	14753	4462.54
宁夏	19	1	11695	3443.56
青海	12	2	6911	2624.83
西藏	7	0	3707	1310.92

（数据来源：中国统计年鉴 2018、中国教育统计年鉴 2018）

第五章　我国高等学历继续教育办学空间及发展趋势

《未来简史》的作者尤瓦尔·赫拉利（Yuval Harari）认为："对于未来世界，最大的不变就是变化。"①受到外部环境的影响，我国高等学历继续教育系统处在不断演变之中，发展机遇与挑战并存。只有全面综合分析外部环境的影响，才能把握我国高等学历继续教育的演变规律，并对未来的发展趋势有一个清晰准确的判断。

第一节　我国高等学历继续教育区域发展水平分析

为了考察我国高等学历继续教育发展的基本状况及地区差异，在参考中国教育科学研究院关于 31 个省（区、市）的继续教育发展水平综合评价指标基础上，详细分析了各地区的人力资源发展水平、高等学历继续教育学习机会及外部生态环境资源供给情况。现在构建衡量我国高等学历继续教育综合发展水平指标体系，采用主成分分析方法,② 对各省（区、市）的高等学历继续教育可持续发展水平进行测量、比较分析。

---

① 徐筱玮．专访《未来简史》作者：对于未来世界，最大的不变就是变化[EB/OL]．2017-7-17．https：//www.cyzone.cn/article/162637.html.

② 主成分分析是考察多个变量间相关性的一种多元统计方法，通过少数几个主分量来解释多个变量间的内部结构，通过提取信息，使变量简化降维，从而使问题更加简单直观，在经济、社会等领域应用广泛。

一、31 个省（区、市）综合发展水平测量

（一）综合发展水平测量维度与指标体系

衡量和评价某一地区高等学历继续教育综合发展水平，通常包括当地高等学历继续教育的存量、机会、资源、贡献、政策制度等多个方面，从而反映高等学历继续教育的发展现状、发展潜力、保障条件以及教育效果。一些学者已经在教育发展水平综合评价方面做了积极探索：在闵维方主编的《中国教育与人力资源发展报告 2005—2006》中，参考联合国开发计划署人类发展指数（HDI）的指标构建了教育发展指数（EDI），通过运用教育存量指数、教育增量指数、教育投入指数和教育贡献指数 4 个一级指数对我国 31 个省（区、市）的教育发展程度进行了测算和排序；① 王善迈和袁连生在《中国地区教育发展报告》中，从教育机会、教育公平、教育质量和教育投入 4 个维度构建了中国地区教育发展指标体系并进行了分析；② 张男星、王纾与孙继红从整体规模、师资力量、国际化、信息化、社会服务、经费投入、多元参与 7 个维度构建了我国高等教育综合发展水平评价指标体系，将全国 31 个省份按高等教育发展特点划分为 5 个类型；③ 赖立和王纾在《中国继续教育发展报告 2013》中，采用人力资源存量、继续教育机会、继续教育资源三个维度构建了中国继续教育发展指标体系。④ 本书在借鉴上述学者研究成果的基础上，设计了我国高等学历继续教育综合发展水平的分析维度及测量指标（见表 5-1）。

---

① 闵维方．中国教育与人力资源发展报告 2005—2006［M］．北京：北京大学出版社，2006：167-196.

② 王善迈，袁连生．中国地区教育发展报告［M］．北京：北京师范大学出版社，2011：18-26.

③ 张男星，王纾，孙继红．我国高等教育综合发展水平评价及区域差异研究［J］．教育研究，2014，35（5）：28-36.

④ 赖立，等．中国继续教育发展报告 2013［M］．北京：教育科学出版社，2016：155-159.

表 5-1　　高等学历继续教育综合发展水平的分析维度及测量指标

维　　度	测 量 指 标
人力资源存量（反映高等学历继续教育系统办学空间）	X1　15 岁及以上人口成人识字率
	X2　6 岁及以上人口平均受教育年限
	X3　就业人员受高等教育比例
	X4　每十万人口高等教育平均在校生数
继续教育机会（反映高等学历继续教育系统办学能力）	X5　成人本专科教育招生数
	X6　网络本专科教育招生数
	X7　高等教育自学考试报考人次
	X8　高等教育自学考试报考科次
继续教育资源（反映高等学历继续教育系统外部环境资源供给能力）	X9　成人本专科教育学费最低标准
	X10　高等教育学校（机构）教职工数
	X11　高等教育学校（机构）数
	X12　地区生产总值

（资料来源：作者基于相关研究成果和高等学历继续教育特点设计）

由于高等学历继续教育是继续教育的一部分，本书在建构高等学历继续教育综合发展水平的指标体系时，也是选取人力资源存量、继续教育机会、继续教育资源三个维度，并且具体指标充分考虑了高等学历继续教育的办学特点。① 在人力资源存量维度，增加了每十万人口高等教育平均在校生数的指标；在继续教育机会维度，主要采用了高等学历继续教育不同办学形式招生数的指标；在继续教育资源维度，主要采用了成人本专科教育学费最低标准这一指标，而网络本专科教育学费标准由于是高校制定的，缺乏各省定价标准，自考本专科教育学费偏低，标准没有明显的差异性，所以没有采用。此外，考虑到高等学历继续教育与普通高等教育、地方经济发展水平的密切关系，增加了高等教育学校（机构）数、教职工数

① 未包含在本指标体系中的那些指标并非不重要，而是因为现阶段难以获得准确可靠的数据用于分析。

及地区生产总值等指标。

（二）主成分分析数学模型与效度检验

假设有 n 个样本，测得 p 项指标，得到原始数据资料矩阵：$X=(X_1, X_2, \cdots, X_p)$。主成分分析是将原来的 p 个指标作线性组合，作为新的综合指标。如果将选取的第一个线性组合即第一个综合指标记为 F_1，一般自然希望 F_1 中尽可能多地反映原来指标的信息，可以用 F_1 的方差来表达，即 $Var(F_1)$ 越大，则表示 F_1 包含的信息越多。因此在所有的线性组合中所选取的第 1 主成分应该是方差最大的。如果第 1 主成分不足以完全代表原来 p 个指标的信息，再考虑选第 2 个线性组合 F_2，即第 2 主成分，依次类推可以造出第 3，第 4，…，第 p 个主成分。这些主成分间互不相关，且方差递减。在实际应用中，通常只选前面几个最大的主成分，虽然这样损失了部分信息，但抓住了主要矛盾，有利于问题的分析和处理。假设协方差矩阵为 Σ，令协方差矩阵的特征根为 $\lambda_1 \geqslant \lambda_2 \geqslant \cdots \geqslant \lambda p$，所以方差 $Var(F_1) \geqslant Var(F_2) \geqslant \cdots \geqslant Var(F_n) \geqslant 0$，向量 $l_1, l_2, \cdots, l_p$ 为相应的单位特征向量，则 X 的第 i 个主成分为：

$$Z_i = l'_i X \ (i=1, 2, \cdots, p)$$

本书采用 2017 年度我国人力资源存量、继续教育机会、继续教育资源三方面数据，对各省（区、市）高等学历继续教育发展水平进行综合评价。先将原始数据标准化，以消除变量间在数量级和量纲上的不同。本书采用离差标准化方式，对原始数据进行线性变换，使结果落到［0，1］区间，转换函数如下：

$$y_i = \frac{x_i - \min\limits_{1 \leqslant j \leqslant n}\{x_j\}}{\max\limits_{1 \leqslant i \leqslant n}\{x_j\} - \min\limits_{1 \leqslant j \leqslant n}\{x_j\}}$$

其中 max 为样本数据的最大值，min 为样本数据的最小值，得到标准化的样本数据导入 SPSS19.0 进行因子分析，得到相关矩阵，见表 5-2，总方差分析表见表 5-3。依据初始特征值的方差贡献率和累计贡献率，对高等学历继续教育综合发展水平测量指标体系进行效度检验。可以发现前 3

个特征值大于1，第一主成分的方差占所有主成分方差的46.503%，接近一半，前三个主成分的方差贡献率达到81.089%，表明该测量指标体系能够解释高等学历继续教育的发展水平，效度较高。因此本书只提取了前三个主成分，构成主成分矩阵，见表5-4所示。

表5-2　　高等学历继续教育综合发展水平测量指标相关矩阵

	X1	X2	X3	X4	X5	X6	X7	X8	X9	X10	X11	X12
X1	1.00	0.77	0.35	0.40	0.23	0.18	0.23	0.26	0.02	0.37	0.42	0.25
X2	0.77	1.00	0.82	0.77	0.09	0.57	0.18	0.21	0.22	0.35	0.29	0.21
X3	0.35	0.82	1.00	0.73	-0.06	0.66	0.02	0.03	0.39	0.18	0.04	0.12
X4	0.40	0.77	0.73	1.00	0.06	0.71	0.30	0.32	0.33	0.43	0.32	0.19
X5	0.23	0.09	-0.06	0.06	1.00	0.03	0.64	0.59	0.08	0.82	0.81	0.89
X6	0.18	0.57	0.66	0.71	0.03	1.00	0.08	0.10	0.13	0.36	0.18	0.07
X7	0.23	0.18	0.02	0.30	0.64	0.08	1.00	0.98	0.18	0.76	0.75	0.75
X8	0.26	0.21	0.03	0.32	0.59	0.10	0.98	1.00	0.14	0.74	0.73	0.67
X9	0.02	0.22	0.39	0.33	0.08	0.13	0.18	0.14	1.00	0.12	0.04	0.21
X10	0.37	0.35	0.18	0.43	0.82	0.36	0.76	0.74	0.12	1.00	0.95	0.86
X11	0.42	0.29	0.04	0.32	0.81	0.18	0.75	0.73	0.04	0.95	1.00	0.83
X12	0.25	0.21	0.12	0.19	0.89	0.07	0.75	0.67	0.21	0.86	0.83	1.00

（数据来源：软件SPSS对研究样本的分析）

表5-3　　高等学历继续教育综合发展水平测量的总方差

成分	初始特征值			提取平方和载入		
	特征值	方差%	累积%	合计	方差%	累积%
1	5.580	46.503	46.503	5.580	46.503	46.503
2	3.034	25.280	71.783	3.034	25.280	71.783
3	1.117	9.307	81.089	1.117	9.307	81.089

续表

成分	初始特征值			提取平方和载入		
4	.841	7.011	88.100			
5	.688	5.733	93.833			
6	.306	2.551	96.384			
7	.200	1.670	98.054			
8	.116	.966	99.020			
9	.067	.561	99.581			
10	.024	.200	99.781			
11	.019	.158	99.939			
12	.007	.061	100.000			

（数据来源：软件 SPSS 对研究样本的分析）

（三）区域综合发展水平主成分分析

根据主成分矩阵表 5-4，可以知道各主成分在各变量上的载荷。首先，第一主成分 Z1 方差为 46.503%，关于 X10（高等教育学校或机构教职工数）、X11（高等教育学校或机构数）、X12（地区生产总值）上的系数（即载荷值）很大，表明高等教育和经济发展水平等外部资源对区域高等学历继续教育办学有显著影响；同时关于 X5（成人本专科教育招生数）、X7（高等教育自学考试报考人次）、X8（高等教育自学考试报考科次）的系数也相对较大，表明由于网络教育仍处于试点阶段，没有普遍推广开来，成人本专科教育、自考本专科教育依然是各省（区、市）高等学历继续教育的主要办学方式。其次，第二主成分 Z2 方差为 25.28%，关于 X2（6 岁及以上人口平均受教育年限）、X3（就业人员受高等教育比例）、X4（每十万人口高等教育平均在校生数）的系数较大，表明人力资源存量对区域高等学历继续教育办学空间有重要影响；同时关于 X6（网络本专科教育招生数）也较大，表明网络教育对于拓展高等学历继续教育办学空间方面作用明显。最后，第三主成分 Z3 方差为 9.307%，关于 X9（成人本专科教育学费最低标准）的系统较大，表明学费也是影响各地区高等学历继续教育发展水平的一个原因，是推动教学质量提升的重要因素。以 Z1、Z2、Z3 主成分的方差贡献率占三个主成分总方差贡献率的比重作为权重进行加权处理，得出各省（区、市）的综合得分，公式如下：

$$C = (F_1 * 0.46503 + F_2 * 0.2528 + F_3 * 0.09307) / 0.8108948778$$

其中 C 为总得分，F_1、F_2、F_3分别为 Z1、Z2、Z3 的主成分得分。

表 5-4　　　　**高等学历继续教育综合发展水平测量主成分矩阵**

指标	Z1	Z2	Z3
X1	.518	.346	-.606
X2	.566	.743	-.262
X3	.377	.832	.147
X4	.583	.685	.110
X5	.754	-.469	-.026
X6	.398	.658	.094
X7	.824	-.352	.145
X8	.805	-.313	.108
X9	.255	.268	.757
X10	.938	-.187	-.027
X11	.893	-.300	-.146
X12	.844	-.359	.096

（数据来源：软件 SPSS 对研究样本的分析）

二、31 个省（区、市）的三个发展方阵划分

31 个省（区、市）的高等学历继续教育综合发展水平得分及排名见表 5-5，进而可以将我国 31 个省（区、市）划分为三个发展方阵，见表 5-6。

其中全国总计有 14 个省（区、市）高等学历继续教育综合发展水平高于全国平均水平，即得分大于 0。其中北京、上海由于三个主成分得分都大于 0，发展均衡且总分偏高，位于第一方阵，江苏、广东等 12 个省（区、市）位于第二方阵；河南、江西等 17 个省（区、市）位于第三方阵，其高等学历继续教育综合发展水平低于全国平均水平。

表 5-5　**31 个省（区、市）高等学历继续教育综合发展水平得分及排名**

省市区	F1	F2	F3	综合得分 C	排名
北　京	1. 68	3. 60	0. 31	2. 12	1
天　津	0. 09	1. 60	−0. 52	0. 49	6
河　北	0. 28	−0. 79	−1. 71	−0. 28	19
山　西	−0. 41	0. 36	−1. 58	−0. 30	20
内蒙古	−0. 68	0. 29	−0. 22	−0. 33	21
辽　宁	0. 27	0. 38	−0. 66	0. 20	11
吉　林	−0. 07	0. 32	−0. 16	0. 04	14
黑龙江	−0. 33	0. 20	−0. 57	−0. 19	18
上　海	0. 40	1. 87	1. 28	0. 96	2
江　苏	2. 06	−1. 16	0. 40	0. 87	3
浙　江	0. 45	−0. 11	1. 11	0. 35	9
安　徽	−0. 09	−0. 74	−0. 82	−0. 38	24
福　建	−0. 20	−0. 02	−0. 14	−0. 13	17
江　西	0. 18	−0. 58	−0. 38	−0. 12	16
山　东	1. 13	−0. 89	0. 30	0. 40	7
河　南	0. 54	−0. 90	−1. 05	−0. 09	15
湖　北	1. 42	−0. 85	0. 78	0. 64	5
湖　南	0. 53	−0. 51	−0. 10	0. 13	12
广　东	2. 01	−1. 32	0. 52	0. 80	4
广　西	−0. 39	−0. 25	−0. 43	−0. 35	23
海　南	−1. 16	0. 46	−0. 69	−0. 60	28
重　庆	−0. 02	0. 56	1. 55	0. 34	10
四　川	0. 49	−0. 68	0. 31	0. 11	13

续表

省市区	F1	F2	F3	综合得分 C	排名
贵　州	-0.97	-0.57	-0.77	-0.82	29
云　南	-0.76	-0.52	0.29	-0.56	26
西　藏	-2.19	-0.97	3.58	-1.15	31
陕　西	0.28	0.47	0.59	0.37	8
甘　肃	-0.94	-0.08	-0.22	-0.59	27
青　海	-1.63	-0.11	-0.52	-1.03	30
宁　夏	-1.22	0.56	-0.19	-0.55	25
新　疆	-0.74	0.39	-0.29	-0.34	22

（数据来源：依据主成分分析模型的样本计算结果）

表 5-6　　**31 个省（区、市）高等学历继续教育发展方阵划分**

第一方阵	第二方阵	第三方阵	
1　北京(2.12)①	3　江苏(0.87)	15　河南(-0.09)	27　甘肃(-0.59)
2　上海(0.96)	4　广东(0.80)	16　江西(-0.12)	28　海南(-0.60)
	5　湖北(0.64)	17　福建(-0.13)	29　贵州(-0.82)
	6　天津(0.49)	18　黑龙江(-0.19)	30　青海(-1.03)
	7　山东(0.40)	19　河北(-0.28)	31　西藏(-1.15)
	8　陕西(0.37)	20　山西(-0.30)	
	9　浙江(0.35)	21　内蒙古(-0.33)	
	10　重庆(0.34)	22　新疆(-0.34)	
	11　辽宁(0.20)	23　广西(-0.35)	
	12　湖南(0.13)	24　安徽(-0.38)	
	13　四川(0.11)	25　宁夏(-0.55)	
	14　吉林(0.04)	26　云南(-0.56)	

（数据来源：依据主成分分析模型的样本分析结果）

① 北京和上海地区的高等学历继续教育综合发展水平得分差距较大，主要是由于网络本专科教育的统计口径导致的。2017 年，北京地区网络本专科教育招生数量占据全国的 50.25%。北京网络教育试点高校数量多，其他地区网络学习中心和广播电视大学的招生数据被统计到北京网络教育试点高校和国家开放大学。

（一）第一方阵：办学综合水平全国领先

1. 办学水平综合分析

整体看来，北京和上海的继续教育发展水平在全国处于领先地位。北京、上海高校众多，高等教育发达，北京就业人员受高等教育比例为57.4%，上海为48.3%，远远高于其他地区和全国平均值19.4%，早已进入高等教育普及化阶段。由表5-7可知，北京和上海的成人本专科、自考本专科教育办学规模差距不大，而网络本专科教育办学规模差距明显，北京网络本专科教育占据全国的“半壁江山”。2012年，中国教育科学研究院采用PLS（Partial Least Squares）结构方程模型对大陆地区31个省（区、市）的继续教育发展水平进行了定量分析和综合评价，其中上海、北京排名前2位,① 反映出上海和北京的高等学历继续教育发展水平相对较高。因此，面对高等学历继续教育质量如何提升，实现可持续发展的问题，北京和上海具备了先行试点的条件，可以在高等继续教育国际化和人才培养质量提升方面先行示范，作为破解高等学历继续教育发展困局领头雁。

表5-7 **2017年北京、上海高等学历继续教育办学规模（单位：万）**

地区	成人本专科办学规模	网络本专科办学规模	自考报考数据
北京	招生数6.16，在校生数15.86，毕（结）业生数7.05	招生数143.77，在校生数438.65，毕（结）业生数93.35	人次15.51 科次58.12
上海	招生数4.55，在校生数13.45，毕（结）业生数4.72	招生数5.51，在校生数12.37，毕（结）业生数4.19	人次约13 科次约37

（数据来源：中国统计年鉴2018、中国教育统计年鉴2018）

① 赖立，等．中国继续教育发展报告2013［M］．北京：教育科学出版社，2016：159.

2. 发展动因生态分析

由于31个省（区、市）的高等学历继续教育架构基本相同，所以各地区的办学差距主要受到外部环境的影响。目前，北京和上海具有一定的教学质量和办学规模优势，是多个环境生态因子共同作用的结果。从教育政策生态因子来看，我国关于高等学历继续教育改革发展的政策试点多是从这两个地区开始的。对于成人本专科教育，夜大学、函授教育等办学形式都是率先在中国人民大学进行试点办学，然后在全国逐步推广开来的；对于自考本专科教育，也是先在北京、天津、上海、辽宁四省市进行试点，为我国高等教育自学考试制度顺利建立提供了实践办学经验；对于网络本专科教育试点办学，北京有16所试点高校和2所开放大学，上海有8所试点高校和1所开放大学，远远超过其他省区市的试点院校数量。因此，北京和上海也是我国高等学历继续教育信息化办学水平最高的两个地区，从而为其提供了大量的外省生源。从市场需求和适龄人口生态因子来看，作为我国的政治、经济、文化、教育中心城市，大量负有理想的青年人希望到北京和上海学习、就业和生活，这也为高等学历继续教育持续提供了大量优质生源。通过提升自己的专科、本科学历来增加落户积分，已成为这些城市就业人员参加高等学历继续教育的重要动力。从学习文化生态因子来看，北京和上海的学习型城市建设水平处于国内领先位置，终身学习理念深入人心，成人学习者的继续学习意愿较强。同时这些城市的学历继续教育教学更容易国际化，与国外先进的继续教育理念接轨，注重办学质量和学校声誉。但是也必须看到，由于高等学历继续教育没有类似普通高等教育享有的国家财政承担的生均补贴，而且相对上海和北京的物价水平，学费又明显偏低，经费不足已经滞缓了这两个地区高等学历继续教育改革步伐与人才培养质量的提升。

（二）第二方阵：办学水平高于全国平均水平

1. 办学水平综合分析

我国江苏、广东、湖北、天津、山东、湖南、四川等地区处于第二发展方阵，仍然存在大量的学历继续教育需求，成人本专科教育招生数、网络本专科教育招生数、高等教育自学考试报名人次排名靠前（见表 5-8），表明这些省区市高等学历继续教育的市场需求依然很大，院校学历继续教育办学仍然具有一定的规模优势。同时这些地区高校数量相对较多，能够保证高等学历继续教育教学的正常开展，但是发展还不是很均衡，人力资源存量的整体水平有待提高，系统办学能力和人才培养质量有待加强。

表 5-8　**2017 年我国高等学历继续教育招生报名统计排名（前 7 位）**①

排名	成人本专科招生数量	网络本专科招生数量	高等教育自学考试报名人次
1	广东	北京	广东
2	江苏	四川	江苏
3	河北	陕西	四川
4	山东	辽宁	湖南
5	湖南	山东	山东
6	河南	吉林	湖北
7	四川	天津	江西

（数据来源：中国统计年鉴 2018、中国教育统计年鉴 2018）

2. 发展动因生态分析

广东、山东、四川、江苏、湖南等省份的高等学历继续教育具有办学规模优势，主要与适龄人口环境生态因子有关，这些省份的总人口数在全国排名处于前 7 位。其中广东、山东人口总量都超过了 1 个亿，湖南人口也接近 7000 万。人口总量的优势为这些地区高等学历继续教育办学提供了大量稳定的生源。例如，2017 年广东高等教育自学考试报名 65.52 万人次，占全国总报考数的 13.91%。山东省高校高等学历继续教育办学规模普遍比较大，一般在校生均在万人以上，很多学校超过 3 万人，规模最大

① 李骐，李全龙，李国成．基于大数据的自学考试现状、困境与破解途径［J］．现代远程教育研究，2019，31（3）：86-95.

的是山东大学，超过6万人。目前四川省正在举办高等学历继续教育的高校有83所，招生量逐年稳步增加，近3年招生规模为27.01万、33.66万、38.88万。① 由于具有办学规模优势，信息技术生态因子的作用日益凸显。这些省份的高校都在探索高等学历继续教育混合式教学，利用互联网学习平台开展网络助学活动。但是这些地区开展的网络学习活动，采用了由奥托·彼得斯（Otto Peters）提出的传统的远程教育工业化发展模式，② 低收费、低投入已经成为教学质量提升的明显制约因素。

（三）第三方阵：办学水平低于全国平均水平

1. 办学水平综合分析

以内蒙古、海南、青海、宁夏、西藏等为代表的多个省市区处于高等学历继续教育发展水平的第三方阵，其特点是教学质量和办学规模都不具有优势。2017年，在成人本专科教育招生规模方面，内蒙古、西藏、海南和青海的年总招生量均低于1万人，还没有广东、山东等省一所学校招生数多；网络本专科教育由于没有试点高校，只能作为网络学习中心，反映出这些地区高校师资水平和信息化水平偏弱；高等教育自学考试报名人次偏少，其中西藏自治区只有2594人次。根据2012年中国教育科学研究院对大陆地区31个省（区、市）的继续教育发展水平进行的定量分析和综合评价，这些地区的分值都明显偏低，其中海南、青海、宁夏、西藏排在最后4位，③ 这与我国高等学历继续教育发展综合水平排名是一致的。

2. 发展动因生态分析

处于第三方阵地区的高等学历继续教育综合发展水平较低与其所处的

① 上海市教委．普通高校高等学历继续教育质量提升路径与机制探索［R］．2019.

② Wagner. The Economics of the Open University［J］. Higher Education，1972（1）：159-183.

③ 赖立，等．中国继续教育发展报告2013［M］．北京：教育科学出版社，2016：159.

外部环境紧密相关。从人口生态因子来看，这些地区（海南除外）多数处于我国西部地区，位于“胡焕庸线”西北一侧，人口异常稀疏，宁夏、西藏、海南、青海是我国仅有的总人口数没有超过千万的四个地区，适龄人口偏少影响了这些地区高等学历继续教育的办学规模；从教育政策生态因子来看，这些地方的高校数量明显偏少，师资数量和教学水平与我国东部、中部地区高校有很大的差距，影响了高等学历继续教育的办学质量。从市场需求生态因子来看，这些地区人力资源发展水平较低，仍有较大的提升空间。西藏地区一所高校继续教育学院负责人 W 反馈说：“我们这个地区高考落榜生比较多，走出来很难，他们以能上我们学校读成人高等教育为荣。例如，80%的教师的继续教育都是通过成人高等教育途径完成的，为地方经济社会发展做出积极贡献，学校和区里领导都非常重视继续教育。”① 2017 年，在 31 个省（区、市）中，成人本专科教育招生数量占地区总人口比例，西藏排名 11，宁夏排名 12，也反映出这些地区人口总量偏少，同时高等教育资源也偏少，高等学历继续教育办学依然具有一定发展空间的现实情境。

第二节 国内外环境生态因子发展变化分析

一、国际环境生态因子

（一）市场需求生态因子

目前，世界各国经济发展的不确定性大大增强，因此对教育提出了更高的要求。一方面，大量劳动者需要不断掌握新技能，以适应技术革命冲击下的劳动力市场需要和工作岗位的变化；另一方面，随着老龄化社会的

① 教育部职业教育与成人教育司委托课题“高等教育大众化背景下高等学历继续教育定位和发展研究——基于国际比较的视角”的访谈笔记，2016-12-08.

到来，老年群体也需要进一步接受学习，为继续工作或退休生活注入新的活力。《成人学习与教育全球报告》（2016 年）监测结果表明，有 89%的国家认为成人学习与教育对个人健康和福祉贡献颇丰。① 此外，城乡流动、区域迁徙、人口的负增长同样为劳动力市场带来了新的机遇与挑战。

构建学习型城市、学习型社会已经成为世界各国的共识，终身教育与终身学习已成为应对各种挑战的重要战略与基本路径。联合国教科文组织提出学习型城市关键特征由三大建设目标、六大建设支柱、三大基础保障构成，共包括 60 项指标。其中六大建设支柱与继续教育有着紧密的联系（见表 5-9）。联合国教科文组织大力推进全民终身学习与学习型城市建设，认为全民终身学习是建设可持续发展社会的关键。目前世界上有超过 50%的人口生活在城市，到 2050 年，这个数字将达到 70%。② 可见继续教育，特别是高等继续教育在学习型城市建设中发挥着重要作用，随着学习型城市建设的深入，必然会为高等继续教育的发展带来广阔的空间。

表 5-9 **UNESCO 学习型城市关键特征的六大支柱③**

序 号	支柱名称
1	全面提高从基础教育到高等教育的入学率
2	激活社区学习
3	提升职业培训和工作场所学习的效率
4	扩展现代学习技术应用
5	改善并优化学习质量
6	创造充满活力的终身学习文化

① 陶孟祝，高志敏．国际成人教育发展趋势透析［J］．河北师范大学学报（教育科学版），2019，21（1）：90-98.

② 黄健．学习型城市建设：全球目标与地方行动——第三届国际学习型城市大会回溯［J］．终身教育研究，2018，29（1）：19.

③ 谢浩．学习型城市评价工具的国际比较研究［J］．开放学习研究，2017，22（3）：14.

（二）适龄人口生态因子

目前全球人口已经超过75亿，《2018年世界人口状况》报告预测，到2050年左右，全球将增加22亿人口，总量接近100亿。① 人口问题是影响世界各国经济社会发展的全局性、基础性、战略性问题，② 对各国高等教育的办学规模与发展水平产生重要影响，不同类型的国家呈现出不同的特点。对于发达国家来说，普遍处于低生育水平或超低生育水平，人口负增长趋势明显，高等教育资源丰富，人均受高等教育程度高，老龄化程度高，终身学习理念被广泛接受，成人学习者终身学习不仅仅关注职业技能的发展，更关注健康和福祉。对于大多数发展中国家来说，仍面临控制人口数量、提高人口素质、提升人力资源发展水平的艰巨任务。虽然具有一定的人口红利，但是优质高等教育资源不足，人均受高等教育程度不高，人力资本总量和质量与发达国家存在一定的差距。对于一些欠发达国家，例如，撒哈拉以南非洲地区，作为国际扫盲教育的重点区域，人口增速非常快。预计从现在到2050年，此地区的人口增长将占到世界预期人口增长数的一半以上，即全球将增加22亿人口，而其中的13亿人口来自非洲。③ 这些国家将面临沉重的人口压力，教育资源的质量和数量、医疗保健服务、就业机会等供需矛盾非常突出，决定了这些国家的高等教育发展水平与发达国家的差距将进一步被拉大。

（三）教育政策生态因子

半个多世纪以来，国际组织支持人类教育进步的一个核心理念是“终

---

① 联合国人口基金、中国国家卫健委．2018年世界人口状况报告［R］．2018：30.

② 王培安．维护计划生育和生殖健康权利 促进人口与经济社会可持续发展——在《2018年世界人口状况报告》发布活动上的致辞［J］．人口与计划生育，2018（12）：6-7.

③ 联合国人口基金、中国国家卫健委．2018年世界人口状况报告［R］．2018：30.

身学习”。《教育2030行动框架》要求各国将所有人的终身学习嵌入教育系统，并渗透到教育的各个层级，高等继续教育显然是其重点领域。2009年、2013年、2016年度连续发布的《成人学习与教育全球报告》（*Global Report on Adult Learning and Education*，GRALE），① 表明成人学习已经从最初关注读写能力向如何促进可持续发展，如何制定终身学习的测量手段和相关指标转变，反映出成人教育从初等教育向高等教育发展，由一种教育理念逐渐成为一项实际教育行动，高等继续教育将迎来更多的发展机会。2015年，《成人学习与教育建议书》（*Recommendation on Adult Learning and Education*，RALE），取代了1976年的成人教育建议书，重申“汉堡宣言”（1997年）和“贝伦行动计划”（2006年）的实际意义，具有法律效力，认为成人学习与教育是消除贫困、改善健康和福祉、促进可持续的学习型社会的重要工具，② 同时提出了成人学习与教育的6大目标和6大领域，该文件成为未来一段时期指导成人继续教育的重要国际文件，有利于高等继续教育明确面向成人学习者的办学生态位和教学改革的方向。

（四）信息技术生态因子

芝加哥大学帕克·罗斯曼（G. Parker Rossman）从全球视野对未来高等教育全民终生学习进行展望，提出八大社会风暴：一是青年和老年人口的爆炸；二是娱乐文化的冲击；三是知识爆炸；四是多元文化和教育及学习方式的多样化；五是市场和信息技术推进全球化进程；六是对大学自治的冲击；七是远程教育和远程学习；八是科技的迅猛发展。③ 所有这些变化将给教育带来前所未有的挑战，而且其中大部分促成这些变化的因素与

① 《成人学习与教育全球报告》第一版（2009年）主题“反思读写能力”、第二版（2013年）主题“成人教育的影响”、第三版（2016年）主题“成人教育如何促进可持续发展”。

② 联合国教科文组织．关于成人学习与教育的建议书［J］．职业技术教育，2016，37（15）：76-80．

③ ［美］帕克·罗斯曼（G. Parker Rossman）．未来高等教育：终生学习与虚拟空间［M］．范怡红，主译．北京：中国海洋大学出版社，2006：4．

现代信息技术的飞速发展有关。2016 年，美国公布《2016—2045 年新兴科技趋势：领先预测综合报告》。① 该报告提出数字技术和网络科技在科技发展中的地位将不断提升。虚拟现实和增强现实（VR 和 AR）技术将会进一步快速发展。在未来的 30 年里，这些技术将成为主流科技，对于弥补现代远程教育中的情景学习能力的不足具有重要意义。“移动和云计算技术”改变了人类和信息互动的方式，移动设备功能将会越发强大，与信息权限串联的云端计算服务提供了无比强悍的计算能力，在未来的 30 年里，基于云的移动计算端将会改变从医疗到教育的各行各业。预计到 2030 年，全球 75%的人口将会拥有移动网络连接，60%的人口将会拥有高速有线网络连接。“智慧城市”在信息和通信技术的支持下不断成长。

在未来一段时期，信息技术在高等教育中的应用将取得重要进展。《地平线报告》（2018 高教版）显示，学习分析（analytics technologies）、创客空间（makerspaces）有望在 1~2 年被广泛应用；自适应学习技术（adaptive learning technologies）、人工智能（artificial intelligence）有望在 2~3 年获得普遍应用；混合现实（mixed reality）、机器人技术（robotics）可能在未来 4~5 年成为主流。② 史蒂文斯（M. Stevens）和科斯特（M. W. Kirst）认为信息技术正在改变高等教育的性质，将对大学进行重塑，推动大学进行生态变迁。③ 2019 年 5 月，联合国教科文组织正式发布国际人工智能与教育大会成果文件《北京共识——人工智能与教育》，形成了国际社会对智能时代教育发展的共同愿景：通过人工智能与教育的系统融合，全面创新教育、教学和学习方式，并利用人工智能加快建设开放灵活的教育体系，确保全民享有公平、优质的终身学习机会，从而推动可持续发展目标和人类命运共同体的实现。

---

① 秦陇纪．美国《2016—2045 年新兴科技趋势》报告解读［EB/OL］．2016-12-26. http：//tech. 163. com/16/1226/07/C96PU9N600097U80. html.

② 李艳，姚佳佳．高等教育技术应用的热点与趋势——《地平线报告》（2018 高教版）及十年回顾［J］．开放教育研究，2018，24（6）：17.

③ Stevens M，Kirst M W. Remaking College：The Changing Ecology of Higher Education［M］. Palo Alto：Stanford University Press，2015.

（五）学习文化生态因子

基于可持续发展的终身学习文化拓展了继续教育办学生态位。《教育2030行动框架》融入了“世界公民”的理念，肯定文化多样性和文化对可持续发展的贡献，提出要开展包括可持续生活方式、人权和性别平等方面的教育，弘扬和平和非暴力文化，强调通过脱盲教育、技术培训、职业教育、继续教育等手段，提升职业能力，以此来改善人类的生活处境。在知识经济和全球化的影响下，世界各国大力发展面向成人学习者的高等教育，① 取得了较好的成效，形成了别具特色的经验和做法。“终身学习大学”这一办学理念在欧盟高等教育领域逐步形成共识，认为“大学要超越继续教育与成人教育的范畴，在2020年前实现更为综合的终身学习”。②终身学习大学强调以学习者为中心，强调教育的包容性、公平性和优质性，终身学习文化使更多的成人学习者有机会和有意愿接受高等继续教育，推动世界高等教育大众化的发展。

二、国内环境生态因子

（一）市场需求生态因子

第一，城镇化进程提速与学习型城市建设。党的十九大报告指出，我国过去5年城镇化率平均每年提高1.2%，8000多万农业转移人口成为城镇居民，预计到2020年城镇化率将达到60%以上，到2030年达到70%，完成中期发展阶段。根据联合国的预测，从2031年开始我国进入城镇化后期发展阶段，在2050年达到80%，这意味着我国人口城镇化进程还有约30年的发展

---

① 目前英国、美国等多数发达国家高等教育采用单轨制办学模式，不区分普通高等教育和高等学历继续教育，这里面向成人学习者的高等教育更多的体现继续教育的性质。

② 季明明．一流大学要引领终身学习和继续教育发展［J］．开放学习研究，2019，24（1）：1-7.

时间。① 在城镇化建设加快发展的背景下，建设学习型城市成为提升市民生活品质的重要途径，也是实现城市可持续发展的动力源泉。② 目前我国大中城市高等教育毛入学率较高，主要是以本地常住人口的学历为参考依据，很大程度上没有考虑到外来流动人口的学历水平。城市的虹吸效应使大量农村人口向城市流动，给这些城市的基础建设和资源利用带来极大的压力，教育资源就是每个人必需的重要资源。未来一段时期，高等学历继续教育依然有很大的办学空间，大城市依然是高等学历继续教育重要办学市场，这一趋势已经在我国上海、北京等大城市日益凸显。③

第二，乡村振兴战略实施与农村人口基数庞大。乡村振兴是党中央做出的重大决策部署，是决胜全面建成小康社会、全面建设社会主义现代化国家的重大历史任务，是新时代“三农”工作的总抓手，而大力发展农村成人教育是实现这一战略的必要条件。关于人才培养提质行动，教育部的《高等学校乡村振兴科技创新行动计划（2018—2022 年）》提出：面向乡村基层干部和涉农人员开展成人学历提升教育。④ 2004 年，教育部启动了“一村一名大学生计划”，2016 年，教育部和中华全国总工会联合启动了“农民工学历与能力提升行动计划”——“求学圆梦行动”都取得很好的效果。据我国统计局公布的数据，2016 年我国有 5. 89 亿乡村人口，2. 86 亿进城务工人员。基数庞大的农村人口和进城务工人员群体中蕴含着大量的学历教育、新型职业农民培训、农村实用人才培训等继续教育需求，这为我国高等学历继续教育的发展提供了充足的生源。为此，随着国家、省市各级政府部门对乡村振兴

① 张车伟. 人口与劳动绿皮书：中国人口与劳动问题报告 No. 19 [M]. 北京：社会科学文献出版社，2018：26.

② 戴立益. 建设学习型城市：大学的担当与创新 [M]. 上海：华东师范大学出版社，2018：2.

③ 华东师范大学课题组. 教育部职成司委托课题“高等教育大众化背景下高等学历继续教育定位和发展研究——基于国际比较的视角”[R]. 2017.

④ 教育部. 关于印发《高等学校乡村振兴科技创新行动计划（2018—2022 年）》的通知 [EB/OL]. 2018-12-29. http://www.moe.gov.cn/srcsite/A16/moe_784/201901/t20190103_365858.html.

扶持力度的加大，农村成人学习者的学历与能力提升市场广阔。

第三，数字经济快速发展与数字人才短缺。党的十九大报告中提出我国要发展数字经济、共享经济，培育新增长点、形成新动能。数字经济是以数字化的知识和信息为关键生产要素，通过数字技术与实体经济深度融合，加速重构经济发展与政府治理模式的新型经济形态。① 数字经济的快速发展对我国劳动力市场产生重要影响，波士顿咨询公司对此做了专门预测，认为我国整体数字经济规模将在 2035 年达到 16 万亿美元，吸纳就业人数达到 4.15 亿。② 市场需要决定了劳动力市场需求。目前，我国数字经济发展面临人才短缺的挑战，而且分布不均衡，数字技能人才主要来自 ICT 基础产业。数字经济领域人才的结构性短缺和总量不足成为制约诸多企业发展的瓶颈。这一点从我国人才需求排行榜也可以反映出来（见表 5-10）。

表 5-10　　**我国人才需求十大行业排名（2016 年，2018 年）**③

行业	2016 年秋季排名	2018 年夏季排名	排名变化
互联网/电子商务	1	1	不变
房地产/建筑/建材/工程	3	2	上升 1 位
教育/培训/院校	4	3	上升 1 位
计算机软件	5	4	上升 1 位
基金/证券/期货/投资	2	5	下降 3 位
专业服务/咨询	6	6	不变
IT 服务（系统/数据/维护）	10	7	上升 3 位
医药/生物工程	–	8	新入
快速消费品	8	9	下降 1 位
贸易/进出口	7	10	下降 3 位

① 中国信息通信研究院．中国数字经济发展白皮书（2017）［R］．2017.

② 波士顿咨询公司．迈向 2035：4 亿数字经济就业的未来［R］．2017.

③ 张车伟．人口与劳动绿皮书：中国人口与劳动问题报告 No.19［M］．北京：社会科学文献出版社，2018：136.

未来世界是一个多变难以预知的世界，企业需求的变化必然导致劳动力就业市场需求的变化，《2016全球人力资本报告》中指出，在2020年全球将会有700万个工作岗位消失，现在上小学的孩子有65%最终将从事现在还不存在的全新职业。① 目前可以预见的是，数字技术和数字产业的兴起，对传统产业和就业岗位会产生巨大冲击，要求成人学习者必须具有不断学习新知识、新技能的能力。在此背景下，高等继续教育就有了发挥作用的空间和舞台，随着阶段性学校教育进入终身教育阶段，高等继续教育办学空间在不断地拓展和延伸。

（二）适龄人口生态因子

我国作为一个人口超级大国，先后经过了严格控制人口增长、稳定低生育水平、统筹解决人口问题、促进人口长期均衡发展四个阶段，② 已经进入总量调控、素质提升和结构优化统筹推进的新时代。从我国人口发展规律来看，联合国方案预测结果显示，中国的劳动年龄人口（15～64岁）③ 在未来很长一个时期内将持续地加速减少，从2015年约10亿人，到2050年将减少2亿人，其中2030年以后下降的速度加快。④ 这一预测和国家卫生计生委的预测大体一致。⑤ 虽然我国劳动年龄人口逐步减少，对高等学历继续教育的生源输入产生了重要影响，但是由于我国劳动年龄

① 世界经济论坛．2016全球人力资本报告［R］．2016.

② 王培安．维护计划生育和生殖健康权利 促进人口与经济社会可持续发展——在《2018年世界人口状况报告》发布活动上的致辞［J］．人口与计划生育，2018（12）：6-7.

③ 在成人文盲率统计方面，国际上一般将成人年龄限定为15岁以上，劳动年龄人口（就业人口）限定为18～64岁；经济合作与发展组织OECD进行教育统计时，年龄划分标准是：成年人组指25～64岁，青年组指25～34岁，年长组指55～64岁。详见经济合作与发展组织．教育概览2014 OECD指标［M］．北京：教育科学出版社，2015.

④ 张车伟．人口与劳动绿皮书：中国人口与劳动问题报告No.19［M］．北京：社会科学文献出版社，2018：19-20.

⑤ 中国网．到2050年我国15～64岁人口将由10亿下降到8.3亿［EB/OL］．2015-11-10. http：//news.163.com/15/1110/10/B8283SNK00014JB6.html.

人口基数和规模很大，比美国、日本、俄罗斯、欧盟总计人口还多，所以高等学历继续教育的发展空间依然存在。《国务院关于印发国家人口发展规划（2016—2030年）的通知》（国发〔2016〕87号）从人口总量、人口结构、人口素质、人口分布四个方面提出人口阶段发展目标（见表5-11），表明我国人口众多的基本国情在一段时期内不会根本改变，人口素质对经济社会发展的压力不会根本改变，人口分布与优质教育资源的紧张关系不会根本改变。相关学者的研究成果也印证了这一点。

表5-11　**我国人口发展阶段性目标（2015年，2020年，2030年）**

领　域	主要指标	单位	2015年	2020年	2030年
人口总量	全国总人口	亿人	13.75	14.2	14.5
	总和生育率		1.5~1.6	1.8	1.8
人口结构	出生人口性别比		113.5	≤112	107
人口素质	人均预期寿命	岁	76.3	77.3	79
	劳动年龄人口平均受教育年限	年	10.23	10.8	11.8
人口分布	常住人口城镇化率	%	56.1	60	70

（资料来源：《国务院关于印发国家人口发展规划（2016—2030年）的通知》（国发〔2016〕87号））

根据中国人口与发展研究中心主任贺丹的研究测算，2020—2035年我国将处于人口发展深度转型期，2030年是实现两个阶段性目标的重要战略节点。人口发展将呈现总量下降、总抚养比超过50%、老龄化再次提速等转折性变化。① 郑真真、吴要武等认为老龄化负担加重时，年轻人口必须大幅度提高生产率才能应对这种变化，这要求劳动年龄人口有更高的受教育水平和接受更多的培训。这时，成人教育和职业教育需求必然会有更大

① 贺丹．加强战略研究 迎接新时代人口发展挑战［J］．人口研究，2018，42（2）：3.

幅度的上升。① 翟振武、邹华康等认为从文化素质来看，虽然我国的教育事业发展得到了长足进步，义务教育早已普及，高等教育入学率也已经超过40%，但构成我国人口主体的劳动年龄人口科学文化素质依然不高，极大地限制了我国劳动生产率水平的提高。② 当前，我国人口受高等教育的平均水平仍然较低。因此，高等学历继续教育办学使命并未终结，依然有其发展所需要的生源空间。

(三) 教育政策生态因子

中共中央、国务院印发的《中国教育现代化2035》十大战略任务之五提出：构建服务全民的终身学习体系，建立国家资历框架，建立健全国家学分银行制度和学习成果认证制度，强化职业学校和高等学校的继续教育与社会培训服务功能。可见，在构建学习型社会和全民终身学习体系过程中，高等学历继续教育积极参与国家学分银行和资历框架建设，有利于其可持续发展。其中高等学历继续教育认定非学历证书学分是学分银行和资历框架建设的重要内容，学历教育与非学历教育的融通与互认对于高等学历继续教育的内涵式发展意义深远，为高等学历继续教育办学带来新的发展动能。一方面，可以进一步激活成人学习者考取职业技能证书的积极性；另一方面，也可以增加成人学习者参与学历继续教育和取得大学文凭的意愿，减少不必要的学习时间投入和教学环节。目前部分地区高等学历继续教育办学院校在学分银行建设方面已经取得大量成果，因此高等学历继续教育在未来的学分银行和资历框架建设中将扮演越来越重要的角色。以上海高校学分银行为例，2017年，高等学历继续教育转换其他各类学习成果共计50118学分，发生转换的学生6260人，共计9977人次。其中非学历证书认定种类423种，认定的专业门类50个，转换42769个学分，涉

---

① 郑真真，吴要武. 人口变动对教育发展的影响 [J]. 北京大学教育评论，2005 (2)：88.

② 翟振武，邹华康. 把握人口新动态 加强人口发展战略研究 [J]. 人口研究，2018，42 (2)：10.

及课程10087门次，转换证书6369张次，学生7511人次。① 可见，随着学历教育与非学历培训之间“立交桥”的建立，学分银行、资历框架等相关教育政策的成熟，高等学历继续教育将具有一定的发展空间。

（四）信息技术生态因子

2016年，我国工业和信息化部印发的《软件和信息技术服务业发展规划（2016—2020年）》提出：软件和信息技术服务业是引领科技创新、驱动经济社会转型发展的核心力量，是建设制造强国和网络强国的核心支撑。②“十三五”时期，在信息技术研发领域，我国在第五代移动通信技术（5G）、量子通信技术等方面都取得了突破性进展，例如，华为公司的5G技术已经处于国际领先水平，很快将实现大范围商用化。关于人工智能技术，我国众多高校以及百度、腾讯、科大讯飞等公司都取得一些重要研究成果，引起了国际广泛关注。2018年，教育部印发了《教育信息化2.0行动计划》，认为信息技术对教育发展具有革命性影响，没有信息化就没有现代化，教育信息化是教育现代化的基本内涵和显著特征，是“教育现代化2035”的重点内容和重要标志；该计划提出的“百区千校万课引领行动”和“人工智能+教师队伍建设行动”，有力地促进了举办高等学历继续教育的院校信息化建设、继续教育示范课建设和教师信息素养提升。《地平线报告》（2018年高教版）指出：中国和印度在推动人工智能在教育中的应用方面起到了非常大的作用。③

根据北京师范大学智慧学习研究院发布的2016年全球教育机器人发展白皮书可知，面向成人学习者的机器人需求日益具体化（见表5-12），从

① 戴立益．建设学习型城市：大学的担当与创新［M］．上海：华东师范大学出版社，2018：183.

② 中国工业和信息化部．关于印发软件和信息技术服务业发展规划（2016—2020年）的通知［EB/OL］．2017-1-17．http：//www.miit.gov.cn/n1146295/n1652858/n1652930/n3757016/c5465218/content.html.

③ 金慧，邵钰，胡盈滢．智能化教育生态系统的构建与创新——《地平线报告》（2018高等教育版）启示［J］．远程教育杂志，2018，36（5）：7.

理念走向了实际应用。可以预见在未来一段时期，我国高等学历继续教育的信息化、智能化将进一步加强。人工智能将以更方便的方式帮助成人学习者学习，高等学历继续教育招生、注册、缴费、学籍管理、自主学习，甚至教师辅导、学习考核等工作将逐步由智能软件来完成，函授站点、学习中心的功能将弱化，高校继续教育的管理成本大幅下降，办学经费支出向教学环节倾斜，现有教学方式与办学模式将发生改变，逐步演变成为智能化的继续教育生态系统。

表 5-12　　**面向成人学习者的机器人学习顾问功能列表①**

类　别	具体内容
近期需求功能	机器人学习顾问，主要的任务在于搜集学生的学习习惯、行为模式、出席率以及学习表现等，按照学生的兴趣与学习表现推荐适合的课程、提供专业生涯发展规划
中期需求功能	职能与专业成长、顾问，在这两方面机器人可扮演 Agent（代理人）的角色以及教学者的角色。教学者的主要工作包括提供教学内容，而代理人则可提供专业的职业规划与辅导顾问。这一类机器人的角色不提供学习内容，只是教练，负责规划以及监督学习者的学习
长期需求功能	成人群体的机器人老师，主要任务在于提供个性化学习的教学内容，例如远距教学或是陪伴学生进行对话练习、纠正学生错误等

（五）学习文化生态因子

改革开放 40 年来，终身教育成为我国教育事业的重要组成部分，“活到老、学到老”已成为一种学习文化。从知识技能需要方面来看，目前，我国正处于工业化转型发展期，也是社会经济结构、产业结构等变化最为

① 北京师范大学智慧学习研究院 . 2016 全球教育机器人发展白皮书［R］. 2016.

迅速的时期。传统产业不断萎缩，新兴行业不断涌现，成人学习者仅靠学校教育阶段获得的知识已经很难适应工作变化的需要，终身学习成为必然。从人文精神需要方面来看，随着社会老龄化程度的加深，我国会有更多的老年人进入大学继续学习，人文精神教育已成为学历继续教育的重要内容。超越功利主义、回归人文主义理念、尊重人性和文化多样性的终身学习文化逐步形成，其内涵已经从生产力取向、人力资本取向开始向文化资本取向、精神资本取向扩展，日益关注成人的精神生活、道德生活、心灵生活。终身学习文化已经成为学习型城市、学习型社会建设的核心内容，不但为院校高等继续教育教学改革指明了方向，而且也促进了生源范围的不断扩大。

第三节　我国高等教育普及化进程预测分析

一、高等教育毛入学率的作用及贡献率分析

（一）毛入学率变化揭示高等教育的发展

我国高等教育如何发展，往往会体现在高等教育毛入学率的发展变化上。高等教育毛入学率是指高等教育在校学生总数与政府规定的适龄人口总数的百分比，它是高等教育大众化推进程度的重要标志，也是我国高等教育政策不断进行调整的重要依据。因此，1949—2018 年高等教育毛入学率的变化（如图 5-1 所示），一定程度上可以反映出我国整个高等教育生态系统在不同发展阶段的变化。

在 1949 年中华人民共和国成立后，我国高等教育毛入学率只有 0.26%，表明中华人民共和国成立初期我国高等教育发展水平非常低。高等教育发展起点低，适龄人口数众多，供需矛盾非常突出，必须通过扩大办学规模才能满足社会经济发展的需求，因此中华人民共和国成立后，从一开始高等教育就“两条腿走路”，采用双轨制办学模式促使高

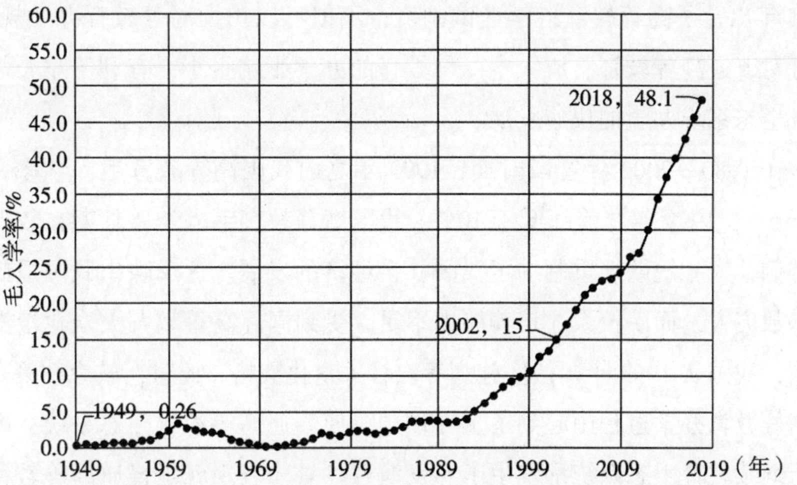

图 5-1　我国高等教育毛入学率变化曲线（1949—2018 年）

（数据来源：1949—1989 年高等教育毛入学率的数据来自潘懋元等学者的测算，详见潘懋元．中国高等教育大众化的理论与政策［M］．广州：广东高等教育出版社，2008：122-124；1990—2018 年高等教育毛入学率的数据来自《中国教育统计年鉴 1998》、《中国教育统计年鉴 2008》、《中国教育统计年鉴 2014》、2015—2019 年全国教育事业发展统计公报等）

等学历继续教育生态系统通过异发演替的形式诞生，主要以成人本专科教育形式办学。

在 1949—1979 年的这段时期，我国高等教育毛入学率发展经历了先缓慢发展（1949—1960 年），然后严重衰退（1961—1970 年），再缓慢恢复发展（1971—1979 年）三个过程。其中 1960 年的高等教育毛入学率最高为 3.49%，而 1979 年为 2.08%，这一方面表明“文革”对我国高等教育产生了严重影响，破坏了整个高等教育生态系统（含学历继续教育），使其发生了严重的逆向演替；另一方面也反映出我国高等教育整个生态系统的脆弱性和对外界环境的抗胁迫能力较差，即使在外部环境发生好转时，正向演替也较慢，说明高等教育生态系统作为一个人才培养系统，受师资、场地、经费等办学资源限制，自身有一定的办学规律。为此，我国在1981年出台了高等教育自学考试制度，不但可以扩大高等教育办学规模，而且对普通高等教育、成人本专科教育的办学影响很小，有利于整个高等教育生态系统办学的快速发展。

在1980—2002年这段时期，1993年之前我国高等教育毛入学率一直低于5%，1999年之前都低于10%。我国高等教育毛入学率长期在较低水平徘徊，人才短缺严重制约了我国社会经济的发展。这反映出我国适龄人口基数庞大，而院校人才培养能力不足。受到国际高等教育大众化浪潮的影响，我国从1999年开始实施高等教育大众化战略。此时，教育政策在我国高等教育办学过程中起到了主导作用，使普通高等教育生态系统、高等学历继续教育生态系统都发生了异发演替。具体表现就是普通高等教育大幅扩招，人才培养质量出现下降；高等学历继续教育增加了网络本专科教育形式，人才培养质量也出现下降。在2002年，我国高等教育毛入学率达到15%，标志着我国高等教育从原来的精英教育开始进入大众化教育阶段。

从2002年至今，我国高等学历毛入学率进入增长较快的阶段。一方面，我国普通高等教育和高等学历继续教育办学的总规模在不断扩大；另一方面，适龄人口数量开始下降。我国15~64岁劳动年龄人口占总人口比重的转折发生在2012年，比2011年的峰值（74.4%）降低了0.3%，2016年劳动年龄人口占比下降到73.0%。① 2015年，我国高等教育毛入学率达到40%，表明我国高等教育进入了由大众化向普及化过渡的阶段。② 2018年，我国高等教育毛入学率已达48.1%，表明高等教育普及化阶段即将到

① 张车伟．人口与劳动绿皮书：中国人口与劳动问题报告No.19［M］．北京：社会科学文献出版社，2018：20.

② 日本广岛大学有本章教授发现，日本等国家和地区高等教育的发展呈现出与马丁·特罗（Martin Trow）教授的“发展阶段理论”不完全相符的特征，当这些国家的高等教育毛入学率接近40%左右时，会出现规模相对停滞的一个平台期，有本章将这一平台期称作“高等教育后大众化时期”，它是高等教育从大众化迈向普及化阶段的过渡期。

来，这一时期开始更加注重高等教育的内涵式发展，普通高等教育与高等学历继续教育都面临着人才培养质量如何提升的问题。

（二）高等学历继续教育对毛入学率有重要贡献

根据最新的高等教育毛入学率计算公式可知：

高等教育在学人数=普通高等教育本专科在校生数+研究生在校生数+成人本专科折合在校生数+网络本专科在校生数×0.5+自考毕业生数×1.5+在职攻读学位研究生在学人数+研究生课程进修班在学人数×0.5+军事院校本专科在校生数（估算）①

可见，高等学历继续教育系统的成人本专科教育、自考本专科教育、网络本专科教育是高等教育在学人数的重要组成部分。在我国高等教育大众化过程中，高等学历继续教育发挥了重要作用。北京大学李国斌、张海平等的研究成果发现：1990—2002 年，成人本专科教育（即成人高等学历教育）对高等教育毛入学率的贡献率比例都在 30%以上；2003—2006 年，该贡献率比例相对下降到 22%左右，② 这还没有考虑高等学历继续教育系统中的网络本专科教育、自考本专科教育的贡献率。本书以 2016 年为例，根据全国教育统计年鉴可知，全国各类高等教育在学总规模达到 3699 万人，高等教育毛入学率达到 42.7%。其中研究生在校生数 198.11 万人，普通本专科在校生数 2695.84 万人，成人本专科在校生数 584.39 万人，网络本专科在校生数 644.93 万人，高等教育自学考试本专科毕业生数 67.77 万人。根据最新的高等教育毛入学率计算公式可知，高等学历继续教育系统的三个子系统对高等教育毛入学率的贡献比例大约为 19%。可见，在我国普通高等教育办学规模不断扩大的情况下，高等学历继续教育对毛入学率

---

① 教育部．关于印发《中国教育监测与评价统计指标体系》的通知［EB/OL］. 2015-8-18. http：//www.moe.gov.cn/srcsite/A03/s182/201509/t20150907_206014.html.

② 李国斌，张海平．中国成人高等学历教育未来发展前景分析［A］//张宏建．海峡两岸暨港澳高校继续教育论文集（上册）［C］. 杭州：浙江大学出版社，2016：75.

的贡献率有所下降，但是仍约占1/5，办学地位依然非常重要。

二、基于毛入学率指标的高等教育普及化预测

由于高等教育毛入学率可以较好反映我国高等教育发展历程，是国家制定高等教育政策的重要依据，因此掌握未来一段时期高等教育毛入学率的发展变化，对于预测我国高等教育普及化进程，具有重要意义。

（一）相关学者的高等教育毛入学率预测

在《国家中长期教育改革和发展规划纲要（2010—2020年）》公布前后，众多学者以2020年为时间节点，使用了不同模型、数据与方法，对我国高等教育毛入学率进行了预测分析，结论有所差别，见表5-13。这为高等教育毛入学率未来一段时期的变化预测研究提供了参考。

表5-13 **高等教育毛入学率预测的相关研究汇总**

文章题目	作者	发表时间	2020年预测值	预测方法
人口因素与未来20年中国高等教育规模变化的实证分析	米红、文新兰、周仲高	2003-12-15	41.3%	回归模型
中国高等教育规模发展宏观调控模型研究	谢作栩、黄荣坦	2004-11-25	47.7%（模型预测值）	二阶自回归趋势方程
高等教育规模扩展的预测模型与宏观调控的对策建议	慕静、管宝云	2007-02-25	40.96%	Logistic模型
2020年前适龄人口变化与高等教育规模发展研究	程瑶、章冬斌	2008-08-05	32.6%~58.7%	线性回归、逻辑增长曲线
我国高等教育规模多因素预测及方法选择	王宁	2008-11-10	38.84%	Power曲线回归模型

续表

文章题目	作者	发表时间	2020 年预测值	预测方法
2020 年高等教育发展目标究竟该如何确定	张宝贵	2009-01-20	50%	计量模型、国家比较
中国人口与教育发展战略研究	中国人口与发展研究中心课题组	2009-03-29	31.5%	分城乡、性别、年龄的人口预测模型
我国高等教育毛入学率GM（1，1）预测模型及其应用研究	刘六生、冯用军、杨超	2009-05-15	43.01%	GM（1，1）模型
国家中长期高等教育毛入学率灰色预测模型探究	董险峰	2010-05-15	40.95%	GM（1，1）模型
中国高等教育未来发展规模预测——基于人口结构与 GDP 的视角	高耀	2010-06-15	41.25%~48.14%（计量结果）	高等教育规模预测模型
对高等教育发展水平的预测	俞毅	2010-07-18	40%~50%	时间序列分析法
扩招十年来高等教育规模发展波动与经济波动的关系研究——以高等教育毛入学率和人均国内生产总值为分析单元	冯用军	2010-09-20	40.12%	GM（1，1）模型
2020 年我国高等教育规模预测分析	纪宝成	2011-03-22	40%	社会经济预测与国际比较
2013—2030 年我国高等教育规模发展研究——基于适龄人口和经济水平的分析	李硕豪、李文平	2013-12-05	37.9%~39.0%	高等教育规模滚动回归模型

续表

文章题目	作者	发表时间	2020 年预测值	预测方法
国家中长期高等教育规模发展的回归分析	王建宏、刘义荣	2015-07-05	38%	协整检验理论、回归分析
我国高等教育普及化进程及其影响因素——基于时间序列趋势外推模型的预测	易梦春	2016-03-20	46.3%~53.6%	时间序列的趋势外推法
2016—2032 年我国高等教育规模的趋势预测	胡德鑫、王漫	2016-06-15	45.45%	线性回归、逻辑增长曲线
2020 年中国高等教育规模预测偏差成因分析及重估	胡顺顺、刘志民	2017-07-20	达到且超过 50%	方差-协方差组合预测法
"全面二孩"政策下我国高等教育普及化进程	李硕豪等	2018-5-24	54.81%	Logistic 模型

（资料来源：中国知网（CNKI）数据库）

可以看出，我国自 2002 年进入高等教育大众化阶段以后，很多学者就开始了关于高等教育毛入学率的预测研究，凸显出高等教育毛入学率已成为我国高等教育发展速度和办学水平的一个重要参考指标。这些学者主要采用数学模型法、经济法以及分要素预测法等来进行高等教育毛入学率的预测。其中数学模型法主要采用时间序列模型、logistic 人口增长模型、灰色系统模型、回归模型、指数型人口增长模型等方法，按照人口增长趋势建立相应的数学模型进行预测；经济法预测则按照人口与自然环境、经济社会之间的相互关系来建立相关的模型进行研究；分要素预测方法则利用人口平衡方程的原理，考虑未来生育率、死亡率和迁移率，推算未来人口数量的变化。2018 年我国高等教育毛入学率已达 48.1%，比较这些学者对我国 2020 年高等教育毛入学率的预测值可以发现，在中短期预测方面，由于高等教育毛入学率变化曲线为非平稳时间序列（如图 5-1 所示），时间序列分析法的预测值误差较小，而且预测相对容易实现。

（二）基于时间序列的高等教育毛入学率预测

趋势用来表示事物或局势发展的动向，通过事物发展的时间轨迹能预测该事物的未来发展趋向。本研究基于时间序列分析法，选用自回归积分滑动平均模型（ARIMA）预测在未来较短的一段时间内的高等教育毛入学率的发展趋势。函数模型 ARIMA（p，d，q）的参数变量中，p 为自回归项，d 为时间序列成为平稳时所做的差分次数，q 为移动平均项数。① 下面判断模型 ARIMA（p，d，q）的自回归项 p，平稳时的差分次数 d 和移动平均项 q。

首先，利用软件 Eviews 9 对序列进行一阶差分单位根 ADF 检验。结果显示 ADF 检验的 t 统计量的 P 值并未达到非常理想，进行二阶差分，ADF 检验的 t 统计量的数值为-8.812677，该模型样本容量的显著性水平为 1%、5%和 10%时的临界值都大于 t 统计量（见表 5-14），二阶差分后的序列显著平稳，即 d=2。

表 5-14　高等教育毛入学率时间序列的二阶差分单位根 ADF 检验表

Name		t-Statistic	-Prob. *
Augmented Dickey-Fuller test statistic		-8.812677	0.0000
Test critical values：	1% level	-4.105534	
	5% level	-3.480463	
	10% level	-3.168039	
* MacKinnon（1996）one-sided p-values.			

（资料来源：软件 Eviews 对研究样本的分析）

① ARIMA 模型全称为自回归积分滑动平均模型（Autoregressive Integrated Moving Average Model，ARIMA），又称为 box-jenkins 模型、博克思-詹金斯法，是由博克思（Box）和詹金斯（Jenkins）于 20 世纪 70 年代初提出的著名时间序列预测方法。基本原理是将预测对象随时间推移而形成的数据序列视为一个随机序列，用一定的数学模型来近似描述这个序列。这个模型一旦被识别后就可以从时间序列的过去值及现在值来预测未来值。

其次，对二阶差分序列进行自相关检验，绘制自相关函数图 ACF 与偏自相关函数图 PACF（如图 5-2 所示），自相关函数描述 Y_t 与 Y_{t-1}，Y_{t-2}，…，Y_{t-k} 的相关系数，偏自相关函数为考察 Y_t 和 Y_{t-k} 之间扣除中间序列后这两者的相关系数。ACF 图存在一阶后急剧减小的趋势，设定 q 的范围［0，1］，同理可根据 PACF 图急剧减小趋势，设定 p 的范围［0，2］。现多次对模型进行测试，通过比较不同模型的对应参数的显著性来确定模型阶数，见表 5-15。表中数值为各模型参数显著性 t 检验的 p 值，将显著性水平取为 0.05。对于存在参数的 p 值大于 0.05 的数值，说明效果不显著，舍去其参数后重新建模。可知，在显著性水平为 0.05 的情况下，仅 ARIMA（0，2，1）和 ARIMA（1，2，0）两个模型效果显著，现对这两

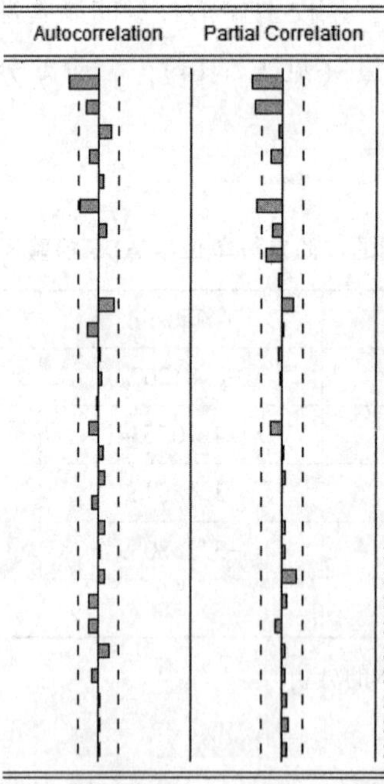

	AC	PAC	Q-Stat	Prob
1	-0.338	-0.338	8.0025	0.005
2	-0.152	-0.300	9.6383	0.008
3	0.139	-0.036	11.039	0.012
4	-0.101	-0.122	11.785	0.019
5	0.055	0.004	12.007	0.035
6	-0.214	-0.289	15.463	0.017
7	0.093	-0.110	16.131	0.024
8	-0.004	-0.175	16.132	0.041
9	0.006	-0.037	16.135	0.064
10	0.173	0.127	18.566	0.046
11	-0.126	0.021	19.878	0.047
12	0.008	-0.034	19.884	0.069
13	0.029	-0.024	19.958	0.096
14	-0.022	0.002	20.002	0.130
15	-0.111	-0.131	21.101	0.134
16	0.052	0.021	21.346	0.166
17	0.075	0.031	21.860	0.190
18	-0.067	0.001	22.278	0.220
19	0.066	0.031	22.700	0.251
20	0.023	0.033	22.753	0.301
21	0.080	0.162	23.401	0.323
22	-0.101	0.044	24.449	0.324
23	-0.102	-0.074	25.535	0.323
24	0.120	0.027	27.092	0.300
25	-0.068	0.035	27.596	0.327
26	0.024	0.052	27.658	0.375
27	0.019	0.066	27.701	0.426
28	0.010	0.065	27.713	0.480

图 5-2　高等教育毛入学率时间序列二阶差分的自相关和偏相关图

（资料来源：软件 Eviews 对研究样本的分析）

个模型进行赤池信息量准则（AIC）和贝叶斯信息准则（BIC）比较，见表5-16。显然，模型 ARIMA（0，2，1）的 AIC 及 BIC 均小于模型 ARIMA（1，2，0），说明第一个模型较好，故选定模型 ARIMA（0，2，1）。

表5-15　**自回归积分滑动平均模型(ARIMA)不同参数变量比较**

模型	C(常量)P 值	AR(1)P 值	AR(2)P 值	MA(1)P 值
ARIMA(0,2,1)	0.2374			0.0000
ARIMA(0,2,1)				0.0000
ARIMA(1,2,0)	0.5116	0.0000		
ARIMA(1,2,0)		0.0000		
ARIMA(1,2,1)	0.0817	0.0641		0.0000
ARIMA(1,2,1)		0.2159		0.0011
ARIMA(2,2,0)	0.3850	0.0002	0.0443	
ARIMA(2,2,0)		0.0002	0.0553	
ARIMA(2,2,0)			0.1182	
ARIMA(2,2,1)	0.0791	0.1642	0.8494	0.0001
ARIMA(2,2,1)		0.4192	0.9825	0.0133
ARIMA(2,2,1)			0.2224	0.0000

（资料来源：软件 Eviews 对研究样本的分析）

表5-16　**自回归积分滑动平均模型（ARIMA）的准则比较**

模型	ARIMA（0，2，1）	ARIMA（1，2，0）
AIC	2.0325	2.1110
BIC	2.0983	2.1768

（资料来源：软件 Eviews 对研究样本的分析）

再次，通过软件 Eviews 求解估计方程（Estimate Equation），删除 p 值大于 0.05 的常数项后，拟定模型 ARIMA（0，2，1），结果见表5-17。

表 5-17　　**自回归积分滑动平均模型（ARIMA）估计方程**

Variable	Coefficient	Std. Error	t-Statistic	Prob.
MA（1）	−0. 526705	0. 077372	−6. 807468	0. 0000
SIGMASQ	0. 418977	0. 044877	9. 336097	0. 0000

（资料来源：软件 Eviews 对研究样本的分析）

故可得相关函授模型：

$$\begin{cases}\hat{Y}_t = \varepsilon_t - 0.526705\varepsilon_{t-1} \\ \qquad\quad (0.077372) \\ \hat{Y}_t = (y_t - y_{t-1}) - (y_{t-1} - y_{t-2})\end{cases} \Rightarrow \begin{cases} y_t = 2y_{t-1} - y_{t-2} + \varepsilon_t - 0.526705\varepsilon_{t-1} \\ \qquad\qquad\qquad\qquad\qquad (0.077372)\end{cases}$$

$\hat{Y}_t$ 表示时间序列的二阶差分值，y_t 表示时间序列在第 t 年的观察值，ε_t 表示时间序列模型在第 t 年的误差或偏差。该模型表示二阶差分序列中的每个值等于当前随机干扰减去前一个随机干扰的 0. 526705 倍。该方程的 DW 检验值为 1. 89，接近于 2，说明该方程拟合较好，无显著自相关性。将实际毛入学率减去毛入学率的趋势值后所得到的值称为毛入学率的残差，趋势拟合效果图和残差效果图如图 5-3 和图 5-4 所示。通过残差的自相关检验可知（如图 5-5 所示），自相关和偏自相关的系数均在虚线内，且 Q 统计量的 p 值均远大于 0. 05，故接受数据是相互独立分布的原假设，即残差为白噪声序列，说明时间序列中有用的信息已经被提取完毕，即模型显著有效。

最后，考虑到时间跨度越大，预测的误差越大，故采用该数学模型，仅对我国“十三五”“十四五”“十五五”期间高等教育毛入学率进行预测（见表 5-18）。可以推断在“十三五”“十四五”“十五五”时期，我国高等教育毛入学率将呈稳步增长态势，2020 年前后将进入高等教育普及化阶段。高等教育毛入学率在“十三五”（2016—2020 年）时期，年度平均增长率约为 6%；“十四五”（2021—2025 年）时期，年度平均增长率约为 4. 8%；“十五五”（2026—2030 年）时期，年度平均增长率约

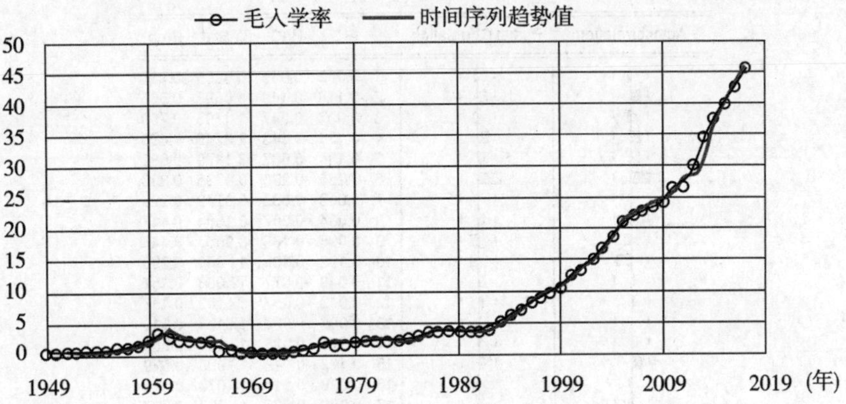

图 5-3　高等教育毛入学率趋势拟合效果图

（资料来源：软件 Eviews、MATLAB 对研究样本的分析）

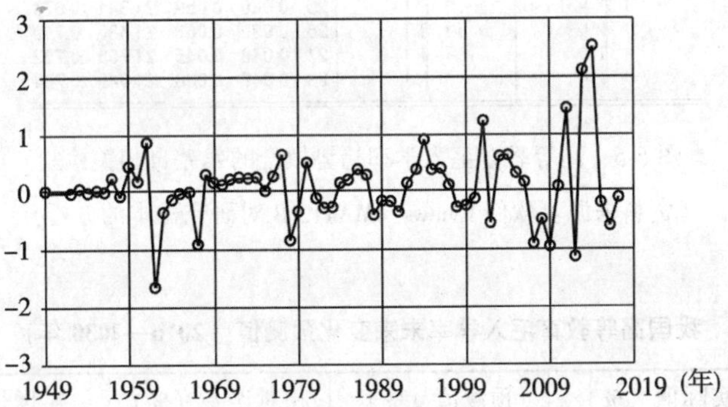

图 5-4　高等教育毛入学率趋势拟合残差图

（资料来源：软件 Eviews、MATLAB 对研究样本的分析）

为 3.9%。2030 年，我国高等教育毛入学率预测值为 83.05%，已达到 2016 年部分发达国家或地区高等教育的发展水平（见表 5-19），进入高等教育普及化的较高阶段。显然，和很多国家或地区相比，我国高等教育毛入学率在较长的一段时间内还有一定的增长空间，高等教育仍将继续稳步向前发展。

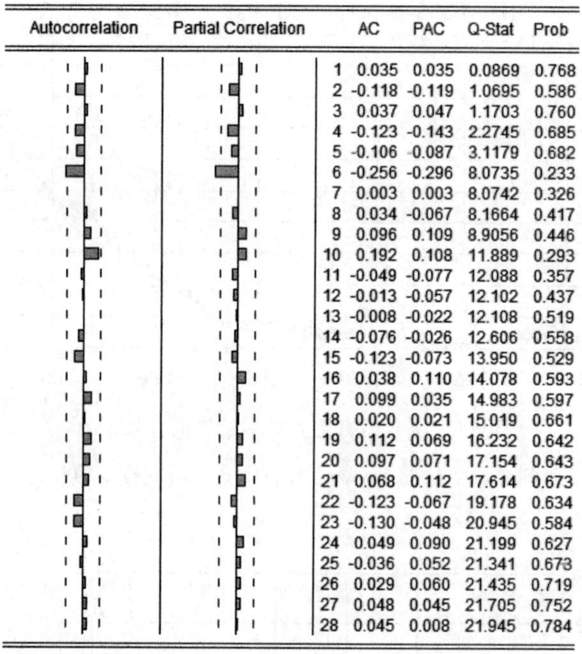

	AC	PAC	Q-Stat	Prob
1	0.035	0.035	0.0869	0.768
2	-0.118	-0.119	1.0695	0.586
3	0.037	0.047	1.1703	0.760
4	-0.123	-0.143	2.2745	0.685
5	-0.106	-0.087	3.1179	0.682
6	-0.256	-0.296	8.0735	0.233
7	0.003	0.003	8.0742	0.326
8	0.034	-0.067	8.1664	0.417
9	0.096	0.109	8.9056	0.446
10	0.192	0.108	11.889	0.293
11	-0.049	-0.077	12.088	0.357
12	-0.013	-0.057	12.102	0.437
13	-0.008	-0.022	12.108	0.519
14	-0.076	-0.026	12.606	0.558
15	-0.123	-0.073	13.950	0.529
16	0.038	0.110	14.078	0.593
17	0.099	0.035	14.983	0.597
18	0.020	0.021	15.019	0.661
19	0.112	0.069	16.232	0.642
20	0.097	0.071	17.154	0.643
21	0.068	0.112	17.614	0.673
22	-0.123	-0.067	19.178	0.634
23	-0.130	-0.048	20.945	0.584
24	0.049	0.090	21.199	0.627
25	-0.036	0.052	21.341	0.673
26	0.029	0.060	21.435	0.719
27	0.048	0.045	21.705	0.752
28	0.045	0.008	21.945	0.784

图 5-5 高等教育毛入学率趋势拟合的残差自相关检验

（资料来源：软件 Eviews、MATLAB 对研究样本的分析）

表 5-18 我国高等教育毛入学率未来变化预测值（2016—2030 年）

年份	实际值（%）	预测值（%）	相对误差（%）	年增长率（%）
2016	42.7	42.81	0.258	5.47
2017	45.7	45.46	0.525	6.18
2018	48.1	48.57	0.977	6.85
2019	51.6	51.45	0.291	5.92
2020		54.32		5.59
2021		57.19		5.29
2022		60.07		5.02
2023		62.94		4.78

续表

年份	实际值（%）	预测值（%）	相对误差（%）	年增长率（%）
2024		65.81		4.57
2025		68.69		4.37
2026		71.56		4.18
2027		74.43		4.02
2028		77.31		3.86
2029		80.18		3.72
2030		83.05		3.58

（资料来源：根据本书的高等教育毛入学率数学模型预测）

（三）国际差距表明我国高等教育未来发展空间

按照联合国开发计划署发布的人类发展指数（Human Development Index，HDI）最新排名，从人均收入、平均受教育年限、预期寿命三个主要指标看，我国在188个国家和地区中仅排名第86位。① 2011年，G20（20国集团）国家25～64岁成年人中拥有高等教育学历人口比例为25%，② 2012年，OECD国家25～64岁成年人口中拥有高等学历教育的人口比例平均值为32.62%，③ 而我国25～64岁受过高等教育的人口比例2011年仅为10%，远低于OECD国家的平均值和20国集团的平均值，和很多国家差距明显，见表5-20。《国家中长期教育改革和发展规划纲要（2010—2020年）》提出人力资源开发的主要目标：到2020年主要劳动年龄人口受过高等教育比例要达到20%。因此，缩小与国际高等教育的发展

---

① 联合国开发计划署．联合国开发计划署中文网站［EB/OL］．2019-3-15. http：//www.cn.undp.org/content/china/zh/home.html.

② 赖立，等．中国继续教育发展报告2013［M］．北京：教育科学出版社，2016：178.

③ 经济合作与发展组织．教育概览2014：OECD指标［M］．北京：教育科学出版社，2015：3.

差距，是我国近年来不断扩大高等教育规模、实施高等教育大众化的重要原因。

表 5-19　　高等教育普及化的国家和地区列表（2016 年）①

高等教育毛入学率	数量	国家和地区
90% 以上	8	澳大利亚、希腊、土耳其、韩国、格林纳达、西班牙、智利、白俄罗斯
80%~90%	15	芬兰、美国、阿根廷、波多黎各、新加坡、爱尔兰、奥地利、乌克兰、丹麦、斯洛文尼亚、俄罗斯、新西兰、冰岛、荷兰、挪威
70%~80%	7	中国澳门、比利时、爱沙尼亚、中国香港、伊朗、保加利亚、阿尔巴尼亚
60%~70%	19	秘鲁、蒙古、立陶宛、波兰、拉脱维亚、克罗地亚、加拿大、沙特阿拉伯、德国、以色列、捷克、法国、葡萄牙、意大利、日本、瑞典、塞尔维亚、乌拉圭、塞浦路斯
50%~60%	12	哥伦比亚、瑞士、英国、黑山、哥斯达黎加、多米尼加共和国、斯洛伐克、匈牙利、格鲁吉亚、亚美尼亚、巴西、泰国

（数据来源：世界银行数据库，http：//data. worldbank. org. cn/）

经济合作与发展组织（OECD）发布的《全球教育纵览 2018：经合组织指标》年度报告指出“中国没有接受高中教育的成年人比例颇高”。在 OECD 36 个成员国和 10 个伙伴国家中，中国 25~34 岁未接受高中阶段教育的人口比例远高于 OECD 成员国的平均水平（15%）。显然我国这部分成年人初中毕业后或者直接进入社会工作，或者接受了中等职业教育。这

① 岳昌君．改革开放 40 年高等教育与经济发展的国际比较［J］．教育与经济，2018（6）：14.

些成人学习者本专科层次的学历提升要依靠我国高等学历继续教育或高等职业教育来完成。同时该年度报告指出，在接受过高中教育的年轻人中，只有约50%的人会继续接受高等教育。中国25~34岁的年轻人中仅有18%接受过高等教育，远低于OECD成员国的平均水平（44%）。① 2018年，我国高等教育毛入学率已达到48.1%，进入高等教育普及化阶段，但是很多发达国家早已进入高等教育普及化的较高阶段。由此可见，我国高等教育发展水平与很多国家相比还有一定的差距，高等教育毛入学率还有一定的提升空间。因此，在未来10年，我国高等学历继续教育仍有较大的办学发展空间。

表5-20　**部分国家拥有高等教育学历的人口百分比（2012年）**

国家	25~64岁年龄人口中高等教育学历人口的百分比（%）	国家	25~64岁年龄人口中高等教育学历人口的百分比（%）
爱尔兰	39.7	美国	43.05
爱沙尼亚	37.28	墨西哥	18.07
奥地利	19.99	南非	6.36
澳大利亚	41.28	挪威	38.56
巴西	12.96	葡萄牙	18.53
比利时	35.32	日本	46.62
冰岛	35.2	瑞典	35.7
波兰	24.51	瑞士	36.59
韩国	41.73	斯洛伐克	18.98
丹麦	34.78	斯洛文尼亚	26.44
德国	28.12	土耳其	15.29
俄罗斯	53.49	西班牙	32.31
法国	30.86	希腊	26.69
芬兰	39.66	新西兰	40.58

① 李霄鹏.OECD发布年度报告：中国篇［J］.世界教育信息，2019，32（2）：71-72.

续表

国家	25~64 岁年龄人口中高等教育学历人口的百分比（%）	国家	25~64 岁年龄人口中高等教育学历人口的百分比（%）
哥伦比亚	19.75（2011 年数据）	匈牙利	22.05
荷兰	34.4	以色列	46.44
加拿大	52.59	意大利	15.71
捷克共和国	19.28	印度尼西亚	7.88（2011 年数据）
拉脱维亚	29.23	英国	40.98
卢森堡公国	39.11	智利	17.81（2011 年数据）
OECD 平均	32.62	中国	10（2011 年数据）

（数据来源：OECD. Table A1.4a. See Annex 3 for notes（www.oecd.org/edu/eag.htm））

第四节　我国高等学历继续教育发展趋势透视

一、高等学历继续教育办学空间所受影响

（一）高等学历继续教育发展面临挑战与压力

1. 国内外环境变化对高等学历继续教育办学提出更高要求

首先，随着社会经济的快速发展与高等教育大众化战略的推进，成人学习者的学历层次得到整体提升，对高等学历继续教育的需求从专科层次逐渐向本科、研究生层次发展，这对高等学历继续教育的专业设置、课程建设、教学内容都提出了更高的要求。而我国高等学历继续教育生态系统发展历程表明，其长期是以专科层次为主进行办学，教学质量一直较低，办学院校面临着调整办学定位和提升人才培养质量的压力。其次，未来一段时期由于我国人口处于低生育水平，适龄学习人口数量将有所减少，普

通高等教育的不断扩招，将使来自传统高考落榜生的生源数量大幅减少。最后，信息技术的快速发展，将重塑高等学历继续教育办学生态，院校如何迎接这个挑战显然还没有准备好，办学者、教学者、管理者、成人学习者的信息素养都亟须提高，以适应智能化学习时代的到来。

2. 普通高等教育扩招挤压高等学历继续教育办学空间

随着我国高等教育进入普及化阶段，高等教育资源日益丰富，供需矛盾基本得到解决，大多数高校的普通高等教育也将面临生源短缺和竞争日趋激烈的局面。高考 40 年，录取率从 5%升至 76%。近年来，多地无法完成招生计划，多所高校遭遇“零投档”的现象已经普遍存在。① 2018 年高招调查报告显示：2017 年各省高考录取率持续提升，例如，生源大省河南（84.14%）、山东（84.95%）、河北（高于 91%）均创新高；全国招生难问题依然突出，部分省份整体招生计划未能完成现象依然存在，主要集中在专科层面。② 可见，随着高考录取率的不断攀升，大部分院校，特别是专科类院校亟须扩大生源来源渠道。借鉴世界发达国家高等教育的办学经验，成人学习者也将成为其重要生源，目前我国对于高考已经放开了报考年龄限制，注册制入学大势所趋，这一变化将从我国高等职业教育领域开始。国务院总理李克强在 2019 年政府工作报告提出：“加快发展现代职业教育，鼓励更多应届高中毕业生和退役军人、下岗职工、农民工等报考，今年大规模扩招 100 万人。”③ 显然这些成人学习者也是我国高等学历继续教育的主要生源对象，高等职业教育扩招将给高等学历继续教育的办学空间带来显著影响。

3. 北京大学等高校停办高等学历继续教育带来恐慌影响

2017 年 1 月 5 日，北京大学宣布从 2018 年起将全面停止夜大学、网

① 商周刊记者．高考 40 年，录取率从 5%升至 76%［J］．商周刊，2016（13）：10-11.

② 中国教育在线．2018 年高招调查报告［EB/OL］．2018-06-05. https：//www.eol.cn/html/g/report/2018/content.shtml#14.

③ 李克强．2018 年政府工作报告［R］．2019.

络教育、自学考试等各类学历继续教育招生。北大在高等学历继续教育市场的退出，可谓一石激起千层浪，中国青年报、财新网、搜狐、中教全媒、浙江在线等多家媒体关注、转载，微信、微博等大量转发，引起了业内人士和学习者的广泛热议。“北大现象”在一定程度上引发了“多米诺骨牌”效应，引起更多重点高校选择退出高等学历继续教育办学领域。中山大学在4月18日发布公告称，已经全面停止网络学历教育、成人学历教育以及自学考试助学的招生工作；西南大学在4月25日公告称，从2017年秋季招生开始，停止成人高等学历教育和网络教育高起专层次的招生；此外，武汉大学、哈尔滨工业大学等知名高校均表示将在2018年全面停止学历继续教育招生。这些重点高校的抉择引起了高等学历继续教育办学者和成人学习者的困惑和恐慌，以至于在2017年8月份出现了《北京青年报》报道的“上班族扎堆赶考名校成考末班车”现象，引发舆论广泛关注。

实际上，首家退出高等学历继续教育市场的高校并不是北京大学而是清华大学，其早在2002年起就停办学历继续教育，并将继续教育的重心放在非学历培训上。部分重点高校相继退出高等学历继续教育，表明一部分高水平研究型大学将不再愿意通过举办与学校定位很不相称的低层次学历继续教育来获取经济效益。作为一种办学追求，更加重视集中精力搞好“双一流建设”，发挥学科优势，大力开展研究生层次的“同校同质”的学历继续教育，这和大多数国际一流大学开展高等学历继续教育的做法是一致的。时任教育部职业教育与成人教育司司长王继平回应，“普通高等学校将继续开展高等学历继续教育，‘末班车’的提法是误读”。目前一些学校停办高等学历继续教育的举措，实际上也是在教育部《高等学历继续教育专业设置管理办法》发布后，高校治理继续教育乱象的自我规范行为。因为普通本科高校、高等职业学校须在本校已开设的全日制教育本、专科专业范围内设置高等学历继续教育本、专科专业。这些高校的决定和《高等学历继续教育专业设置管理办法》的出台，短期看，一定程度上导致举办本专科层次学历继续教育的名校减少，但是长期看，则为独立设置成人高校、高职高专院校和地方本科院校高等学历继续教育的发展拓展了生源空间，促使不同高校继续教育办学生态位分离，加速了高等学历继续教育系统的改革进程。

目前，北大、清华等少量重点高校退出或部分退出高等学历继续教育办学领域，表明了高校办学自主性正在增强，高等学历继续教育逐渐由一种国家意志转变为高校的自主办学行为。高等学历继续教育文凭质量的高低，不再是用来衡量成人本专科教育、自考本专科教育、网络本专科教育质量的好坏，而是直接体现为院校人才培养质量的高低，影响到高校的办学声誉和综合排名，这一趋势和发达国家高等学历继续教育发展相一致。承担高等学历继续教育的大部分院校将更加注重教学质量、办学口碑和学校的影响力，这是我国教育主管部门所乐见的。重视这些院校的办学诉求，破除旧有利益格局，加快函授、夜大和网络教育的“三教融合”，以及与高等教育自学考试的整合、融通，使各类院校在一个相对公平、规范的政策环境中开展高等学历继续教育办学，将成为未来一段时期我国高等学历继续教育综合改革的难点。

（二）高等学历继续教育发展信心与未来机遇

1. 国内外继续教育发展史表明高等学历继续教育依然重要

首先，美国、日本等发达国家一直非常重视高等继续教育办学。1971 年法国通过了《继续教育组织法》，1976 年美国出台了《终身学习法》，1983 年韩国颁布了《终身学习法》，1990 年日本实施了《终身学习振兴法》。这些立法凸显了继续教育在这些高等教育普及化国家的重要办学地位。

其次，根据北京大学一项关于继续教育的研究成果可知，① 世界一流大学大多有继续教育的办学类型，部分学校具有本科、硕士层次的学历继

① 季明明．一流大学要引领终身学习和继续教育发展［J］．开放学习研究，2019，24（1）：1-7.

续教育课程和项目。目前世界一流大学继续教育都具有一定的办学规模，属于理想化终身学习平台，这些大学注重继续教育办学质量，明确为成人学习者发展服务，具有明确的专业方向，学历继续教育与本校普通高等教育具有同等地位。这为我国高校新时期开展高等学历继续教育办学提供了很好的借鉴，也表明在进入高等教育普及化阶段，高等继续教育办学对发达国家的人力资源建设依然重要。

最后，我国政府也非常重视继续教育在终身教育体系构建、学习型社会建设过程中的重要作用。教育部现阶段对高等继续教育发展的目标任务：完善政策支持体系，提升规范化管理水平和人才培养质量，加快推进学习型社会建设。① 《关于全面提高高等教育质量的若干意见》（教高〔2012〕4 号）也指出，未来一段时间，“保持公办普通高校本科招生规模相对稳定，高等教育规模增量主要用于发展高等职业教育、继续教育、专业学位硕士研究生教育以及扩大民办教育和合作办学”，从国家教育政策方面对我国高等教育的未来发展奠定了基调，表明高等学历继续教育依然不可或缺。

2. 国内外高等继续教育发展不均衡带来改革提升空间

首先，国际间高等教育发展不平衡有利于我国高等学历继续教育资源输出。国内外环境的变化为我国高等学历继续教育办学带来了发展机遇，预计未来三十年，全球人口仍将继续保持增长，将增加 22 亿人口，而其中的 13 亿人口来自非洲，这为我国的高等教育资源国际输出提供了大量机会。目前，我国正在积极开展“一带一路”建设，与各国共同打造政治互信、经济融合、文化包容的利益共同体、命运共同体和责任共同体。沿线涉及人口约 44 亿，经济总量约 21 万亿美元，分别约占全球的 63%和 29%，涉及 60 个国家，数十个语种。这些国家经济发展水平不同，政治、民族、宗教与文化习俗各异，新合作必将产生新规则。只有在精通业务、

① 教育部．教育部 2019 年工作要点［EB/OL］. 2019-02-22. http://www.moe.gov.cn/jyb_xwfb/gzdt_gzdt/s5987/201902/t20190222_370722.html.

通晓国际规则的同时，把握当地的政治、经济、宗教与文化习俗，成为“当地通”，才能增强相互信任，进行深层次的合作。因此，面向“一带一路”沿线高等教育相对落后的部分国家，积极开展高等继续教育资源输出，具有一定的可行性和重要意义。例如，西南交通大学面向“一带一路”国家的轨道交通继续教育项目、北京语言大学的“网上北语平台”的汉语学习项目等都受到了国外成人学习者的欢迎和认可。这些项目一方面可以增加受众面，让更多的国外学习者得到学习机会，学习我国的文化和技能知识，同时也可以减少我国在来华留学教育方面的经费投入和人员管理成本。另一方面也有利于我国高等继续教育办学的国际化和社会影响力、认可度的提高。

其次，各省市高等继续教育发展不平衡将推动高等学历继续教育整体提升。我国幅员辽阔，受历史、社会、地理等诸多人文、自然环境因素的影响，各省市、地区的生产力水平存在较大差异，这导致了高等继续教育在各地的规模、层次、结构、内容、形式以及质量水平等方面存在一定的区域差异和地方特色。通过对高等学历继续教育系统区域演化生态分析可知，我国31个省（区、市）的高等学历继续教育办学大致可以划分为三个发展方阵。整体看来，处于第一方阵的京沪地区，高等学历继续教育发展水平在全国处于领先地位，早已进入高等教育普及化阶段，将在高等学历继续教育国际化和人才培养质量提升方面的先行示范中发现办学机遇；处于第二方阵的广东、江苏、河北、山东、湖南、河南、四川等地区，由于人口基数大，仍具有高等学历继续教育办学的规模优势，借鉴京沪地区的办学经验，将在高等学历继续教育办学与地方经济社会发展的进一步匹配中找到办学空间；以内蒙古、海南、青海、宁夏、西藏等为代表的一些省区市处于高等学历继续教育发展水平的第三方阵，其特点是教学质量和办学规模都不具有优势，将借助信息技术快速发展的机遇，与京津沪和东部地区院校合作共赢，快速提升高等教育发展水平。可见，国际间、各省市地区间发展水平的差距将会促进我国高等继续教育资源的流动，带来发展的机遇，激发高等学历继续教育生态系统内部改革创新的动力。

3. 智能化有助于高等学历继续教育质量提升和生源拓展

首先，目前在国内外高等教育政策中，都在大力提倡信息技术与教育教学的深度融合，一方面反映出信息技术对高等教育的重要影响，将会对高校原有办学生态进行重塑；另一方面也表明和经济领域、金融领域、医疗领域的信息化相比，信息技术与高等教育的融合效果与人们的期望还有距离。我国普通高等教育现有的教学模式还是以面授讲解为主，只不过原来的黑板换成投影，板书被 PPT 课件取代而已。随着信息技术的快速发展，特别是我国第五代移动通信技术（5G）、人工智能技术的快速发展，高等教育智能化已是大势所趋。和普通高等教育相比，高等学历继续教育更容易接受智能化。因为高等学历继续教育办学特点就是方便成人学习者泛在学习，目前发展的重要制约因素就是师资匮乏和教学环节的支持服务不足，智能化将有效缓解高等学历继续教育的师资、技术、实验教学设备等不足的问题，进而提升人才培养质量，成为高等学历继续教育系统综合改革的助推器，同时也不会出现由于“机器换人”而对大量教师的工作产生重要影响。可以预见，信息技术对我国大学重塑将在高等学历继续教育领域取得进展。

其次，通过对高等学历继续教育系统办学历程生态分析可知，全纳和公平是其办学的主要特征。不论成人学习者的身份如何，都可以参加高等学历继续教育学习，而且学习费用很低，有力地保障了公民的终身学习与受教育权。随着终身学习文化逐渐形成，借助于信息化和智能化，继续教育将更加注重社会的公平、包容、环境与文化的发展，而不仅仅是经济的发展，① 将促进高等学历继续教育多元质量观的形成，以满足不同成人学习者的学习需要。此外，信息技术快速发展有助于我国资历框架和学分银行的建设，会有更多的成人学习者通过非正式、非正规学习成果认证的方

① 源自联合国教科文组织终身学习研究所前所长阿纳·卡尔森在第三届国际学习型城市大会的发言．详见黄健．学习型城市建设：全球目标与地方行动——第三届国际学习型城市大会回溯［J］. 终身教育研究，2018，29（1）：18-23.

式获得相应的学历继续教育课程学分，进而增强获取学历继续教育文凭的意愿，从而选择高等学历继续教育系统进行学习。

二、高等学历继续教育群落生态演变规律

高等学历继续教育在一定的时间和空间内，为了生存和发展，与外部环境相互依赖、相互影响，逐步形成具有人才培养功能的社会生态系统。从方法论来看，高等学历继续教育生态系统可以看做高等学历继续教育系统的“生物学”隐喻，强调与外部环境的互动关系，由外部环境的需求变化主导系统的办学改革。从过程论来看，我国高等学历继续教育生态演变先后经历“一枝独秀”“双雄并举”“三足鼎立”三个发展阶段，高等学历继续教育区域办学水平已经演化为三个发展方阵。结合生态系统演变规律可知，高等学历继续教育发展具有如下三方面特征。

（一）直接动力：解决供需矛盾

唯物辩证法认为，矛盾是事物发展的源泉和动力，矛盾的同一性和斗争性相结合，推动事物的发展。事物发展动力的三重结构论认为，事物发展的动力可细分为内驱力、压力和助成力三大类型。① 矛盾是事物发展的压力，而非内驱力。矛盾解决不好，就会成为发展的绊脚石，因此矛盾的解决是事物发展的直接动力。高等学历继续教育作为一个社会生态系统，具有易变性和开放性的特点，容易受到外部环境的影响，特别是高等教育的直接影响。高等学历继续教育生态系统的诞生、演替过程中，一直面临着外部环境与高等学历继续教育系统之间的供需矛盾，每一次矛盾的解决都推动了高等学历继续教育不断向前发展，直接表现为高等学历继续教育生态系统的物种类型日益丰富，种群关系变得复杂，群落办学功能更加强大。

---

① 杨英法. 矛盾的处理、解决方式问题研究［M］. 兰州：兰州大学出版社，2003：12.

（二）演替方式：异发演替为主

生态系统理论认为，外部环境影响生态系统变化的格局和速度，内部群落主要决定了生态系统的物种数量和质量，内部群落对外部环境具有反作用，从而影响外部环境生态因子的变化。生态系统演替主要有异发演替和自发演替两种方式。前者主要是由于外部环境发生变化，导致系统内部群落产生演替现象；后者主要是取决于系统内部群落交互作用以及对外部环境的反作用。高等学历继续教育的人工生态系统特征明显，外部环境主导作用更强，教育政策、市场需求、学习文化、信息技术、适龄人口等环境生态因子变化所产生的影响，推动了我国高等学历继续教育的改革发展。高等学历继续教育从“一枝独秀”到“双雄并举”，再到“三足鼎立”，所采取的演变方式都是异发演替。在我国高等教育普及化阶段来临之际，提高质量、促进公平、改善环境、优化结构成为新时期我国高等教育发展的主要特征，异发演替仍然是我国高等学历继续教育发生演变的重要方式，将推动规模优先的 r 对策发展模式向质量优先的 K 对策发展模式转变。

（三）追求目标：可持续发展能力不断增强

生态系统理论认为，生态平衡有利于生物群落和外部环境之间、生物群落各个种群之间，通过物质循环、能量流动和信息传递，达到高度适应、协调和统一。对于高等学历继续教育生态系统而言，生态平衡有助于其可持续发展，可持续发展能力的不断提升也将推动生态失衡走向生态平衡。“全纳、公平、优质、终身学习”作为国际教育发展的核心理念和可持续发展水平的重要测量指标，一直是我国高等学历继续教育追求的办学目标。高等学历继续教育发展历程表明，“全纳”“终身学习”等指标得到了明显提升，体现出高等学历继续教育办学的广度；随着我国进入高等教育大众化阶段，“公平”“优质”等指标提升缓慢，出现了招生市场混乱、办学过程不规范、人才培养质量不高等现象，影响了高等学历继续教育办学的高度，整体发展处于生态失衡状态。为了能够达到生态平衡，提升可持续发展水平，高等学历继续教育将会以生态系统演替的方式，进行系统性改革，解决供需矛盾，促进办学公平，提升人才培养质量。

三、高等学历继续教育未来发展趋势判断

（一）外部生态环境变化推动宏微观教育政策出台

通过对我国高等学历继续教育生态系统的国际环境、国内环境分析可知，未来一段时期，对于高等学历继续教育来说，机遇与挑战并存。这些外部环境生态因子的影响往往会在高等继续教育相关政策中体现出来。

1. 立法或发展规划方面将会取得突破

通过高等学历继续教育生态系统发展历程可知，在三个不同发展阶段其办学定位是不同的。虽然由学历补偿教育转变为终身教育，但是终身教育内涵广泛，高等学历继续教育需要进一步明确自身发展的生态位。而继续教育或终身教育立法有助于高等学历继续教育生态系统明确自身办学生态位和发展方向；长远规划有助于高等学历继续教育生态系统可持续发展。目前，我国关于高等继续教育立法或长期发展规划制定的外部环境已经逐渐成熟。

首先，从国际环境来看，世界各国都重视继续教育、终身教育的立法工作，依法推进学习型城市和学习型社会的建设。例如，法国的《续继教育组织法》（1971），美国的《终身学习法》（1976）、韩国的《终身学习法》（1983）、日本的《终身学习振兴法》（1990）等，明确了高等继续教育的办学定位，有力地推动了这些国家高等教育普及化进入人才培养质量较高的发展阶段。目前，我国进入高等教育普及化阶段，顺应高等教育国际化发展潮流，通过立法明确和保障高等继续教育发展的生态位将成为一种趋势。

其次，从国内环境来看，长期以来，我国终身教育和继续教育的地位

不高，推进的难度很大，根本原因在于缺少法律保障。① 当前，终身学习已经成为一种学习文化，正在重塑成人学习者的学习观；学习者的年龄范围不断扩大，中老年继续教育正在快速增长；在线学习的爆炸式增长正在改变高等教育的性质，高等教育正在发生生态变迁。② 这一切都要求我国高等学历继续教育系统做出积极的回应。目前，上海市、福建省等多个省市都出台了终身教育地方性法规，这为国家层面对终身教育或继续教育立法，积累了经验和创造了条件。

最后，从生态微环境来看，普通高等教育的发展变化对于高等学历继续教育生态系统的影响很大，高等学历继续教育对普通高等教育具有很强的资源依赖关系，自身缺乏明确的发展规划。2019 年，《中国教育现代化 2035》的发布，为我国各级各类教育未来 15~16 年的发展奠定了主基调。在普通高等教育领域，2015 年，我国出台了《统筹推进世界一流大学和一流学科建设总体方案》，为研究型高校未来 15 年的发展规划好蓝图；2019 年，印发了《国家职业教育改革实施方案》（国发〔2019〕4 号），为高等职业教育未来 5~10 年的改革明确了方向和具体内容。外部环境的这些变化，将促使我国高等学历继续教育生态系统适时出台 2030 年或 2035 年发展规划。长远发展规划有利于我国高等学历继续教育生态系统明确所处的生态位与改革发展对策。

2. 成果认证制度的具体政策将会出台

通过高等学历继续教育生态系统发展历程可知，高等学历继续教育系统包含成人、网络、自考三种办学形式，由于生源竞争导致相互之间缺乏沟通协调，学习成果互认有待加强。而学习成果认证制度是一项基础性和先导性的制度，有利于促进不同教育形式的协同进化。主要包含政策法规、质量保障机制、认证标准与转换规则、组织机构与人员、信息化管理

① 季明明．一流大学要引领终身学习和继续教育发展［J］．开放学习研究，2019，24（1）：1-7.

② Stevens M，Kirst M W. Remaking College：The Changing Ecology of Higher Education［M］. Palo Alto：Stanford University Press，2015.

平台五大要素。目前，由于上位法律支撑的缺乏和专门政策法规的薄弱，我国各地开展学分银行探索很难有实质性推进,① 目前，关于高等继续教育成果认证的外部环境已经逐渐成熟。

首先，从国际环境来看，关于学习成果认证制度已经非常成熟。例如，欧盟各国和英联邦国家等实施的国家资历框架制度，南非和加拿大的先前学习，韩国的学分银行制度，以及我国香港地区的资历框架制度，都给我国大陆地区开展学习成果认证提供了很好的借鉴。

其次，从国内环境来看，对于学习成果认证制度的需求日益迫切。随着终身学习成为一种学习文化，成人学习者更多通过各种非正规教育和非正式学习途径获得各类学习成果，需要得到合理的评价和认证，以减少重复学习和激发成人学习者的终身学习积极性。随着信息技术的快速发展，特别是云计算技术、大数据技术、人工智能等科技的不断进步，使学习成果认证信息管理平台建设变得可行和易行。

最后，从生态微环境来看，普通高等教育开始重视学分互认和成果认证工作。《教育部关于推进高等教育学分认定和转换工作的意见》（教改〔2016〕3 号）提出“以普通高校和自学考试为主体推进学分互认”，《国家职业教育改革实施方案》（国发〔2019〕4 号）提出“加快推进职业教育国家学分银行建设，实现学习成果可追溯、可查询、可转换”。可见，高等继续教育成果认证制度具体政策只有尽快出台，才能更好地与普通高等教育进行对接，实现各类学习成果互认和资源交互，在国家资历框架和学分银行建设中发挥主力军的作用，同时对提升我国高等学历继续教育办学的社会认可度也有促进作用。

3. 质量保障具体政策加快完善

由高等学历继续教育生态系统发展历程可知，“全纳、终身学习”等指标不断提升，但是“优质”这一指标一直不高，严重制约了高等学历继

---

① 王海东．学习成果认证制度的构成要素与建设路径［J］．中国职业技术教育，2018（27）：13-18.

续教育的未来可持续发展。这和我国高等学历继续教育现有质量保障体系不健全有直接关系。目前，外部环境因素一直在推动我国高等学历继续教育质量保障体系改革，未来一段时期，我国高等学历继续教育有关政策最有可能率先出现在该领域。

首先，从国际环境来看，随着世界命运共同体理念的倡导和“一带一路”倡议的实施，我国高等继续教育资源输出将成为常态，在彰显国家软实力方面，正在逐渐发挥重要作用。例如，西南交通大学面向“一带一路”国家的轨道交通继续教育项目就起到了示范效应，① 但是我国高等继续教育发展整体水平还较低，特别是学历继续教育方面的国际认可度不高，虽然世界上有多个国家和地区承认我国的高等教育自学考试文凭，② 但是成人本专科、网络本专科文凭在很多国家还不被认可，因此完善和改进现有的质量保障体系，成为推动我国高等继续教育国际化发展的先决条件。

其次，从国内环境来看，劳动力市场已经“严重不满”，不认可成人本专科、自考本专科、网络本专科的人才培养质量。很多企事业单位的用人招考都明确标注“全日制”本专科学历字样，将拥有本专科层次继续教育文凭的人员排除在外。社会大众逐渐对高等学历继续教育办学形成一种看法：“用一流大学牌子招生，让不入流老师上课，发国家承认的大学文凭”，继续教育被指成为高校“钱袋子”。③ 当前，办优质的教育已经成为我国各级各类教育改革的主旋律，因此，提升办学质量已经成为高等学历继续教育必须面对和急需解决的问题。

最后，从生态微环境来看，当前，在高等教育领域，随着高等教育大众化的发展，国家教育政策重心逐渐由共享教育机会，转向教育机会的公

---

① 西南交通大学．我校继续教育成果亮相全民终身学习活动周［EB/OL］．2018-10-25．http：//www.xnjd.cn/site/cnl/channel/home/110101/news-read？id=21223.

② 诸宗宗．自考文凭出国留学也管用［J］．成才与就业，2001（9）：15.

③ 李剑平．继续教育被指成为高校“钱袋子”［N］．中国青年报，2013-09-23（11）．

平和教育质量的提升。教育部长陈宝生强调要推进“四个回归”①，把人才培养的质量和效果作为检验一切工作的根本标准。近年来，教育部年度工作要点中，人才培养质量提升一直是核心内容。普通高等教育中的本科院校、高职高专院校都在积极构建内外结合的多元评价体系，外部质量评价采用教育部为评估主体的政府主导模式，实施质量年度报告制度，加快完善政府、行业、企业、院校等共同参与的质量评价机制。由于我国高等学历继续教育没有纳入普通高等教育质量评价体系，所以新时期借鉴其他高等教育形式，出台质量提升相关政策文件。② 完善质量评价体系，已经成为高等学历继续教育系统的重点工作。

（二）教育政策主导高等学历继续教育群落异发演替

由我国高等学历继续教育演化历程可知，该系统内部群落都是由于外部环境发生变化，导致新的教育政策出台，促使高等学历继续教育系统进行异发演替。高等学历继续教育系统一直以异发演替的方式向前发展，反映出该系统的社会生态系统特征明显，具有社会性、易变性、开放性和目的性等特点，随着社会需求和国家政策变化而不断进行演变。在中华人民共和国成立初期，为了有效应对高等教育资源严重不足的问题，我国提出了高等教育“两条腿”走路、双轨制办学模式，促成了高等学历继续教育的诞生，产生了成人本专科教育；在改革开放后，面对学历补偿教育和市场人才需求不断增长的局面，我国出台了高等教育自学考试制度，产生了自考本专科教育；20 世纪末，为了助力高等教育大众化战略的实施，我国

① 一是回归常识。教育的常识就是读书。二是回归本分。教育的基本功能就是教书育人。三是回归初心。教育工作者的初心就是培养人才，一要成人，二要成才。四是回归梦想。教育梦就是报国梦、强国梦，具体体现就是“双一流”建设。详见陈宝生．在教育部召开的武汉高校工作座谈会上强调高等教育要做到四个“回归”［EB/OL］．2016-10-25. http：//www.moe.edu.cn/s78/A08/moe_745/201610/t20161025_286126.html.

② 教育部．教育部 2019 年工作要点［EB/OL］．2019-02-22. http：//www.moe.gov.cn/jyb_xwfb/gzdt_gzdt/s5987/201902/t20190222_370722.html.

开展了现代远程教育试点，产生了网络本专科教育。可见，国家教育政策等外部环境生态因子的发展变化，很大程度上决定了高等学历继续教育的演替方式和发展路径。因此，未来一段时期，高等学历继续教育的发展变化可能还是将以教育政策主导下的异发演替为主。我国教育行政主管部门依据外部环境的变化，在不久的将来，可能会出台相应的教育政策，例如，继续教育立法或制定一个长期发展规划，出台继续教育或终身学习成果认证制度，印发高等学历继续教育质量提升指导性意见或具体改革实施方案。这些政策具有全局性变革的特点，将充分体现可持续发展的办学理念，对成人本专科教育、自考本专科教育、网络本专科教育的办学院校都会产生影响，进而推动整个高等学历继续教育群落发生演变（如图 5-6 所示），具体表现在以下三个方面。

1. 办学院校物种类型和数量可能减少，互利共生现象增多

通过对我国高等学历继续教育生态系统办学历程和区域演化的生态分析可知，承担高等学历继续教育的办学院校或助学机构类型，从最初的成人高校、普通高校、函授站点，到增加自考主考院校、自考助学院校，再到增加开大电大、网络教育试点高校、学习中心、远程教育公共服务体系等。虽然有些办学院校主体没变，仅仅是增加了不同教育形式职能，但是也反映出院校机构物种的活跃度和多元性。目前高等学历继续教育生态系统的办学机构多样性非常丰富，形成了复杂的办学网络，增加了系统内部关系复杂性和办学各环节的经费消耗。生态系统演化规律显示，当生态系统向生态平衡稳定阶段发展时，物种多样性最初是逐步增加的，但在较为后期的发展阶段，物种多样性开始下降，主要物种的资源获取能力增强。目前，高等学历继续教育办学也有类似发展趋势：承担高等学历继续教育的办学院校数量在逐渐减少，而且这种趋势仍在加强。例如，独立设置的成人高校 1976 年全国有 46810 所，而 2017 年成人高校仅有 282 所，除了开放大学外，其他成人高校学历继续教育办学规模和服务功能呈萎缩弱化趋势；很多自考助学机构转变为民办高校或独立学院，离开了自考助学队伍；北大、清华等部分重点高校主动放弃了高等学历继续教育所有形式，

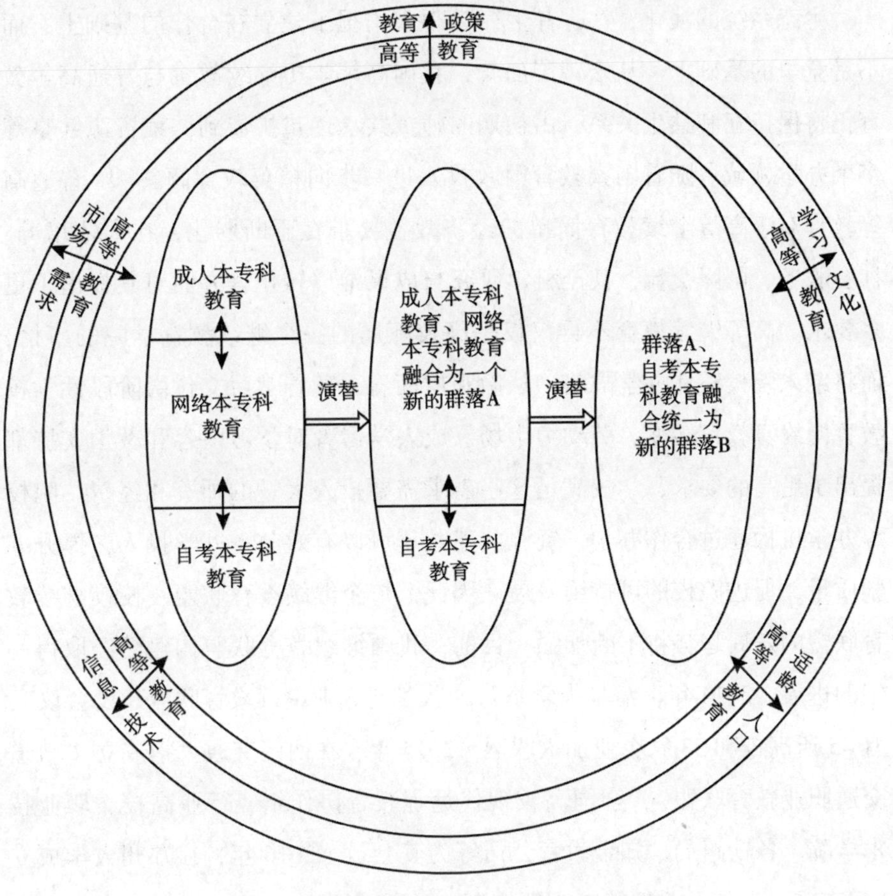

图 5-6 我国高等学历继续教育群落演变趋势

（注：A，B 表示通过异发演替而形成的一个新群落的名称。）

还有一些普通高校放弃了高等学历继续教育部分办学形式；随着信息技术的快速发展，院校招生和教学所能覆盖的地区会越来越广，① 学生将可以直接在网上完成报名、缴费、注册、互动交流等事宜，利用虚拟现实和增强现实技术实现面授环节以及答疑解惑的便捷。在办学经费和生源有限的情况下，高等学历继续教育系统通过缩短食物链，优化生态网，导致系统

① 曾祥跃．网络远程教育生态学［M］．广州：中山大学出版社，2011：82-84.

多样性下降，人才培养环节将会减少，办学绩效将会得到提升。

生态系统的演化，“适者生存”很多情况下建立在合作的基础上，而不是竞争的基础上。从宏观层面看，我国高等学历继续教育与普通高等教育仍将保持互利共生关系，由初期的师资共享逐步扩展到课程资源共享等多个办学领域。随着国家教育财政投入进一步向精英教育倾斜，① 普通高等教育对于高等继续教育简单的经济效益要求在不断弱化，在人才培养、社会服务、国际交流，甚至科学研究与成果推广转化等方面对其提出了更多要求。高等继续教育不再仅仅是高校下属的一个继续教育学院的事情，而将纳入院校整体办学战略。从微观层面看，随着学习文化由阶段性学校教育向终身教育转变，劳动力市场、成人学习者对学习内容和教学支持都提出了更高的要求，学校满足这些需求需要投入大量的师资和经费。院校等办学机构通过合作办学、资源共建共享可以有效节省办学投入，提升办学质量，促进院校的可持续发展。因此，校企继续教育联盟、校校继续教育联盟的发展趋势将不断加强。目前，我国继续教育联盟构建已经取得一定的进展。2014 年，清华大学举行“大学与企业继续教育联盟建设会议”，有 45 所高校和 53 家企业加入联盟。2015 年，在西南交通大学成立“轨道交通职业教育联盟”，全国高校现代远程教育协作组、行业高校、职业技术学院、各铁路局、知金教育公司等为其会员。2016 年，在郑州大学成立“河南省大学与企业继续教育联盟”，10 所高校、10 家企业、10 家行业协会或商业协会为其会员。2018 年，在温州大学成立“在温高校继续教育联盟”，9 所高校成为其会员。构建校企继续教育联盟，对接企业需求，有利于促进“学历+技能”办学模式的发展；构建校校继续教育联盟，开展师资、课程资源共建共享，学分互认，有利于减少招生环节恶性竞争，降低办学成本，实现互利共赢。

2. 办学群落三足鼎立走向融合统一，“宽进严出”成为共识

---

① 郝丹，郭文革．中外远程教育学费比较研究［J］. 中国远程教育，2018（4）：31.

目前，在高等学历继续教育领域，人民群众和经济社会对优质、多层次、多样性继续教育的需要同继续教育办学质量不高、定位不准、发展不均衡之间的矛盾比较突出，如何化解这一矛盾，关键在于高等学历继续教育系统整体办学能力的改进与提升。通过对高等学历继续教育系统办学历程和区域演化的生态分析可知，外部环境教育政策生态因子主导的异发演替，对成人本专科、自考本专科、网络本专科三个办学群落的产生和发展具有决定性的影响。目前这三种办学形式共存已有20年，面对的都是成人学习者，在同一生源市场，三种办学形式的生态位相互重叠，但是三者的入学和毕业标准都不相同。网络本专科教育的快速发展，"花盆效应"①的办学策略，直接抑制了很多普通高校的成人本专科、自考本专科的发展，② 导致了独立设置成人高校数量的快速萎缩和自学考试报考人次的快速下降。办学实践表明，在当前时期，三个办学群落并存的局面制约了高等学历继续教育办学水平的提升，办学功能出现"1+1+1<3"的现象，不利于高等学历继续教育整体办学能力的改进与提升，从而使高等学历继续教育系统对外部环境的影响力不断下降。目前，三者相互融合的趋势明显：成人本专科教育开始了网络课程辅助学习；网络本专科教育开始借鉴成人本专科教育的一些经验，加强在线学习支持服务体系建设；自考本专科教育也在不断加强网络学习平台和资源建设，从支持考生自学、网络助学到参加考试的各个环节，不断提升管理和服务的信息化水平。目前，我国高等学历继续教育办学形式整合的政策倾向已经日趋明显。2016年，教育部出台的《高等学历继续教育专业设置管理办法》（教职成〔2016〕7号）就是一个积极信号，该文件覆盖了高等学历继续教育所有办学形式，统一和规范了高等学历继续教育现有专业设置要求。随着资历框架、学分银行、专业认证、质量保障相关教育政策文件的出台，成人本专科教育、

① 花盆效应又称局部生境效应。花盆是一个半人工、半自然的小生境。

② 文件《教育部关于进一步加强部属高等学校成人高等教育和继续教育管理的通知（教高〔2007〕9号）》提出，现代远程教育试点高校要充分利用现代信息技术，逐步将函授教育过渡到现代远程教育。

网络本专科教育、自考本专科教育三个群落从相互融合走向统一办学的进程将加快。首先成人本专科教育与网络本专科教育将会融合，然后再和自考本专科教育融合统一为一个新的办学群落，从而使我国高等学历继续教育系统演化发展到一个新的阶段，更加适应外部环境的人才需求和系统办学的快速发展。

通过对高等学历继续教育系统办学历程和区域演化的生态分析可知，目前我国高等教育进入普及化阶段，随着经济社会的发展，除了学历文凭，学有所用已成为成人学习者参加继续教育的主要目的，这对院校办学提出了更高的要求。高等学历继续教育系统一方面要保障社会大众的学习机会和教育公平，另一方面要提升办学质量，得到劳动力市场的认可，所以“宽进严出”的办学理念符合高等教育的国际发展趋势，在高等学历继续教育办学领域逐步形成共识。“宽进”不是没有入学门槛，而是由各个办学院校自主考核；毕业率低不代表“严出”，过程严格才是真正的“严出”。由于承担高等学历继续教育办学的院校水平不同，因此各院校“宽进严出”的标准应该也不同，而不是现在统一的低入学门槛，弱教学过程，高毕业通过率。随着网络本专科教育、自考本专科教育与成人本专科教育的融合统一，招生市场的乱象将得到规范，“宽进严出”将更加富有可操作性。近年来，全国成人高考分数线一降再降，成人高考录取率已达80%以上，全国成人高考的选拔性考试功能已十分弱化。而且，全国统一考试难以很好地适应终身学习、开放学习、宽进严出的改革方向。在此背景下，落实《国家中长期教育改革和发展规划纲要（2010—2020年）》中关于“成人高等教育招生办法由各省、自治区、直辖市确定”的战略部署，适时取消全国成人统一高考成为可能。考虑到区域办学水平的差异性，各省将实行适合自身发展的招考政策、质量保障办法，办学自主权将不断扩大；院校将积极探索特色办学，进行自主招生考试，不同类型、不同水平的学校录取不同的成人学习者，生态位分离战略得到实施。

3. 办学生态系统架构逐渐扁平化，“同校同质”现象出现

高等学历继续教育办学生态失衡，人才培养质量长期较低的一个重要

原因在于招生环节成本过大，教学环节的经费、师资等资源投入不足，教学过程没有完全真正发生。这与我国高等学历继续教育系统的组织架构有关，目前整个系统划分为成人本专科教育、自考本专科教育、网络本专科教育三个子系统，相互独立办学，缺乏协调和统一。每个子系统内部又细分为教育行政主管部门种群、办学院校种群、函授站或学习中心或助学中心等种群。高等学历继续教育系统外部环境输入资源主要是指办学师资、经费、教学设备等资源。由于三个子系统所处的教育政策环境不同，招生环节竞争导致办学院校对函授站或学习中心的资源依赖增强，函授站、学习中心、公共服务体系等助学机构的办学收入分配比例偏大，剩下来真正用于教学环节的办学经费偏少，导致人才培养质量下降，无法满足外部环境对高质量的人力资源需求。因此，减少办学环节，统一继续教育政策已经在高等学历继续教育领域成为共识，这将推动高等学历继续教育现有办学模式改革，逐步整合三个子系统，利用信息技术延伸院校的继续教育服务能力与范围，减少函授站、学习中心等中间环节，办学网络结构逐步简单化和扁平化，减少办学经费的不必要损耗。

随着高等教育大众化战略的推进，我国进入高等教育普及化阶段。从国际高等教育发展趋势来看，“终身学习大学”这一办学理念在欧盟等发达国家高等教育领域逐步形成共识，学者们认为，“大学要超越继续教育与成人教育的范畴，在 2020 年前实现更为综合的终身学习”。① 我国高等学历继续教育发展也必然追随这一发展潮流。依据生态学理论，我国现有的很多大学也将发生进化，演变为新型的大学种群——“终身学习大学”，实现“同校同质”办学。我国“终身学习大学”群体初期可能来自开放大学、独立设置成人高校、高职院校，这些院校主要承担专科层次的高等学历继续教育，“同校同质”可能在专科层次上率先实现。在专科层次上，随着成人学习者教育文化程度的提高，高考录取率的提升，成人学习者和

① 季明明．一流大学要引领终身学习和继续教育发展［J］．开放学习研究，2019，24（1）：1-7.

应届生的差距在不断缩小，二者在实践和理论方面各具优势。2016年，教育部发布了《高等学历继续教育专业设置管理办法》（教职成〔2016〕7号）。随着3年的过渡期结束，从2020年开始，专科层次的高等学历继续教育将主要由高职院校、独立设置成人高校、开放大学等承担，对于这些生源逐渐萎缩的院校来说，是难得的转型发展机遇。同时，为了加快发展现代职业教育，鼓励更多应届高中毕业生和退役军人、下岗职工、进城务工人员等报考，2019年职业教育大规模扩招100万人，这些成人学习者原来都是高等学历继续教育的生源对象。高职院校为成人学习者通过网络教育、函授、业余、脱产等多种方式获取全日制专科文凭提供了可能。中国教育科学研究院课题组也认为，职业院校应打破生源仅限于适龄青年的局面，面向社会在职人员开放，采取职教体系内部直通车、注册录取、资格证书换算学分、工作年限折算等多元化的录取方式，给每个公民提供方便的继续学习通道，提高职业院校招收企业职工比例。到2020年，中职和专科高职院校招收有工作经验学习者的比例要达到20%，① 就是一个很好的"同校同质"尝试，一方面，高职院校有了稳定的办学规模，会促使院校重视提高面向成人学习者的教学质量，来保证全日制专科文凭的含金量，否则学校整体办学质量将受到严重影响；另一方面，全日制文凭比开放教育文凭更具竞争力，目前我国很多企事业单位招聘人员时明确注明"全日制"字样，将促使开放大学、独立设置成人高校等办学机构由规模化扩张向内涵式发展转变，教学质量差的院校将逐渐失去市场。

在本科层次上的"同校同质"办学，短期内还很难实现。一方面，成人学习者与应届生理论学习方面差距较大；另一方面，本科院校生源危机还比较小，高校没有明确动力向"终身学习大学"发展。高等学历继续教育"同校同质"办学试点探索，可能会在独立学院和部分地方应用型本科院校中出现。生态学理论认为，面对机遇与挑战，互利共生现象将有所增

① 中国教育科学研究院课题组，曾天山，等．未来五年我国教育改革发展预测分析［J］．教育研究，2015，36（5）：20-37.

加，合作比竞争有更大的生存机会。本科院校和高职院校互利共生，同时开展普通全日制和非全日制的专升本办学将成为常态。随着专科层次教学质量提高，这些生源进行专升本学习时，高校通过信息化建设，延伸服务能力与范围，办学网络结构逐步扁平化，减少办学经费的多环节损耗和保证教学管理的规范性，也将推动本科层次高等学历继续教育办学质量的改善与提高。

（三）高等学历继续教育群落区域演替将呈现不同路径

受区域政治、经济、文化的影响，不同省（区、市）的外部环境差异性很大，导致高等学历继续教育办学水平不同，进而形成三个不同发展方阵。因此，这三个方阵的高等学历继续教育在未来呈现出不同的演替路径。位于第一方阵的办学群落，外部环境输入的政策、师资、生源、资金、技术等资源相对丰富，人才培养质量相对较好，国际视野开阔，更容易借鉴国际高等学历继续教育办学经验而进行改革，已成为高等学历继续教育办学群落顺应国际化潮流而发生正向演替最活跃的区域。位于第二方阵的办学群落，外部环境生源依然丰富，区域学历继续教育办学规模很大，办学院校的危机意识和改革动力有待加强，已成为我国高等学历继续教育由规模优先的 r 对策发展模式向质量优先的 K 对策发展模式演变的关键区域，如何加快办学群落发生正向演替、提升人才培养质量是第二发展方阵院校新时期的主要任务。位于第三方阵的办学群落，受外部环境资源输入和自身办学实力的限制，办学规模有限，人才培养质量不高，低于全国平均水平，容易被其他教育形式所取代，失去原有办学生态位，是最容易发生逆向演替的区域。

第六章 促进我国高等学历继续教育改革发展建议

美国著名教育家约翰·杜威（John Dewey）曾说过："如果我们用昨天的方式教育今天的孩子，无疑就是掠夺了他们的明天。"① 当前，可持续发展观正在引领全球教育的前进方向，"全纳、公平、优质、终身学习"已经成为新时期国际高等教育的核心发展理念和办学目标，正在重塑世界各国高等教育生态，为我国高等学历继续教育综合改革指明了方向。因此，顺应国际高等教育发展潮流，立足我国高等学历继续教育现实困境，把握高等学历继续教育发展规律，是新时期我国高等学历继续教育综合改革的基本原则。本章提出我国高等学历继续教育应该实施可持续发展战略，明确新时期的办学生态位，采取区域推进方式进行差异化生态式改革。

第一节 采取区域推进方式进行差异化改革

我国高等学历继续教育综合改革是一项系统工程，主要任务就是提高质量、促进公平、改善环境、优化结构，本质上是要明确新时期高等学历继续教育办学生态位和未来发展路径。高等学历继续教育改革在进行整体推进的同时，必须重视区域差异化发展。从生态视角来看，高等学历继续

① 陈玉琨．互联网将带来教育最根本的结构性变革［N］．南方教育时报，2016-08-26（5）．

教育生态系统庞大而复杂，改革整体推进的速度会比较缓慢，可能会因此错过发展的机遇期。通过对高等学历继续教育综合发展水平的测量，我国高等学历继续教育按区域可以划分为三个发展方阵。如果所有区域高等学历继续教育的改革发展目标都一致，可能会出现发展水平高的区域发挥不出全部改革动力，发展水平低的区域因为目标太高而主动放弃的情况。对于高等学历继续教育整体而言，不仅要解决办学规范问题，也要破解人才培养质量低下的难题，更要探索终身教育时代创新发展、引领高等教育变革的路径，以求获得未来的生存发展空间。因此，要进行办学群落区域差异化改革，不同方阵的高校具有不同的改革任务和发展目标，而不是“千校一面”。第一方阵由于具有一定的生源基础且办学水平全国最高，应该在规范办学和保证质量的基础上，加快引领创新的探索；第二方阵由于具有一定的生源优势且办学水平高于全国平均水平，建议在规范办学基础上，聚焦教育质量保障，然后再考虑创新发展的问题；第三方阵由于办学水平低于全国平均水平，建议借助信息技术，改善现有办学生态，然后再考虑质量保障体系建设和创新发展的问题。高等学历教育的区域推进式改革，有利于拓展我国高等学历继续教育办学生态位宽度，促进办学机构互利共生和公平办学，形成质量优先的 K 对策发展模式，实现高等学历继续教育可持续发展。

一、第一方阵：重点探索教育引领创新，拓展办学发展空间

（一）加大教育政策资源输入，催生终身学习大学种群

《欧洲大学终身学习宪章》强调指出：欧洲终身学习时代已经到来，大学应做出更加有力的承诺，在欧洲应对终身学习时代挑战的过程中发挥中流砥柱的作用，为建设“知识欧洲”做出应有贡献。欧洲大学联合会项目报告提出大学发展新目标，即成为终身学习大学。随着高等教育大众化战略的推进，我国进入高等教育普及化阶段。位于高等学历继续教育第一发展方阵的北京、上海等城市，应该积极借鉴国际高等教育办学经验，开

展高等学历继续教育综合改革试点工作，鼓励部分高校向终身学习大学转型（见表 6-1）。为了推动第一方阵探索高等学历继续教育引领创新，我国教育主管部门也要给予这些地区更多政策和办学自主权。

表 6-1 **终身学习大学的办学特征①**

序号	办 学 特 征
1	在大学发展战略中应植入终身学习理念
2	为不同学生群体提供教育和学习机会
3	调整学科，使其更具开放性，并吸引更多的成人回流学习者
4	为各类学习者提供适当的指导和咨询服务
5	认可传统教育之外的各种学习形式
6	为终身学习引入质量保障文化
7	在终身学习框架下加强研究、教学和创新的关系
8	巩固改革成果，为所有的学生创造一个灵活而富有创造性的学习环境
9	发展地方、区域、国际间的合作，提供有吸引力和有针对性的教育
10	将大学自身建设成为终身学习的典范

一是出台或修订地方性《终身学习法》。通过立法使高等学历继续教育改革与创新有法可依，按章办事。各国高等继续教育的发展历史也充分证明了这一点。② 从我国高等学历继续教育办学诞生之日起，办学者和管理者一直期望有成人教育、继续教育或终身教育领域的立法。虽然我国《教育法》提出“建立和完善终身教育体系”，党的十六大报告明确强调“发展继续教育，构建终身教育体系”。但是令人遗憾的是，终身教育立法

① 柯常青，马燕生．欧洲大学协会推出《欧洲大学终身学习宪章》[J]．世界教育信息，2009（1）：39-40.

② 美国先后颁布了《老兵法案》（1944 年）、《成人教育法》（1966 年）、《终身学习法案》（1976 年）；英国颁布了《巴特勒教育法》（1944 年）、《继续教育和高等教育法》（1992 年）；日本颁布了《终身学习振兴法》（1990 年）；韩国《终身学习法》（1983 年）等。

工作至今尚未被提上议事日程。长期以来，我国终身教育和继续教育地位不高、推进难度很大，其根本原因是缺少法律保障。

二是建立区域资历框架和学分银行制度。目前，我国在学习成果认证方面已经作了一些积极探索：国家开放大学的“国家继续教育学习成果认证、积累与转换制度的研究与实践”项目；北京师范大学牵头、多所高校参与的“高等学校继续教育课程学分标准及质量内涵和学分转移制度与机制的研究及应用”项目；上海市、江苏省、广东省的终身教育学分银行的建设项目等。虽然积累了一些经验，但是类似欧盟、澳大利亚、新西兰等国家（地区）的资历框架制度还没有真正建立。通过试点建立区域性资历框架，才能在高等继续教育、职业高等教育、普通高等教育之间架起桥梁，促进不同教育形式的互利共生，共同融入终身教育体系，进而促进终身学习大学产生。

三是赋予高校依据市场确定学费标准的权利。目前，无论是成人本专科教育、自考本专科教育，还是网络本专科教育都没有政府提供的生均教育补贴，而且学费标准和普通高等教育、高等职业教育还有较大的差距，同英国、美国开放大学的学费相比，差距更大。学费标准偏低严重制约了很多地区高校继续教育教学改革的积极性，正如一所高校继续教育管理者K所说：“我们省开展高等学历继续教育规模很大，但是学费标准太低，在全国来说我们是垫底的，一年700块钱的学费让我们培养出高质量的人才，好像20块钱买一个LV包，你相信这是真的吗?”① 因此，应该借鉴国际高等继续教育办学经验，基于市场需求和实际培养成本核算，确定高等学历继续教育学费标准，以激发第一发展方阵高校继续教育改革的动力。

（二）优化系统办学组织结构，不同办学形式融合统一

根据我国高等学历继续教育发展趋势分析，成人本专科、自考本专

① 教育部职业教育与成人教育司委托课题“高等教育大众化背景下高等学历继续教育定位和发展研究——基于国际比较的视角”的访谈笔记，2019-7-10.

科、网络本专科教育三足鼎立的办学局面将会走向融合统一。在第一发展方阵，为了加快这一发展趋势，关键就是办学管理组织的优化和改革。

一是教育主管部门的合并。在省（区、市）层面，成人教育、自考教育、网络教育的教育主管部门都可以整合到教育厅的一个职能部门中去，如高等继续教育处。便于政策的顶层设计和具体推进实施，协调各种办学形式从无序恶性竞争到有序协同发展，促使继续教育系统整体功能大于各子系统的部分之和。2014年，教育部将高等教育自学考试的管理职能从考试中心调整到职业教育与成人教育司，成立了高等继续教育处，已经是管理机构整合的一个积极信号。在教育机构整合的基础上，试点统一成人本专科、自考本专科、网络本专科教育的招生录取门槛，统一教学形式为"面授+网络助学"，统一专业与课程的考核标准，统一毕业证书样式。

二是院校管理部门的整合。教务处（部）是高校日常运行的核心机构，目前高校开展高等学历继续教育，主要是由处于"第二教务处"角色的继续教育学院（网络学院）的教务科（部）负责日常教学教务管理工作，与高校教务处（部）并行，即高等学历继续教育与普通高等教育的双轨并行。高等学历继续教育属于"准公共产品"，其质量提升只有纳入高校的整体办学战略才能够实现。我国函授、夜大学初创时，很多学校都是在教务处（部）下面设立一个函授部，目前国外很多院校学历继续教育的职责由大学的各专业学院承担，由教务处（部）统一管理，继续教育学院（网络学院）则主要面向市场，开展非学历继续教育培训，不再负责学历继续教育。为此，高等学历继续教育办学的日常管理职能应该重新划归为教务处（部），这样有利于高等教育课程资源、师资队伍、评价标准、质量保障体系的共建共享，缩小"同校异质"的办学差距。

三是助学机构的撤并。随着信息技术的快速发展，函授站、学习中心的教学和管理职能在逐渐弱化，主要任务就是招生。现在高等学历继续教育招生市场混乱的主要原因就是函授站或网络学习中心只把利益放在首位，搞虚假宣传和不规范招生。不从源头解决招生市场竞争混乱问题，就没有办法真正解决办学内在的教学、管理、考核评价等问题。为此，处于第一发展方阵的省份，应该对高校的函授站、网络学习中心等助学机构进行严格的撤并，原则上只有具备高等学历教育办学资质的学校才有资格作为其他院校的助学中心。

（三）加强教育资源国际输出，融入“一带一路”发展倡议

从高等教育国际化发展趋势来看，积极开展高等学历继续教育国际化办学，是新型终身学习大学种群的重要职能，也是拓展办学空间的主要举措。虽然我国已经全面放开“二孩”政策，但是长期来看人口出生率仍呈现下降走势，高等教育普及化时代的到来，国内学历继续教育市场的竞争将会日趋激烈。而全球人口仍将继续保持增长，预计未来30年增加22亿人口，而其中13亿人口来自经济落后和教育发展水平较低的非洲部分国家，这些国家多分布在我国倡导“一带一路”发展的地区，从而为我国高等继续教育资源国际输出提供了广阔市场。但是目前我国高等学历继续教育文凭的世界认可度不高，只有高等教育自学考试文凭被一些国家承认，才有利于教育资源的国际输出。因此，必须积极借鉴国际高等继续教育质量标准，加快提升我国高等继续教育教学质量，实现高等继续教育办学与国际接轨。随着“一带一路”倡议的深入推进，我国高等继续教育要积极与不同国家进行教育合作与资源输出，实施国际化办学战略。目前，面向“一带一路”国家的轨道交通继续教育项目，“网上北语平台”的汉语学习项目等已经成功实现了国际化输出，并受到国外成人学习者的欢迎和广泛认可，为高等继续教育国际化办学积累了经验，下一步可以基于这些非学历继续教育项目，高校尝试开设一些学历继续教育专业，面向世界各国招生，逐步提升我国高等学历继续教育文凭的国际影响力和认可度。

二、第二方阵：重点聚焦教育质量保障，提升院校办学水平

（一）加大办学经费输入，建立质量优先发展模式

从生态视角来看，人才培养质量不高是高等学历继续教育发展的关键

制约因素，也是高等学历继续教育系统办学长期生态失衡的重要原因。而办学经费严重不足成为制约人才培养质量提升的关键所在，也是高等学历继续教育办学者普遍反映的问题，但是长时间难以解决。处于第二发展方阵的地区，人口总量、高校数量、地区生产总值全国排名靠前，因此这些地区的高等学历继续教育办学规模很大，也具备经费投入基础，有条件推动高等学历继续教育由传统的规模优先的 r 对策发展模式向质量优先的 K 对策发展模式转型。

一是要加强继续教育经费信息公开。目前各高校学历继续教育办学经费收入与支出不透明，成为审计的重点区域，“钱袋子”现象严重影响了高等学历继续教育的社会公信力和办学形象，提高学费标准的要求难以得到国家和社会的认可和理解。建议国家教育主管部门强制要求各办学院校做到年度继续教育办学经费信息公开，使之成为高等学校继续教育发展年度报告的重要内容，向全社会公布。同时做到规范办学，保障继续教育学费收入有效投入到办学中去，提升人才培养质量，这样在申请提升学费标准时，才能得到社会大众的理解和支持。

二是合理科学测算高等学历继续教育生均学费标准。根据对部分高校的调研反馈，在没有国家专项经费补助的情况下，江苏一些高校测算高等学历继续教育生均成本应为每年 6000 元左右，① 上海一所高校继续教育学院院长 L 建议：“学费可以按照人力资本和师生比进行合理确认，例如一位高校教师的人力成本约 30 万左右，普通师生比 1∶18，3 个业余学习的学生相当于 1 个普通全日制学生，业余类继续教育师生比约为 1：54，这样业余形式的学历继续教育生均学费约为 5500 元比较合理。”②无论哪种算法，都表明我国高等学历继续教育现有生均学费明显偏低，需要尽快提高学费标准。

① 上海市教委．普通高校高等学历继续教育质量提升路径与机制探索［R］. 2019.

② 教育部职业教育与成人教育司委托课题“高等教育大众化背景下高等学历继续教育定位和发展研究——基于国际比较的视角”的访谈笔记，2019-7-12.

三是建立动态调整高等学历继续教育学费标准的长效机制。《财政部、教育部关于进一步提高地方普通本科高校生均拨款水平的意见》（财教〔2010〕567号）提出，普通全日制本科、专科学生一般每年生均补贴12000元左右，① 而高等学历继续教育学生则没有这一专项补助。高等学历继续教育作为大众化教育，办学经费来源更多地需要依靠学费收入。各省区市物价主管部门和教育主管部门要根据物价消费水平的变化和办学成本核算，在考虑缺少国家生均学费补贴的因素后，按照同类普通全日制专业学费标准的一定比例，对高等学历继续教育学费标准进行定价，这样才能科学反映出合理的生均培养成本。

四是出台一些带有资金支持的学历继续教育扶持性政策和项目。例如，“一村一名大学生计划”“农民工学历与能力提升行动计划——求学圆梦行动”等学历继续教育专项，国家有一定的经费支持，取得较好的效果；四川省2019年争取到400万专项经费用于高等学历继续教育的内涵建设，这对于加快构建外部质量保障与评价体系是非常必要的，值得各省借鉴。经济发达地区也可以探索继续教育券制度，② 国家补助一定金额的教育经费以教育券的形式发给成人学习者，只能用于个人学历继续教育，以保障弱势群体参加高等学历继续教育的机会。随着“同校同质”办学战略的推进，人才培养质量的提高，国家关于高等教育生均拨款政策，应该适时考虑高等学历继续教育办学形式，以体现教育公平理念和高等学历继续教育的准公共产品性质。

---

① 教育部．财政部 教育部关于进一步提高地方普通本科高校生均拨款水平的意见［EB/OL］．2010-11-30．http：//www.moe.gov.cn/jyb_xxgk/moe_1777/moe_1779/201308/t20130805_155147.html；国务院．国务院关于印发国家职业教育改革实施方案的通知［EB/OL］．2019-2-13．http：//www.gov.cn/zhengce/content/2019-02/13/content_5365341.htm.

② 美国有些州直接将学费通过助学券的形式发给学生，这样有助于他们选择自己的学校或大学。英国劳动委员会建议成立“儿童信托基金”，为每个儿童在出生时就开设支持终生学习的账户。详见［美］帕克·罗斯曼（G. Parker Rossman）．未来高等教育：终生学习与虚拟空间［M］．范怡红，主译．北京：中国海洋大学出版社，2006：61.

（二）引入慕课推动教学改革，试点继续教育专业认证

2019年4月的中国慕课大会上，UNESCO国际教育规划研究所吉米娜·佩雷拉（Jimena Pereyra）认为“短短中国几年，中国慕课数量已经世界第一，不仅在学生中越来越普及和重要，还用在终身学习等领域，这实在让我印象深刻”。目前，多数水平高的教师工作重心都放在普通高等教育教学和科学研究方面，参与继续教育教学的积极性、可能性本身就不高，鼓励这些教师参与继续教育教学改革难度可想而知。但是随着慕课的快速发展，高校的师资构成也发生了显著变化，既包括每一位一线教师，也包括本校、外校知名专家、学者讲授的网络视频资源。利用好这些视频资源，可以有效解决高等学历继续教育的师资瓶颈和教学质量提升问题。慕课特点就是可以把更多的优秀师资进行拷贝、共享，以精品课程形式展现出来。即使教学水平一般的一线教师，借助这些优质教学资源，也可以较好地完成继续教育教学任务。一旦“教”的问题由优质视频资源来解决，“学”的问题由一线教师带领和引导学生一起来学习和讨论，充分体现以成人学习者为中心的教学理念，就能在一定程度上解决从事一线教学教师的教学能力不足问题，同时可以增强一线教师的服务意识和丰富服务内容。既可以通过名师的教学视频和师生互动做到教学相长，又可以获得合理的工作报酬，教师参与继续教育的积极性将会增加，很多研究生或者年轻教师信息素养较高，就可以胜任高等学历继续教育教学工作，从而有利于师资队伍的构建以及教学方式的多样化。

此外，第二发展方阵的院校也要注意高等学历继续教育专业认证探索。专业认证可以促进专业建设和人才培养质量提升，目前美国等发达国家积极推进专业认证，保证各高校所办专业在一个大家认同的基本质量水平上。我国普通高等教育也正在全面开展专业认证，主要分为基本质量标准认证（合格）、国家质量标准认证（优质）、国际质量标准认证（卓越）三个级别，形成了完善的专业认证体系。很多高校的工程类、医学类、师

范类专业都通过了专业认证。教育部出台的文件《高等学历继续教育专业设置管理办法》（教职成〔2016〕7 号）明确规定：院校必须在本校已开设的全日制教育本、专科专业范围内设置高等学历继续教育本专科专业，这体现出高等学历继续教育与普通高等教育专业的一致性和紧密关系。因此，为了提升高等学历继续教育人才培养质量，可以考虑将继续教育专业纳入普通高等教育专业认证体系。一方面，依托全国高校教学基本状态数据平台，对各高校高等学历继续教育办学数据进行采集，实现常态化检测；另一方面，由各高校自主申请，采取专家进校考查方式，对各高校学历继续教育专业进行周期性认证，评估既参考普通高等教育专业认证标准，也要考虑继续教育办学特点，对于达到标准的专业给予认证。建议在工程类、医学类、师范类继续教育专业率先进行试点探索。对于通过认证的专业在招生计划数、学费标准方面可以按一定比例进行提高，以激发院校参与继续教育专业认证的积极性。

（三）及时反馈市场需求变化，推动供给侧教学改革

当前，高等学历继续教育系统对于市场需求信息反馈不及时、办学定位不准确也是人才培养质量低下的一个重要原因。目前，高等学历继续教育系统主要是满足了成人学习者的初级需求，即获得一张学历文凭，而没有关注成人学习者知识、技能及应用能力的提升，系统输出的人力资源自然得不到劳动力市场的认可。要提升高等学历继续教育人才培养质量，必须对接市场需求，及时获取市场的反馈信息，进行供给侧改革。要以能力水平为本位衡量学习成果，以能力标准倒逼课程目标的革新，与行业、企业联合开发人才培养标准，进而调整自身的教学计划、专业与课程体系。目前最有效的途径就是构建校企继续教育联盟，以订单式方式，校企合作联合培养企业急需的各类人才。例如，清华大学牵头成立的校企继续教育联盟，郑州大学牵头成立的河南省大学与企业继续教育联盟，西南交通大学牵头成立的轨道交通职业教育联盟都是很好的尝试。

三、第三方阵：重点推进信息技术应用，改善现有办学生态

（一）加大信息技术资源输入，提升教育信息化水平

位于第三发展方阵的地区，经济发展水平相对落后，高等教育资源相对匮乏，人口区域密度相对较小，高等学历继续教育综合办学水平相对较低，在政策、师资、资金、人口等方面都不具有优势，因此推动高等学历继续教育的综合改革难度很大。信息技术对未来教育的发展具有革命性影响，特别是人工智能、大数据技术的快速发展，将重塑我国高等学历继续教育的办学生态，所以可以利用信息技术推动这些地区的高等学历继续教育改革发展，提升管理信息化水平。促进高等学历继续教育的招生、报名、注册、缴费、个人自学、网上辅导、学籍管理、毕业管理等各环节逐步实现信息化、网络化、智能化。减少办学经费的流通环节和二次分配，降低人工管理成本，提高工作效率，减少人为干预的机会，保证管理规范。

考虑到教育信息化、智能化建设投入巨大，建议以各省区市为单位开展高等学历继续教育网络学习与管理平台建设，通过共建共享的方式，减少办学院校的继续教育信息化投入，减少信息孤岛，为学分银行和资历框架建设进一步创造条件。目前山东省在这方面已经有很好的探索与实践，建设了山东省继续教育公共服务平台,① 值得借鉴。同时建议以各省区市的继续教育公共服务平台为节点，在国家层面构建全国性的继续教育公共服务平台，以推动各省区市的资源共建共享、互动交流学习、多种办学形式融合统一、继续教育专业认证和教学质量评估。

（二）共建共享优质学习资源，增加与普通高等教育合作

从 1999 年至今，我国高等学历继续教育，特别是举办网络教育和开放

---

① 何爱霞．2010 年以来我国高等继续教育发展现状与趋势分析［J］．现代远距离教育，2016（5）：23.

教育的院校，开发建设了大量网络课程资源，但是课程资源重复建设、内容陈旧与更新缓慢、开发方式相对落后的现象比较突出。此外，网络课程资源建设不均衡现象也比较突出，位于第三发展方阵的很多院校由于缺乏优秀师资和建设经费，网络课程建设水平还相对比较薄弱。目前，网络课程已经成为开展高等学历继续教育的重要学习载体。成人学习者具有很强的信息筛选、学习及再组织能力，喜欢互动交流，偏好于对实际工作有用的知识。仅靠高等学历继续教育领域目前现有的这些“三分屏”模式的网络课程资源很难满足成人学习者的需求。在普通高等教育领域，目前我国已经启动一流课程建设计划，要建设大量的国家精品在线开放课程、国家虚拟仿真实验教学项目，这类“金课”主要由教学名师开发，建设成本非常昂贵，是成人教育网络课程成本的几倍甚至几十倍。课程建设经费是很多学校必须面对和关心的问题，因此高等学历继续教育可以基于共建共享原则，参加普通高等教育课程建设项目，通过资金投入、课程推广与学习反馈，获得这些优质课程的使用权。随着成人学习者综合水平的不断提升，可以与普通高等教育学生共用这些资源，进行翻转课堂学习。这样既可以有效解决网络课程建设经费不足问题，又可以帮助优质网络课程得到应用与完善，拓展教学名师的服务范围，也可以增加优质师资参与成人继续教育的积极性，从而使院校、授课老师、继续教育管理者、成人学习者多方受益，实现普通高等教育与高等学历继续教育互利共赢。

（三）构建校友网上精神家园，营造终身学习氛围

高等学历继续教育系统从建立至今，已经为社会输送了大批毕业生，促进了我国人力资源建设，为经济社会发展做出了重大贡献，也使大批成人学习者圆了大学梦，在职称晋升、工作岗位变动等个人发展方面获得了更好的机会。但是这些成人学习者对毕业院校和继续教育学历文凭的认同感普遍不强，在高等学历继续教育办学影响力和社会口碑营造方面缺少正能量。这涉及院校对成人学习者在籍学习时的重视与关心程度问题，也和院校忽视继续教育的校友资源开发与利用有很大关系。目前，一些高校继

续教育办学者已经意识到这一点，例如，一位师范院校继续教育学院院长M说："继续教育学院今年总计上了两次学校头条。一条是成教学生建立临时党支部，推进继续教育学生思政工作；另一条是我们举办了成人教育毕业典礼，校长亲自参加并一一给我们所有成教学院毕业生行'拨穗礼'、授予学士学位并合影留念。校长说大家都是我们学校的学生，希望有时间都回到母校来看看，毕业典礼上校长和学生们一起唱《我和我的祖国》，场面非常感人，所有人都非常激动。"① 试想，这样的毕业场景会令很多成人教育毕业生终生难忘，也会对母校有更多感恩。另一位985高校继续教育学院院长N也认为："学历继续教育要有校情校史课，使学生有归属感，如果连我校的校史都不知道，校门什么样子也不清楚，凭什么说是我们学校的毕业生呢?"② 因此，在校友资源开发与利用方面，高等学历继续教育需要做更多改进。通过建立校友会，开设校情、校史类免费网络公开课程，打造网上精神家园等方式，增加与在籍学生、毕业校友的联系与沟通，使之对学校有归宿感和认同感，这将为高等学历继续教育办学带来更多的社会资源和美誉度。在终身学习理念日益普及的情况下，也将增加校友回母校再次接受继续教育的机会，使高等学历继续教育逐步演变成为一个循环再生产的终身学习系统。

第二节 明确高等学历继续教育系统办学生态位

生态位（niche）是生态系统理论的一个重要概念，主要是指在生态系统中，一个物种与其他物种相关联的特定时间位置、空间位置和功能地位。通过对我国高等学历继续教育系统办学历程和区域演化过程分析可知，在不同历史时期，我国高等学历继续教育形成了不同的办学生态位，

① 教育部职业教育与成人教育司委托课题"高等教育大众化背景下高等学历继续教育定位和发展研究——基于国际比较的视角"的访谈笔记，2019-7-10.

② 教育部职业教育与成人教育司委托课题"高等教育大众化背景下高等学历继续教育定位和发展研究——基于国际比较的视角"的访谈笔记，2019-1-25.

各省差异性较大。高等学历继续教育不仅处在国内外政治、经济、文化、科技等宏观生态环境的包围中，还处在与整个普通高等教育群落共为一体的微观生态环境中，新时期的办学如何定位，关系到未来高等学历继续教育能否实现可持续发展。本书基于教育发展的四个关键要素即结构、规模、质量、效益来分析高等学历继续教育办学生态位。其中可持续发展办学理念是核心，结构、规模、质量、效益等关键要素围绕以“全纳、公平、优质、终身学习”为特征的可持续发展理念，形成高等学历继续教育办学生态位，四个要素相互联系、相互影响，如图 6-1 所示。

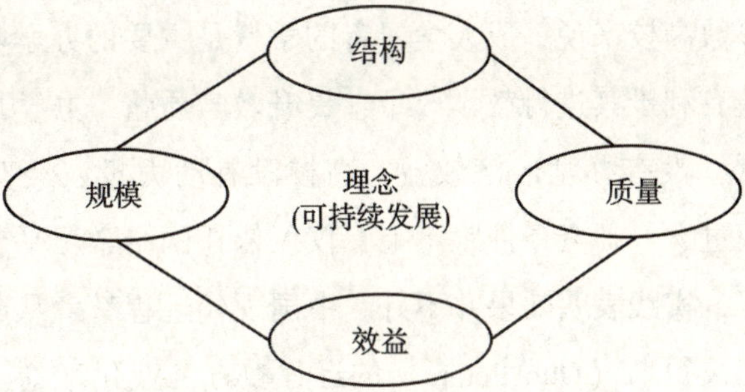

图 6-1　我国高等学历继续教育办学生态位要素关系图

一、生源输入：建立基于师生比的规模生态位

办学规模是高等学历继续教育发展水平的一个重要指标，全纳和包容是规模生态位的重要特征。合适的办学规模生态位是优化高等学历继续教育结构生态位、提升质量生态位以及发挥效益生态位的基本条件。由我国高等学历继续教育系统外部环境变化及其影响分析可知，在未来一段时期，虽然人口出生率整体呈下降走势，我国劳动年龄人口基数和规模很大的国情不会根本改变，人口素质偏低对经济社会发展的压力不会根本改变，人口分布与优质教育资源的紧张关系不会根本改变。因此高等学历继续教育整体上仍将保持一定的办学规模，我国高等学历继续教育本专科（不含自考）招生数 2017 年 503. 64 万，2018 年 594. 22 万；全国高等教育

自学考试学历教育报考，2017 年 470.94 万人次，2018 年 544.69 万人次。不同地区的院校高等学历继续教育办学差距很大，例如，位于第二方阵的广东、江苏、山东、湖南、四川等地区的高校学历继续教育办学规模多在万人以上，而位于第三方阵的内蒙古、海南、青海、宁夏、西藏等地区年度招生量很少，缺乏办学的规模优势，在生均学费差距不大的情况下，不同地区高等学历继续教育办学的马太效应日益明显，部分院校逐步放弃了日益萎缩的学历继续教育，而有些院校，特别是开放大学和部分网络学院，办学规模不断扩大，国家开放大学注册学生 300 多万人，一些网络教育试点高校办学规模达到 10 万人以上。

对于大多数高校来说，成人学习者的学费是主要的办学收入来源，适度的办学规模有利于其进行教学改革，提升教学质量。办学规模太小，生均学费又偏低，没有办学经济效益，高校没有动力投入经费进行教学改革；办学规模过大，师资条件跟不上，仅仅依托网络学习平台，让成人学习者自主学习，实践表明效果并不好。中国现代远程教育从起步开始，就借鉴了奥托·彼得斯（Otto Peters）的远程教育工业化理论，采取了超大规模招生、低生均成本、低学费定价的办学模式。该理论已经不适应网络时代远程教育的发展，工业化模式的代价就是大大降低了师生之间持续而直接的教学交流。格伦威尔·鲁姆勃尔（Greville Rumble）认为，相对于具有规模经济优势的第一代和第二代远程教育，现代网络远程教育的成本结构更接近面授教学模式。① 因此，在学费标准没有大幅度提升的情况下，为了保障教学质量，国家层面必须根据一定的师生比，控制各高校学历继续教育总的招生名额，推动高等学历继续教育由规模优先的 r 对策发展模式向质量优先的 K 对策发展模式转型；院校也必须建立适度的办学规模观，既注重经济效益，也充分考虑人才培养的质量和社会效益。对于适度规模如何确定，一些院校继续教育学院负责人有一个共识：基于师生比，

① 丁兴富．远程教育经济学概述及其国外主要研究成果——远程教育经济学研究的研究（一）［J］．现代远程教育研究，2001（1）：12-17，63.

一所高校原则上每年学历继续教育招生规模不能超过普通全日制的招生数（含研究生），学生数计入国家规定的各高校在校生规模，作为测算学校办学条件和高校评估的基础数据之一。①

二、办学群落：优化结构生态位和质量生态位

（一）建立扁平化办学的结构生态位

高等教育结构，就是高等教育诸要素（内部要素、外部要素与结合部要素）在特定时间与空间上普遍联系与变化发展的状态与过程，呈现以时间、空间为轴线，以各层次、各维度为基键的复杂结构。② 高等教育宏观结构主要涵盖体制结构、形式结构、区域结构、层次结构、能级结构、科类结构等，微观结构主要包括学科专业结构、课程结构、教材结构、队伍结构、各类人员的知识结构等。③ 基于可持续发展的办学理念，新时期我国高等学历继续教育系统的体制结构、形式结构和区域结构等急需重新定位，结构的优化有利于高等学历继续教育人才培养质量的提升。在体制结构上，新时期需要进一步加强与普通本科教育、高等职业教育的互利共生机制，弱化双轨制办学模式，融入高等教育整体发展战略，凸显终身教育特色，成为普通高等教育改革发展的综合试验区和先行者，而不仅仅是被人们所熟知的“钱袋子”。在形式结构上，高等学历继续教育发展历程表明，该系统一直在做“加法”，不断增加新的办学物种和种群，新时期需要进一步优化办学组织，实现系统结构扁平化。随着成人高校数量不断萎缩，自考主考院校办学意愿下降，部分网络教育试点院校退出，高等学历继续教育属于“老城改造”，现在也需要做“减法”，加快推动成人本专科

① 教育部职业教育与成人教育司委托课题“高等教育大众化背景下高等学历继续教育定位和发展研究——基于国际比较的视角”的访谈笔记，2019-7-12.

② 曲涛，王雪梅，陈婷婷，王小会．国外高等教育结构研究文献综述［J］．淮南师范学院学报，2018，20（6）：72-76.

③ 齐亮祖，刘敬发．高等教育结构学［M］．哈尔滨：黑龙江教育出版社，1986：89.

教育、自考本专科教育、网络本专科教育的融合，最终成为一种统一的办学形式。根据我国高等学历继续教育系统结构，不同教育形式融合统一需要自顶而下进行，教育主管部门的继续教育职能首先要进行整合统一，然后院校办学职能进行合并，函授站点、学习中心、公共服务体系的数量和规模会随之改变。在区域结构上，新时期高等学历继续教育办学要充分考虑区域发展的差异性，不再进行“大锅饭”办学，鼓励处于第一方阵、第二方阵、第三方阵的各省区市根据地方的实际需求，进行高等学历继续教育改革，激活地方教育主管部门的工作动力和院校办学的活力。

（二）实施分三步走的质量生态位

质量生态位是我国高等学历继续教育能否保持可持续发展的关键因素，是结构生态位、规模生态位、效益生态位的全部归属。当前高等继续教育办学主要矛盾已经演变为人民群众和经济社会对多层次、多样化、高质量继续教育需要与继续教育不强、不优、不活之间的矛盾。人才培养质量水平低已经成为高等学历继续教育发展历史的标签。在新时期，我国高等学历继续教育的质量生态位如何制定？无论是发展质量观、适应性质量观，还是多元质量观、特色质量观都还十分抽象，需要有一个明确的目标。这个目标就是需要达到办学院校普通全日制毕业生的通用水平，即“同校同质”。该目标的确立有其政策历史渊源、国内现实情境需要，同时也受国际高等教育发展影响。1987 年 2 月，国家教委颁布了《普通高等学校函授教育暂行工作条例》，这是我国函授教育史上第一个带有法规性质的综合性指导文件，其中关于“函授毕业生必须达到高等学校同层次、同类专业毕业生相应水平”的质量一致性原则，成为函授教育的准绳。1991 年 6 月，国务院学位办、国家教委文件《关于整顿普通高等学校授予成人高等教育本科毕业生学士学位工作的通知》指出：“授予成人本科毕业生学士学位，必须坚持与授予普通本科毕业生学士学位基本相同的标准，即我国学位条例规定的学士学位获得者必须达到的水平。成人本科学历教育的办学形式可以多种多样，但授予学位的标准应该一致。”从高等学历继续教育发展历程和区域演化来看，一直以“同校异质”的形式与普通高等教育双轨并行发展，办学实践表明高等学历继续教育投入的生均师资和办学经费都明显不足，各种质量保障措施难以改进高等学历继续教育人才培养质量，甚至是办学规范性都很难保障。因此，落实原有成人本专科教育政策文件提出“同校同质”的办学质量标准，可能是破解现有高等学历继续教育发展难题的有效之法。此外，从国际高等教育发展趋势来看，“同校同质”是世界各国高校开展高等学历继续教育的普遍做法，充分体现了教育公平，保障了成人学习者的培养质量。

但是在实际调研过程中，很多高校继续教育办学者、管理者对“同校同质”持悲观态度。一位综合性高校继续教育学院院长 F 认为：“同校同质很难做到，因为生源完全是两个层次，普通全日制和继续教育的培养目标不一样，在影视、艺术、表演的一些专业可能可以实现。”① 一位财经类高校继续教育学院院长 G 认为：“同校同质我不赞同。二者各有特色，不能采用同一个标准。例如成人高等教育的学位申请目前很难，在英语方面，不能像普通全日制那样对成人学习者做更多的要求。但是这些人专业技能强于在校普通全日制本科生，例如具有国家、国际注册会计师的成人学习者也来我校进行专升本学习。”② 一位师范类高校继续教育学院院长 H 认为：“高等教育自学考试就是同校同质的一种尝试，但是自从网络教育和开放大学出现，办学质量也明显不如以前了，现在有些省份办学规模很小，有些高校甚至停办了自学考试。”③ 华东师范大学叶忠海认为：“同校同质不是一个新提法，当时高等教育自学考试就是这个标准，每一门课都成立一个专家委员会和课程委员会。自学考试的辅导材料、考题命题、考试的标准，都是由这个委员会把握，比如说十门课，每一门课考试通过

---

① 教育部职业教育与成人教育司委托课题“高等教育大众化背景下高等学历继续教育定位和发展研究——基于国际比较的视角”的访谈笔记，2019-7-10.

② 教育部职业教育与成人教育司委托课题“高等教育大众化背景下高等学历继续教育定位和发展研究——基于国际比较的视角”的访谈笔记，2019-7-10.

③ 教育部职业教育与成人教育司委托课题“高等教育大众化背景下高等学历继续教育定位和发展研究——基于国际比较的视角”的访谈笔记，2019-7-10.

了，就可以申请毕业文凭。某种意义上，自学考试比普通全日制的要求还要高，因为它是招考分离的。高等学历继续教育要重点研究把自学考试这一块，在原有的基础上怎么进一步巩固发展的问题。现在都把要求降低了，标准越来越宽了，所以才会造成这个问题。"① 此外，一位高等继续教育行政管理者I认为："同校同质会与现有的高考制度相冲突，因为目前普通高考是按省区市制定招生计划进行录取的，不同省份的考生报考同一所大学的分数不同，因此催生了我国教育主管部门明令禁止的高考移民现象。而高等学历继续教育对成人学习者没有这方面的限制，随时随地可以入学。"② 此外还有多位继续教育学院院长反馈，办学经费是制约继续教育发展的一大问题，继续教育的学费偏低，几十年没有调整过，同时缺少财政资金对继续教育的投入，只有摆脱了经济指标的压力，拥有充足的经费支持，才能从各方面提升继续教育的办学质量。

结合继续教育领域专家学者、办学者的观点来看，"同校同质"目前在高等学历继续教育领域很难立即推行。一是质量生态位受到现有结构生态位的制约，"同校同质"需要普通高等教育的支持与配合，双方都要进行改革；同时现有的成人本专科、自考本专科、网络本专科三足鼎立的体系结构也不利于推行"同校同质"。二是质量生态位受到现有规模生态位的制约，目前各院校高等学历继续教育办学规模两极分化严重，一些院校几万人，而一些学校特别是高职类院校只有几百人，不仅学费低，而且没有普通全日制的生均补贴和国家专项财政收入。三是质量生态位受传统的效益生态位制约，目前很多高校关于高等学历继续教育的定位还是"钱袋子"，不仅缺少对高等学历继续教育的办学投入，而且还把成人学习者的学费收入挪作他用。因此，新时期高等学历继续教育质量生态位制定，比

① 教育部职业教育与成人教育司委托课题"高等教育大众化背景下高等学历继续教育定位和发展研究——基于国际比较的视角"的访谈笔记，2019-7-10.

② 教育部职业教育与成人教育司委托课题"高等教育大众化背景下高等学历继续教育定位和发展研究——基于国际比较的视角"的访谈笔记，2019-7-11.

较符合现实情况的方案是以“同校同质”为最终目标，实施三步走的发展战略：

第一步是“规范办学”阶段，优化规模生态位。实现各院校按一定的师生比进行招生，成人本专科和网络本专科教育融合，不再作为独立的教育形式，而是作为不同的继续教育学习形式而存在。

第二步是“统一办学”阶段，优化结构生态位。实现成人本专科、网络本专科、自考本专科等继续教育形式的融合统一，统一毕业证书样式，高等学历继续教育质量保障和评估纳入整个高等教育体系，在专科层次探索“同校同质”办学。

第三步是“同质办学”阶段，优化效益生态位。在专科层次全面实行“同校同质”办学，在本科层次部分专业试点“同校同质”办学，然后经过较长的一段时期试点，来推动高等学历继续教育与普通高等教育相互促进改革，协同共生发展，最终全面实现“同校同质”，顺应国际高等教育发展趋势。

三、资源输出：形成基于多维评价的效益生态位

效益生态位主要是指高校办学投入与产出之间的比较，它既有经济效益含义，也有社会效益含义。高等学历继续教育效益生态位体现了一所院校在特定时期和特定环境中的影响力和支配力，是一种整体性、多维度概念。从高等学历继续教育发展历程和区域演化来看，很多学校把高等继续教育定位于社会服务，对于高校自身来说，产生了一定的经济效益，但是由于人才培养质量较低，导致社会效益偏弱。在新时期，需要拓宽和扩充高等学历继续教育的办学生态位，经济效益和社会效益并重。正如一位继续教育主管部门负责人 J 所说：“我们高校具有人才培养、科学研究、文化传承、国际交流合作、社会服务五大功能，很多时候继续教育办学和这五大职能都有紧密的联系，如果继续教育仅仅定位在社会服务，定位在赚取

经济效益，这个方向就出了偏差。”①从国内外高等学历继续教育发展规律来看，无论是应用型和技能型人才，还是研究型人才，都需要参加继续教育，不断地进行终身学习。所以高等学历继续教育在人才培养、科学研究、国际交流合作、文化传承、社会服务等方面，都可以发挥重要作用，可以成为高等教育改革发展的试验区，可以提升高校的办学影响力和对社会资源的支配力，可以创造更大的社会效益。

第三节　实施高等学历继续教育可持续发展战略

一、办学理念：坚持可持续发展

办学理念为教育理念的下位概念，是引领高等学历继续教育未来发展的灵魂，需要回答新时期办什么样的高等学历继续教育和怎样办好高等学历继续教育。彼得·贾维斯（P. Jarvis）认为，可持续发展理念在全球范围内的提出，实质上就是号召人类对自己的生存现状、发展模式、生活方式进行深刻反思。② 近年来，国际上普遍认识到教育是推动可持续发展变革，提高人们将社会理想转变成现实能力的主要力量。2014 年，联合国教科文组织世界可持续发展教育大会提出《全球可持续发展教育行动计划》，运用双重方式扩大并强化可持续发展教育行动：把可持续发展纳入教育当中，把教育纳入可持续发展当中。2015 年，联合国可持续发展峰会通过《改变我们的世界：2030 年可持续发展议程》，该议程是指导未来 15 年全球可持续发展的纲领性文件，覆盖了 17 项可持续发展目标，其中目标 4 提出“确保全纳和公平的优质教育，让全民终身享有学习机会”，这为教育

---

① 教育部职业教育与成人教育司委托课题“高等教育大众化背景下高等学历继续教育定位和发展研究——基于国际比较的视角”的访谈笔记，2019-7-12.

② 兰岚．论我国终身教育的立法核心——公民学习权保障［J］．华东师范大学学报（教育科学版），2019（1）：153．源自：Jarvi P．Democracy，Lifelong Learning and the Learning Society：Active Citizenship in a Late Modern Age［J］．International Journal of Lifelong Education，2009，28（6）：804-806.

改革提出了明确要求和发展方向。同年，联合国教科文组织先后发布了《教育2030行动框架》和《关于成人学习与教育的建议书》，七大目标勾勒全球未来教育蓝图，教育的使命被扩大至全纳、公平、优质和全民终身学习，进一步明确了成人终身学习的定义、范围、目标体系和行动领域。可见，在成人继续教育领域，可持续发展作为一种教育理念已经得到世界多数国家的认同，正在作为一种教育原则，形成相应的教育政策，来指导各国终身教育的发展。为此，我国高等学历继续教育要树立可持续发展的办学理念，从传统的“学历导向型”向“学力导向型”转型，为成人学习者提供全纳、公平的优质教育，使其享有终身学习机会，在高等教育领域形成具有继续教育特色的办学生态位。

二、办学群落：应用可持续发展模型

基于高等学历继续教育生态演变规律可知，可持续发展一直是我国高等学历继续教育追求的发展目标，但是目前的可持续发展水平还比较低，缺乏明确的、具有可操行性的可持续发展模型指导。为此，可以借鉴国际高等教育最新发展理念，构建我国高等学历继续教育可持续发展模型（如图6-2所示），用来指导新时期我国高等继续教育的综合改革。该模型反映出我国高等学历继续教育可持续发展路径：首先，在资源输入、系统办学、资源输出等环节明确可持续发展指标；其次，系统内部群落的物种由原来的互斥竞争向互利共生演变，种群关系由原来规模优先的r对策发展模式向质量优先的K对策发展模式演变，系统具有清晰的办学生态位，办学群落与外部环境交互追求生态平衡；最后，该系统注重信息及时反馈，强调循环再生产，对成人学习者实施终身教育。该模型有助于我国教育政策制定者调控高等学历继续教育办学格局和发展速度；有助于院校等办学机构的管理者优化人才培养模式与提升办学质量，能够促进高等学历继续教育的生态可持续发展。

（一）增强高等学历继续教育的自然生态系统特性

高等学历继续教育是一个具有自然生态系统和社会生态系统双重特征

的复合生态系统。从我国高等学历继续教育生态系统已发生的演替历程来看，每次的演替都是异发演替，具体表现为国家教育政策的出台或调整，促使高等学历继续教育系统内部的教育形式类型增加，进而导致系统的整个办学网络结构和功能发生变化，院校种群之间的关系日益复杂。这表明作为一个社会生态系统，高等学历继续教育系统容易受到外部环境因素的干预和影响，具有易变性强的特点。依据生态系统理论和可持续发展理论，系统内部结构相对稳定有利于高等学历继续教育系统办学生态平衡，而结构性、相对稳定性正是自然生态系统的特征。为此，可持续发展模型在资源输入和系统办学环节坚持公平性原则，强调各类学历继续教育政策文件保持一致性和公平性，办学过程规范管理和学习考核差异评价，促使院校种群采用质量优先的 K 对策发展模式进行公平竞争，办学群落的网络结构保持相对稳定和简单化，进而减少办学经费的流通环节和无用损耗。

（二）优化高等学历继续教育的社会生态系统特性

在社会生态系统特点方面，高等学历继续教育主要具有社会性、易变性、开放性、目的性等特征。通过我国高等学历继续教育生态系统的演替历程来看，从最初的扫盲教育起步，到青工双补教育，再到面向知青的学历补偿教育，再到给高考落榜生提供上大学的机会，再到目前面向所有成人学习者的终身教育，该生态系统的社会性和目的性非常明确，不断随着社会经济发展的需要而发生变化，整体上办学定位由“补偿教育”向“终身教育”转变。依据生态系统理论和可持续发展理论，高等学历继续教育系统办学长期生态失衡主要是资源供给不足、不优，外部环境信息反馈不及时、不准确所导致的。为此，可持续发展模型在资源输入输出环节坚持优质性原则，强调优质师资持续输入和办学经费充足，资源输出环节与外部环境加快信息交流反馈，推动系统办学从生态失衡走向生态平衡。

（三）提升高等学历继续教育系统可持续发展水平

该模型基于可持续发展理念设定了四个评价指标，将有效促进我国高等学历继续教育综合发展水平的评价指标体系建设。由我国高等学历继续教育演变历程可知，从“一枝独秀”到“双雄并举”，再到“三足鼎立”，可持续发展水平得到一定的改善，“全纳”“终身学习”等指标得到了显著提高，但是“公平”“优质”等指标提升效果不明显，限制了高等学历继续教育的可持续发展。依据高等学历继续教育演变规律，可持续发展模型将“优质性”这一指标贯穿于资源输入、系统办学、资源输出三个环节，强调优质师资、办学经费的充足输入，质量保障体系建设，与外部环境的信息交流反馈。同时进一步保障资源输入环节、办学环节的公平性，资源输入输出环节的终身性，促进成人本专科教育、自考本专科教育、网络本专科教育从无序恶性竞争走向有序良性融合，实现与普通高等教育互利共生发展。

三、办学行动：提升可持续发展能力

为了将“确保全纳、公平、有质量的教育，增进全民终身学习机会”这一教育理念有效贯穿于高等学历继续教育人才培养的全过程，推动高等学历继续教育可持续发展战略由理念转变为具体行动，基于可持续发展模型（如图6-2所示），建议资源输入、系统办学、资源输出三个环节的可持续发展指标进一步明确和提升。

（一）资源输入环节

1. 全纳性

从我国高等学历继续教育生态系统发展历程来看，系统输入资源的全纳性（inclusive）主要体现在对各类生源的包容吸纳。全纳性（有时也译作包容性）发展具有坚实的伦理学基础，核心要义是实现全体社会成员的差异性与公平性的和谐统一与共享发展。① 联合国教科文组织制定的《教

① 林昆勇，任春晓. 论以人为目的包容性发展战略的生态伦理意蕴［J］. 改革与战略，2014，30（6）：15-18.

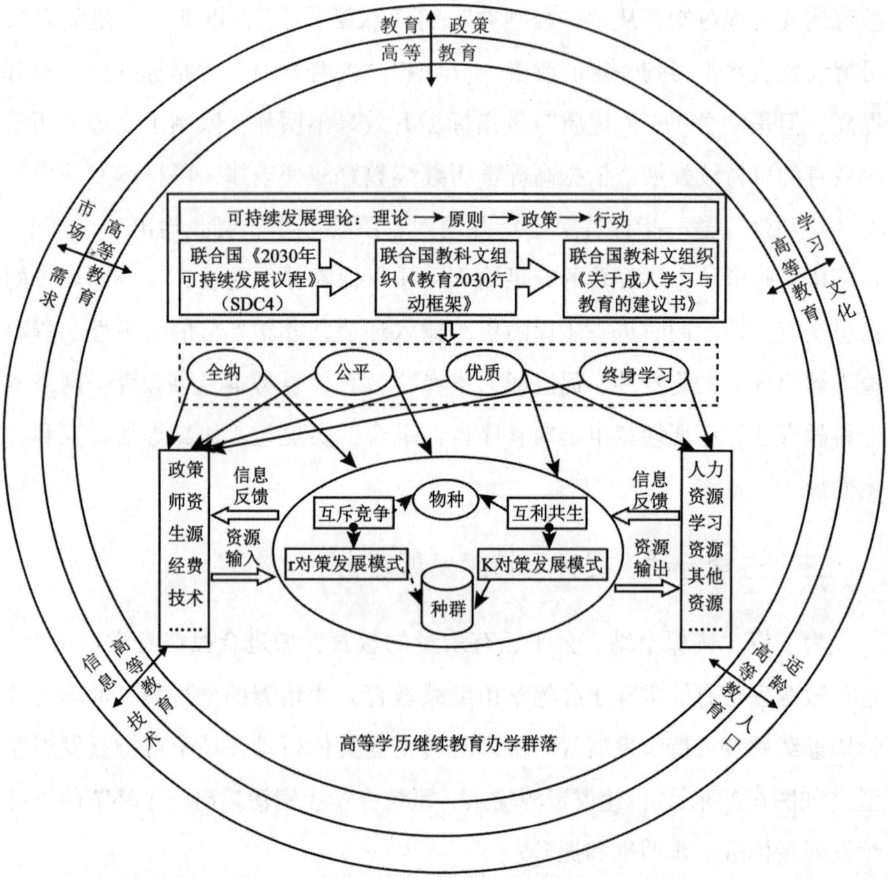

图 6-2 我国高等学历继续教育系统生态可持续发展模型

育 2030 行动框架》，总体目标是关注全民教育目标和千年发展的未尽事业，并致力于解决全球当前和未来的教育问题，改变个人、社区及社会的生活，不让任何人掉队，全纳性是该行动框架的核心关键词。高等学历继续教育生态系统是我国最能体现包容性、全纳性的终身学习系统，系统输入环节全纳性指标的高低，反映出我国高等学历继续教育入学门槛的高低和弱势群体学习机会的多少。虽然高等教育自学考试面向所有人开放，成人本专科、网络本专科教育入学资格考试难度较低，但还是有一定数量的人群缺乏自学能力和学习机会，受教育年限偏低。随着高等教育普及化阶段的到来，我国高等学历继续教育系统要进一步增强其全纳性，充分体现出自身的办学优势。

2. 公平性

从我国高等学历继续教育生态系统发展历程来看，系统输入资源的公平性（equitable）主要体现于各类学历继续教育政策文件的一致性和公平性。教育政策公平是高等学历继续教育可持续发展的重要保障。长期以来，我国成人本专科教育、网络本专科教育、自考本专科教育面向同一类学习群体，却分别制定政策进行指导管理，招生录取政策存在较大差异，入学方式和考核标准不一，学费标准差距很大，容易导致不同类型高等学历继续教育的不公平竞争，也不利于各类高等学历继续教育融合发展。随着信息技术的快速发展，很难区分网络教育试点院校与其他学校之间信息化教学的差距。网络教育逐渐演变为一种教育手段和学习方式，作为一种学历教育形式，网络教育试点办学政策的公平性很难体现。终身学习社会的到来，成人学习者由原来对入学机会和文凭的追求逐渐转变为对教育公平和质量的需要，对教育获得感的重视。因此，要进一步提升资源输入环节公平性指标，加快我国高等学历继续教育现有利益格局调整，推进多种办学形式融合统一。

3. 优质性

从我国高等学历继续教育生态系统发展历程来看，系统输入资源的优质性（quality）主要体现在优质师资持续输入和办学经费充足两个方面。高等继续教育办学机构师资力量薄弱和办学经费投入不足是教学质量低下的一个重要原因。对于高等教育领域的优质师资来说，首选是普通高校，其次才是开放大学、电大以及其他成人高校。即使在普通高校内部，优质师资也很少参与高等学历继续教育教学。随着我国高等教育大众化战略的实施，每所学校普通高等教育招生规模逐步扩大，导致师资进一步紧张。2018 年 1 月 30 日，教育部发布《普通高等学校本科专业类教学质量国家标准》，本科教育成为大学的根和本，以及工作重心。目前清华、北大等重点高校先后放弃了高等学历继续教育，重普通教育、轻学历继续教育有愈演愈烈之势。同时，我国高等学历继续教育办学经费主要来自学生的学费，缺少来自国家和政府层面的办学经费补助，因此远低于现有的普通高等教育人均教育经费标准。受师资队伍和教学投入的限制，同时考虑生源自身水平的不同，高等学历继续教育和普通高等教育教学质量差距很大。为此，加大我国高等学历继续教育人才培养质量改革的推进力度，重点要提高资源输入环节的优质性指标。

4. 终身性

从我国高等学历继续教育发展历程来看，系统输入资源的终身性（lifelong）主要体现在加大信息技术应用和终身教育理念的传播。一方面，要利用信息技术构建随时随地开放学习的空间，推动高等继续教育信息化建设。软件、硬件建设并重发展，利用人工智能技术加强学习支持服务，提升继续教育领域工作人员信息素养。另一方面，要加强终身教育理念的传播，推动成人学习形成新的学习文化，不再唯文凭是举，从阶段性学习转向终身学习，更多地关注自身兴趣、爱好与职业生涯发展，进而推动高等学历继续教育系统教学过程进行改革，吸引更多的成人学习者参与继续教育。因此，建议通过资源输入环节终身性指标的提升，拓展我国高等学历继续教育系统办学生态位的宽度。

（二）系统办学环节

1. 全纳性

对于高等学历继续教育系统而言，办学环节的全纳性主要体现在院校办学的差异性和课程教学的包容性。目前，不同学校学历继续教育的办学目标、办学类型、专业设置、教学内容等“同质化”严重，个性缺失、“千校一面”，缺乏办学特色。因此，要增强对成人学习者职业能力与职业素养提升的重视，充分体现出继续教育的特点，与不同地域的社会、经济发展紧密联系。目前，我国不同地区、城乡、行业的成人群体教育水平和收入差距明显，各高校继续教育办学相互竞争有余，合作不足，缺乏包容性。而教育是一个人提升社会地位和职业发展空间的重要手段。为此，高等学历继续教育系统需要对城镇社区、农村地区的低收入群体、残障人士进行更多的关爱和教育支持，开设一些适合城镇社区、农村地区治理以及残障人士群体成长的课程，增强教学媒介多元化的支持，与普通高等教育、高等职业教育错位发展。通过系统办学环节全纳性指标的提升，凸显我国高等学历继续教育系统生态位错位发展程度和办学特色。

2. 公平性

对于高等学历继续教育系统而言，办学环节公平性主要体现在办学过程规范管理和学习考核差异评价。目前，在我国高等学历继续教育办学过程中，教师浮躁化、学生功利化、院校短视化的趋势明显。建议遵循高等学历继续教育固有办学规律，出台一系列鼓励措施，引导教师真正将精力放在教学上，回归初心，尽到教师应有的职责，关心和积极参与继续教育专业建设；强化教学过程管理，重视考核评价环节，对学习过程和考试结果进行差异化评价，激发成人学习者学习的积极性，引导成人学习者学以致用，减少功利性学习倾向，严格遵守教学规章制度，认真学习。通过提升系统办学环节公平性指标，凸显我国高等学历继续教育办学的规范性和严肃性，增强高等学历继续教育系统办学生态位的稳固度。

3. 优质性

对于高等学历继续教育系统而言，办学环节优质性主要体现在高等学历继续教育质量保障体系建设。与很多国家不同，我国实行高等教育双轨制办学模式，普通高等教育质量保障体系并未涵盖本专科层次的高等继续教育。因此，对于外部质量保障，建议建立政府宏观监控、社会质量评价、学校自主质量管理的三者共同协调、互为一体的高等学历继续教育质量保障体系，将成人本专科教育、网络本专科教育、自考本专科教育全部纳入其中，该质量保障体系要充分借鉴或者直接融入现有的普通高等教育质量保障体系。对于内部质量保障，建议增强成人本专科教育、自考本专科教育、网络本专科教育现有质量保障的标准统一性和执行力，做到有规可依、有规必依。通过提升系统办学环节优质性指标，来遏制办学质量不断下滑的局面，维持高等学历继续教育系统现有的办学生态位。

(三) 资源输出环节

1. 优质性

对于高等学历继续教育系统来说，资源输出环节优质性主要体现在外部环境和系统办学之间及时准确的信息反馈与交流。通过高等学历继续教育发展历程可知，由于我国高等教育基础薄弱，成人学习者整体受教育程度较低，长期以来劳动力市场以文凭作为衡量人才的重要标准。随着我国经济社会的快速发展，产业布局和经济结构都在快速调整。传统产业不断萎缩，新兴产业日益兴起，科学技术应用越来越广，社会对于创新性人才、实用技能型人才的需求不断凸显。创新能力、综合素质和文凭一样，也逐渐成为劳动力市场衡量人才的重要指标。因此，资源输出环节要加强与外部环境的互动交流，准确获取外部环境的教育政策、市场需求和生源变化情况，以及信息技术进展、学习文化的转变，及时反馈给资源输入环节和系统办学环节。高等学历继续教育相对于普通高等教育来说，更接近市场，要及时根据国家、社会和市场需求的变化，调整招生专业与计划，实现就业与劳动力市场的无缝对接，学以致用是继续教育的本义，更是新时期我国高等学历继续教育教学改革发展的目标。因此，要通过提升资源输出环节优质性指标，加快我国高等学历继续教育市场化办学。

2. 终身性

对于高等学历继续教育系统来说，资源输出环节终身性主要体现为终身学习资源推广和成人学习者继续教育。终身性指标的高低，反映出我国高等学历继续教育可持续办学的能力。构建服务全民的终身学习体系已成为《中国教育现代化 2035》的十大战略任务之一。该体系的构建需要制度框架、办学机构、学习资源来支撑。目前，我国区域性资历框架和学分银行建设已经进入试点运行阶段。随着终身学习体系制度框架的完善，学分银行的运营，建议进一步加大优质的、丰富的终身学习资源开发、推广与应用力度，使之成为终身教育体系构建的核心内容。同时，重视终身学习理念的宣传，完善学分互认机制，进一步激发成人学习者继续进行学历提升的动力，不断增加外部环境对高等学历继续教育系统的资源输入和人才需求。

第七章　结　　语

随着国际终身学习时代的到来，我国高等教育发展由大众化走向了普及化。发展中国特色世界先进水平的优质教育，成为《中国教育现代化2035》的重要战略任务。我国高等学历继续教育发展面临着树信心、聚合力、提质量、创特色的严峻局面。学术界和实践界正在从不同方面探索其改革路径，无论哪一种方案，都需要深入了解我国高等学历继续教育系统的办学现状、发展历程与演变规律，同时要对未来的办学空间与发展趋势有清晰的判断，这样才能提出一些适切性的改革建议。本书基于生态视角，对我国高等学历继续教育改革这一重大社会现实问题进行了深入研究。

一、研究结论回顾

通过分析我国高等学历继续教育的办学历程、现实困境、演变动因、办学空间及发展趋势，可知我国高等学历继续教育历史演变主要进行的是整体性、全局性变革，创建了成人本专科教育，增加了自考本专科教育，试点了网络本专科教育，导致办学群落内部的院校、助学机构、管理部门、协会组织等物种类型丰富，种群关系复杂，办学各环节的能量（即办学经费）流通损耗增加，办学群落对外部环境影响的免疫力增强。随着高等教育进入普及化发展阶段，我国高等学历继续教育发展面临挑战与压力，同时也具有信心和机遇，在十四五、十五五时期存在一定的办学发展空间。

2016年，教育部出台《高等学历继续教育专业设置管理办法》（教职成〔2016〕7号），拉开了高等学历继续教育“老城改造”的序幕。我国高等学历继续教育面临的现实发展困境有：网络教育试点仍未结束，成人本专科教育、网络本专科教育、自考本专科教育的融合统一进展缓慢，高等学历继续教育办学空间受到挤压，社会地位不断下降，区域发展水平差距较大。如何加快推进高等学历继续教育改革？采用整体推进方式，改革进展缓慢，成效并不明显，在国内外高等教育快速发展的情况下，高等学历继续教育可能会“牺牲”在改革的路上，被其他教育形式所取代。采用个体试点方式，办学院校的内驱力不够，部分重点高校为了保证高等教育质量，选择退出高等学历继续教育办学领域；部分院校采取消极观望、维持现状态度，期待国家层面出台政策，解决发展问题；部分院校试点高等学历继续教育改革，取消了函授站点或学习中心，结果面临生源锐减、无法持续办学的境地。

高等学历继续教育群落演替是外部环境与内部办学群落相互作用的结果。整体推进缓慢是由于高等学历继续教育生态系统过于庞大和复杂化，破解现有利益格局困难重重；个体试点失败是由于办学高校所处的外部环境没有显著变化，内部群落整体办学模式没有进行改革，二者的相互作用没有对个体院校试点改革给予明确的、具体的支持与鼓励。为此，结合我国高等学历继续教育区域发展水平不均衡的实际情况，以省（区、市）为基本单位，划分三个发展方阵，采取区域推进方式，促进我国高等学历继续教育综合改革。一方面，通过缩小高等学历继续教育系统规模和减少其复杂度，保证外部环境及时将区域发展需求传递给办学群落，基于“全纳、公平、优质、终身学习”的可持续发展理念，加快教育政策的制定、落实与反馈；另一方面，通过提升区域办学自主权增加生态发展活力，促进区域管理部门、办学组织、助学机构的优化与调整，激发高校办学的内驱力，使更多办学水平较高的院校参与高等学历继续教育的改革发展，保护现有办学地位，提升办学发展水平，拓展办学发展空间。

二、研究过程反思

我国高等学历继续教育作为一个生态系统，既具有自然生态系统的层次性、结构性、功能性、相对稳定性、变异性、整体性等特征，又带有社会生态系统的社会性、易变性、开放性、目的性等特点。本书在分析我国高等学历继续教育演变过程和改革发展时，对系统构成要素进行了“生物学”隐喻，在对院校等组织机构的相互关系进行生态分析时，引入了资源利用性竞争、互利共生；在对办学发展策略进行生态分析时，引入了规模优先的 r 对策发展模式和质量优先的 K 对策发展模式；在对高等学历继续教育办学功能进行生态分析时，引入了生态平衡、生态位、可持续发展理念。虽然本书从物种、种群、群落三个维度对高等学历继续教育系统进行了较为全面的生态分析，但是由于社会生态系统不同于自然生态系统，我国高等教育正处在快速转型发展期，国内外环境发展变化很快，本书基于生态视角所得出的研究结论，需要接受时间的滞后性检验。

本书认为可以采用区域推进方式，改善外部环境的资源供给，优化系统内部的办学组织，调整人才培养规模生态位和质量生态位，推动高等学历继续教育可持续发展。为此，本书对我国 31 个省（区、市）的高等学历继续教育综合发展水平进行了测量和划分。在评价指标体系构建过程中，个别指标虽然重要，但是由于缺少具体的官方数据而被遗憾舍弃。例如，成人函授、夜大学的学费标准差距较大，在教育统计年鉴中，二者的办学数据没有分开统计；普通高校网络教育和开放大学、电大的现代开放教育也有很大的差异性，但是都统计到网络本专科教育中；网络本专科教育招生的区域统计按照高校所在地进行统计，很难准确反映出生源地网络教育发展水平；高等教育自学考试自成体系，统计标准不统一，这些问题给我国高等学历继续教育综合发展水平测评带来了难度，也影响了结果的精确度。因此，我国高等学历继续教育综合发展水平评价指标体系还需要进一步完善，有待于多种办学形式融合进程的推进、官方统计数据的细化和实践办学数据的积累。

三、研究问题展望

结合本书现有的研究基础，关于我国高等学历继续教育发展的后续研究将作如下探索：

一是关于我国高等学历继续教育区域综合发展水平的测评研究。目前开展的测评研究主要是针对 31 个省（区、市）的横向比较，下一步也要考虑高等学历继续教育纵向不同年份发展水平的测评与比较研究，以及与国外高等学历继续教育发展水平的量化比较研究。

二是关于我国高等学历继续教育区域改革的实证研究。目前，上海市教委承担了教育部委托的高等学历继续教育综合改革项目，本研究将持续关注上海的改革经验和实际成效，希望在终身学习大学构建以及高等学历继续教育办学空间拓展方面有更多新的发现。

参考文献

一、中文文献

（一）著作报告类

［1］［美］埃蒂纳·温格．实践共同体：学习、意义和身份［M］．李茂荣，等，译．南昌：江西人民出版社，2018.

［2］［美］丹尼尔·U·莱文，瑞依娜·F·莱文．教育社会学（第九版）［M］．郭峰，等，译．北京：中国人民大学出版社，2009.

［3］［美］韦恩·霍伊，塞尔西·米斯克尔．教育管理学：理论·研究·实践［M］．范国睿，译．北京：教育科学出社，2007.

［4］［美］雪伦·B·梅里安，等．成人学习的综合研究与实践指导［M］．黄健，等，译．北京：中国人民大学出版社，2011.

［5］［美］雪伦·B·梅里安．成人学习理论的新进展［M］．黄健，等，译．北京：中国人民大学出版社，2006.

［6］［美］尤金·P·奥德姆，加里·W·巴雷特．生态学基础（第五版）［M］．陆健健，等，译．北京：高等教育出版社，2009.

［7］［英］约翰·赫克尔，斯蒂芬·斯特林．可持续发展教育［M］．王民，等，译．北京：中国轻工业出版社，2002.

［8］白炳贵．成人高等教育转型发展的思考与探索［M］．沈阳：东北大学出版社，2014.

[9] 曾祥跃．网络远程教育生态学［M］．广州：中山大学出版社，2011.
[10] 戴立益．建设学习型城市：大学的担当与创新［M］．上海：华东师范大学出版社，2018.
[11] 董明传，毕诚，张世平．成人教育史［M］．海口：海南出版社，2002.
[12] 杜以德，何爱霞．我国成人高等教育办学机构转型与创新研究［M］．北京：高等教育出版社，2012.
[13] 范国睿．教育生态学［M］．北京：人民教育出版社，1999.
[14] 高志敏，蔡宝田．社会转型期成人教育、终身教育研究［M］．北京：首都师范大学出版社，2007.
[15] 高志敏．成人教育学科体系论［M］．上海：上海教育出版社，2017.
[16] 戈峰．现代生态学［M］．北京：科学出版社，2008.
[17] 顾明远．中国教育大百科全书（第1卷）［M］．上海：上海教育出版社，2012.
[18] 顾明远．教育大辞典（第3卷）［M］．上海：上海教育出版社，1991.
[19] 高小和．教育生态论纲［M］．昆明：云南大学出版社，1998.
[20] 何桥，等．高校继续教育转型发展研究［M］．杭州：浙江大学出版社，2012.
[21] 黄健．成人教育课程开发的理论与技术［M］．上海：上海教育出版社，2002.
[22] 黄健．一种构建学习型社会的概念框架：和谐社会的构建与成人教育的使命［M］．北京：中国人民大学出版社，2008.
[23] 贺祖斌．高等教育生态论［M］．桂林：广西师范大学出版社，2005.
[24] 经济合作与发展组织．教育概览2014：OECD指标［M］．北京：教育科学出版社，2015.
[25] 柯惠新，沈浩．调查研究中的统计分析法（第2版）［M］．北京：中国传媒大学出版社，2005.

[26] 赖立，等．中国继续教育发展报告 2012［M］．北京：教育科学出版社，2012.
[27] 赖立，等．中国继续教育发展报告 2013［M］．北京：教育科学出版社，2016.
[28] 李春玲，等．可持续发展教育：进展与挑战［M］．北京：社会科学文献出版社，2017.
[29] 乐传永，等．成人教育转型发展研究［M］．杭州：浙江大学出版社，2014.
[30] 刘卫国，张峰．成人高等教育可持续发展［M］．北京：新华出版社，2007.
[31] 联合国教科文组织．反思教育：向“全球共同利益”的理念转变?［M］．联合国教科文组织总部中文科，译．北京：教育科学出版社，2017.
[32] 联合国教科文组织国际教育发展委员会．学会生存——教育世界的今天和明天［M］．华东师范大学比较教育研究所，译．北京：教育科学出版社，1996.
[33] 联合国教科文组织总部．教育——财富蕴藏其中［M］．联合国教科文组织总部中文科，译．北京：教育科学出版社，2014.
[34] 联合国教科文组织终身学习研究所．成人学习和教育全球报告［M］．中国成人教育协会，译．北京：教育科学出版社，2012.
[35] 梁漱溟．人心与人生［M］．上海：上海人民出版社，2011.
[36] 潘懋元．中国高等教育大众化的理论与政策［M］．广州：广东高等教育出版社，2008.
[37] 全国科学技术名词审定委员会．生态学名词［M］．北京：科学出版社，2007.
[38] 齐高岱，赵世平．成人教育大辞典［K］．东营：石油大学出版社，2000.
[39] 任凯，白燕．教育生态学［M］．沈阳：辽宁教育出版社，1992.

[40] 唐霞．英国高等教育质量保证体系［M］．北京：北京师范大学出版社，2012.
[41] 魏一鸣，等．中国可持续发展管理理论与实践［M］．北京：科学出版社，2005.
[42] 吴鼎福，诸文蔚．教育生态学［M］．南京：江苏教育出版社，1990.
[43] 吴林富．教育生态管理［M］．天津：天津教育出版社，2006.
[44] 习近平，等．党的十九大报告辅导读本［M］．北京：人民出版社，2017.
[45] 谢凌凌．新建本科院校“生态位战略”的构建、运行与评价——广西高等教育例证［M］．北京：中国社会科学出版社，2015.
[46] 杨英法．矛盾的处理、解决方式问题研究［M］．兰州：兰州大学出版社，2003.
[47] 杨志坚．中国远程高等教育发展研究报告（2013）［M］．北京：中央广播电视大学出版社，2014.
[48] 余小波．中国成人高等教育转型研究［M］．长沙：湖南大学出版社，2010.
[49] 张车伟．人口与劳动绿皮书：中国人口与劳动问题报告 No. 19［M］．北京：社会科学文献出版社，2018.
[50] 张有声．高等教育可持续发展理论研究［M］．北京：教育科学出版社，2009.
[51] 张艳超，等．转型期普通高校继续教育信息化建设研究［M］．武汉：武汉大学出版社，2015.
[52] 中国成人教育协会组．中国成人教育改革发展三十年［M］．北京：高等教育出版社，2008.
[53] 中国高等教育学会．高等教育改革发展专题观察报告 2015［M］．北京：北京理工大学出版社，2016.
[54] 波士顿咨询公司．迈向 2035：4 亿数字经济就业的未来［R］．2017.
[55] 北京大学课题组．教育部职成司委托课题“高等学校继续教育质量

保障体系研究”[R]. 2017.

[56] 华东师范大学课题组. 教育部职成司委托课题“高等教育大众化背景下高等学历继续教育定位和发展研究——基于国际比较的视角”[R]. 2017.

[57] 李克强. 2018年政府工作报告 [R]. 2019.

[58] 联合国人口基金，中国国家卫健委. 2018年世界人口状况报告 [R]. 2018.

[59] 清华大学课题组. 教育部职成司委托课题“高校继续教育供给侧和需求侧分析与应对策略”研究 [R]. 2017.

[60] 世界经济论坛. 2016全球人力资本报告 [R]. 2016.

[61] 厦门大学课题组. 教育部职成司委托课题“普通高校继续教育管理体制及运行机制研究”[R]. 2017.

[62] 中国信息通信研究院. 中国数字经济发展白皮书（2017） [R]. 2017.

(二) 期刊论文类

[1] 艾凉琼. 从系统论看可持续发展理论 [J]. 系统辩证学学报，2004 (4)：50-52.

[2] 曾祥跃. 网络远程教育生态系统结构及模型研究 [J]. 电化教育研究，2011 (9)：47-48.

[3] 邓小泉，杜成宪. 教育生态学研究二十年 [J]. 教育理论与实践，2009 (13)：12-16.

[4] 范国睿. 教育制度变革的当下史：1978—2018——基于国家视野的教育政策与法律文本分析 [J]. 华东师范大学学报（教育科学版），2018，36 (5)：1-19.

[5] 范国睿. 美英教育生态学研究述评 [J]. 华东师范大学学报（教育科学版），1995 (2)：12.

[6] 郝保伟. 国内高等教育普及化研究述评 [J]. 理工高教研究，2007

（1）：5-9.
[7] 郝克明．总结经验 开拓进取 开创开放大学发展和改革的新局面［J］．开放教育研究，2017，23（6）：15-16.
[8] 黄健．工作-学习研究：教育的新疆域——西方工作-学习领域理论成果评述［J］．开放教育研究，2011，17（2）：60.
[9] 黄健．文化自信引领终身教育的发展［J］．开放学习研究，2017（4）：32.
[10] 黄健．学习型城市建设：全球目标与地方行动——第三届国际学习型城市大会回溯［J］．终身教育研究，2018，29（1）：18-23，19.
[11] 黄世扬，叶育旺．成人高等教育可持续发展的思考［J］．河南职业技术师范学院学报（职业教育版），2006（6）：37-39.
[12] 何爱霞．2010年以来我国高等继续教育发展现状与趋势分析［J］．现代远距离教育，2016（5）：23.
[13] 何爱霞．我国成人高等教育办学机构的嬗变及趋向［J］．现代远程教育研究，2012（4）：27.
[14] 何克抗．让信息技术对教育发展真正产生革命性影响——实现信息技术与教育的"深度融合"［J］．教育信息技术，2014（1）：3-8.
[15] 贺丹．加强战略研究 迎接新时代人口发展挑战［J］．人口研究，2018，42（2）：3.
[16] 贺祖斌．中国高等教育系统的生态学分析［D］．武汉：华中科技大学，2004.
[17] 胡静，韦亚星．成人高等函授教育的可持续发展探析［J］．四川教育学院学报，2010，26（4）：1-2.
[18] 胡乐乐，屈文妍．"联合国教育促进可持续发展十年计划（2005年至2014年）"正式启动［J］．教育与职业，2005（10）：38-39.
[19] 季明明．一流大学要引领终身学习和继续教育发展［J］．开放学习研究，2019，24（1）：1-7.
[20] 蹇兴东，孙小伍．试论我国高等教育生态环境［J］．黑龙江高教研

究，2002（2）：10.
［21］金炳燮．中国高等教育自学考试质量保障体系研究［D］．天津：天津大学，2007.
［22］金慧，邵钰，胡盈滢．智能化教育生态系统的构建与创新——《地平线报告》（2018 高等教育版）启示［J］．远程教育杂志，2018，36（5）：7.
［23］晋浩天．数据告诉你奋进的中国教育［N］．光明日报，2019-2-28（12）.
［24］兰岚．论我国终身教育的立法核心——公民学习权保障［J］．华东师范大学学报（教育科学版），2019（1）：153.
［25］李晨希．我国高等教育自学考试的可持续发展策略［D］．西安：陕西师范大学，2014.
［26］李纯真．辽宁省民办高等教育可持续发展研究［D］．大连：辽宁师范大学，2012.
［27］李国斌，张海平．中国成人高等学历教育未来发展前景分析［A］．张宏建．海峡两岸暨港澳高校继续教育论文集（上册）［C］．杭州：浙江大学出版社，2016：75.
［28］李建民．中国劳动力市场多重分隔及其对劳动力供求的影响［J］．中国人口科学，2002（2）：1-7.
［29］李实．中国经济转轨中劳动力流动模型［J］．经济研究，1997（1）：23-30.
［30］李剑平．继续教育被指成为高校“钱袋子”［N］．中国青年报，2013-9-23（11）.
［31］李平，郭慧珍．我国高等继续教育持续发展方略［J］．中国高教研究，2007（4）：38.
［32］李薇．全球治理视角下的终身学习政策发展［J］．世界教育信息，2016，29（12）：41.
［33］李霄鹏．OECD 发布年度报告：中国篇［J］．世界教育信息，2019，

32（2）：71-72.
[34] 李艳，姚佳佳．高等教育技术应用的热点与趋势——《地平线报告》（2018 高教版）及十年回顾［J］．开放教育研究，2018，24（6）：17.
[35] 李艳君，等．中国高等院校继续教育评估体系研究［A］．张宏建．海峡两岸暨港澳高校继续教育论文集（下册）［C］．杭州：浙江大学出版社，2016：420-427.
[36] 联合国教科文组织．关于成人学习与教育的建议书［J］．职业技术教育，2016，37（15）：76-80.
[37] 林世员，等．后试点时代普通高校网络教育的转型发展［J］．继续教育，2017，31（12）：11.
[38] 刘慧．继续教育发展模式研究综述［J］．继续教育研究，2007（5）：2.
[39] 刘子杰．质量、公正与制度保障——中英成人高等学历教育的比较研究［D］．上海：华东师范大学，2008.
[40] 刘奕涛．大学学习文化的特征及其构建策略［J］．现代教育论丛，2013（6）：56-59.
[41] 马国刚，等．教育改革新常态下高等学历继续教育的发展趋向［J］．中国成人教育，2017（18）：18.
[42] 马美茹．美国高等教育大众化及其启示的研究［D］．石家庄：河北师范大学，2010.
[43] 马启鹏，等．高校成人教育转型的路向选择与机制重构［J］．教育发展研究，2014（21）：36-43.
[44] 马启鹏，徐赛颖．市场化战略：高校继续教育转型发展的因应之策［J］．成人教育，2013（7）：16.
[45] 马启鹏．体制创新：高校继续教育转型的制度保障［J］．继续教育研究，2011（6）：1-5.
[46] 米红，文新兰，周仲高．人口因素与未来 20 年中国高等教育规模变

化的实证分析［J］. 人口研究，2003（6）：76-81.

［47］欧颖，唐滢. 试论新形势下我国成人教育可持续发展的根本途径［J］. 继续教育，2009（5）：22.

［48］潘懋元. 21世纪：可持续发展的中国高等教育——兼论中国高等教育大众化问题［J］. 教育科学研究，1999（2）：3-10.

［49］商周刊. 高考40年，录取率从5%升至76%［J］. 商周刊，2016（13）：10-11.

［50］邵晓枫，吴定初. 改革开放以来我国高等教育自学考试政策的反思［J］. 中国考试，2015（10）：32.

［51］苏建华. 普通高校继续教育的定位研究［D］. 开封：河南大学，2009.

［52］时琴，刘凌冬. 发达国家与我国继续教育比较［J］. 内蒙古教育学院学报，1993（Z1）：55-59.

［53］孙丽娜. "资源依赖"理论视角下的美国创业型大学发展模式研究［D］. 沈阳：东北师范大学，2016.

［54］陶孟祝，高志敏. 国际成人教育发展趋势透析［J］. 河北师范大学学报（教育科学版），2019，21（1）：90-98.

［55］万毅平. 美国的高校认证与教育评估［J］. 江苏大学学报（高教研究版），2003（2）：25.

［56］王海东. 学习成果认证制度的构成要素与建设路径［J］. 中国职业技术教育，2018（27）：13.

［57］王华轲. 我国普通高校成人高等教育全面质量管理研究［D］. 曲阜：曲阜师范大学，2005.

［58］王家源. 写好新时代职业教育与继续教育奋进之笔［N］. 中国教育报，2017-12-4（3）.

［59］王培安. 维护计划生育和生殖健康权利 促进人口与经济社会可持续发展——在《2018世界人口状况报告》发布活动上的致辞［J］. 人口与计划生育，2018（12）：6-7.

[60] 王诗平．普通高等学校继续教育可持续发展研究［D］．南京：南京农业大学，2008.

[61] 王释云．普通高校成人高等教育可持续发展的困境与应对［J］．河北大学成人教育学院学报，2016，18（2）：21-23.

[62] 王举．论教育政策的价值基础［D］．上海：华东师范大学，2013.

[63] 王立慧．我国高校继续教育转型研究［D］．沈阳：东北大学，2014.

[64] 王晨倩．山东省普通高校继续教育转型研究［D］．曲阜：曲阜师范大学，2017.

[65] 吴斌，高庆元，范太华．高等学历继续教育人才培养目标定位研究［J］．高等继续教育学报，2017，30（2）：8.

[66] 吴斌．论实施高校继续教育质量报告制度的必然性和特殊性［J］．继续教育，2018，32（2）：3-6.

[67] 吴遵民．改革开放40年中国终身教育的历史回顾与展望［J］．复旦教育论坛，2018，16（6）：13.

[68] 武丽志，陈庆礼，李风鸾，杨潇郁．聚焦中国成人教育领域近十年之研究问题——基于复印报刊资料《成人教育学刊》的分析［J］．现代远程教育研究，2011（6）：23-30.

[69] 夏学文．高校继续教育的发展误区与重新定位［J］．继续教育研究，2017（11）：4-6.

[70] 谢浩．学习型城市评价工具的国际比较研究［J］．开放学习研究，2017，22（3）：14.

[71] 熊才平，何向阳，吴瑞华．论信息技术对教育发展的革命性影响［J］．教育研究，2012，33（6）：22-29.

[72] 严继昌．实现我国继续教育发展战略目标的八点建设性意见［J］．现代远程教育研究，2011（5）：8.

[73] 叶飞．一种基于齐普夫定律的识别语料中高低词频分界点的新方法及其应用［D］．天津：南开大学，2014.

[74] 杨同毅．高等学校人才培养质量的生态学解析［D］．武汉：华中科

技大学，2010.
[75] 袁振国．缩小差距——中国教育政策的重大命题［J］．北京师范大学学报（社会科学版），2005（3）：5-15.
[76] 翟振武，邹华康．把握人口新动态 加强人口发展战略研究［J］．人口研究，2018，42（2）：10.
[77] 张婧．可持续发展教育：架设通向优质教育的桥梁——瑞典2016国际可持续发展教育会议综述［J］．世界教育信息，2016，29（22）：17-20.
[78] 张立忠．高校继续教育定位及其实践对策［J］．继续教育研究，2017（2）：11.
[79] 张仁开．上海创新生态系统演化研究［D］．上海：华东师范大学，2016.
[80] 张三花，黄甫全．学习文化研究：价值、进展与走向［J］．江苏高教，2010（6）：15-18.
[81] 赵过渡．我国网络教育评估趋势研究：从规则性评估到发展性评估［A］．张宏建．海峡两岸暨港澳高校继续教育论文集（下册）［C］．杭州：浙江大学出版社，2016：372-377.
[82] 赵亚楠．高校继续教育转型的误区、产生原因及重新定位［J］．继续教育，2017，31（1）：16-18.
[83] 郑真真，吴要武．人口变动对教育发展的影响［J］．北京大学教育评论，2005（2）：88.
[84] 中国人口与发展研究中心课题组，马力，张许颖，王军平，桂江丰，王俊．中国人口与教育发展战略研究［J］．人口研究，2009，33（2）：4-19.
[85] 周尧．近十年国际成人教育研究进展——基于WoS与CiteSpace的知识图谱分析［J］．终身教育研究，2018，29（5）：71-79.

（三）电子文献

[1] 陈宝生．在武汉高校工作座谈会上强调高等教育要做到四个“回归”

[EB/OL]. 2016-10-25. http://www.moe.edu.cn/s78/A08/moe_745/201610/t20161025_286126.html.

[2] 陈锋."中国教育现代化 2035"面临的挑战[EB/OL]. 2017-12-29. http://www.sohu.com/a/213548175_387177.

[3] 陈锋. 山东高校成立继续教育在线教育联盟促转型发展[EB/OL]. 2016-05-19. http://news.upc.edu.cn/info/1432/71384.htm.

[4] 国务院. 国务院关于印发国家职业教育改革实施方案的通知[EB/OL]. 2019-2-13. http://www.gov.cn/zhengce/content/2019-02/13/content_5365341.htm.

[5] 国家开放大学. 国家开放大学简介[EB/OL]. 2019-2-15. http://www.ouchn.edu.cn/Portal/Category/CategoryList.aspx?CategoryId = 924df1f7-0cbb-414f-9abb-257ba7c97f50.

[6] 教育部. 2017 年全国教育事业发展统计公报[EB/OL]. 2018-7-19. http://www.moe.gov.cn/jyb_sjzl/sjzl_fztjgb/201807/t20180719_343508.html.

[7] 教育部. 财政部教育部关于进一步提高地方普通本科高校生均拨款水平的意见[EB/OL]. 2010-11-30. http://www.moe.gov.cn/jyb_xxgk/moe_1777/moe_1779/201308/t20130805_155147.html.

[8] 教育部. 关于印发《高等学校乡村振兴科技创新行动计划(2018—2022 年)》的通知[EB/OL]. 2018-12-29. http://www.moe.gov.cn/srcsite/A16/moe_784/201901/t20190103_365858.html.

[9] 教育部. 关于印发《中国教育监测与评价统计指标体系》的通知[EB/OL]. 2015-8-18. http://www.moe.gov.cn/srcsite/A03/s182/201509/t20150907_206014.html.

[10] 教育部. 教育部 2019 年工作要点[EB/OL]. 2019-02-22. http://www.moe.gov.cn/jyb_xwfb/gzdt_gzdt/s5987/201902/t20190222_370722.html.

[11] 李静,高怡楠,马炳焱. 生态系统理论视野下的幼小衔接[EB/OL].

2017-8-29. http://www.cssn.cn/jyx/jyx_xqjy/201708/t20170829_3623869.shtml.

[12] 苏黎世联邦理工学院．学院网站关于继续教育的简介［EB/OL］. 2019-3-15. https://www.ethz.ch/en/studies/continuing-education.html.

[13] 西南交通大学．我校继续教育成果亮相全民终身学习活动周［EB/OL］. 2018-10-25. http://www.xnjd.cn/site/cnl/channel/home/110101/news-read?id=21223.

[14] 徐筱玮．专访《未来简史》作者：对于未来世界，最大的不变就是变化［EB/OL］. 2017-7-17. https://www.cyzone.cn/article/162637.html.

[15] 中国工业和信息化部．关于印发软件和信息技术服务业发展规划（2016—2020年）的通知［EB/OL］. 2017-01-17. http://www.miit.gov.cn/n1146295/n1652858/n1652930/n3757016/c5465218/content.html.

[16] 中国教育在线．2018年高招调查报告［EB/OL］. 2018-06-05. https://www.eol.cn/html/g/report/2018/content.shtml#14.

[17] 中国教育在线．上海市教育考试院负责人就2018年10月自考报名答记者问［EB/OL］. 2018-08-20. http://zikao.eol.cn/a/20180820104947.html.

[18] 中国网．到2050年我国15—64岁人口将由10亿下降到8.3亿［EB/OL］. 2015-11-10. http://news.163.com/15/1110/10/B8283SNK00014JB6.html.

[19] 中国新闻网．2018年四川65岁及以上常住人口比例超14%，进入深度老龄化社会［EB/OL］. 2019-3-19. http://www.sc.chinanews.com.cn/scxw/2019-03-19/101554.html.

二、英文文献

（一）著作报告类

[1] Alison Fuller, Anne Munro, Helen Rainbird. Workplace Learning in

Context [M]. Routledge, 2004.

[2] Carson R. Silent Spring [M]. New York: Houghton Mifflin, 1962.

[3] Jean Lave, Etienne Wenger. Situated Learning: Legitimate Peripheral Participation [M]. Cambridge University Press, 1991.

[4] Margulis L, Sagan C. Acquiring Genomes: A Theory of The Origins of Species [M]. New York: Basic Books, 2002.

[5] Meadows D H, Meadows D L, Randers J, Behrens W W. The Limits to Growth: A Report for The Club of Rome's Project on the Predicament of Mankind [M]. New York: Universe Books, 1972.

[6] Margalef R. Temporal Succession and Spatial Heterogeneity in Phytoplankton [M]. In Perspectives in Marine Biology, Buzzati-Traverso, Ed. Berkeley: University of California Press, 1958.

[7] Madhu Singh, Ruud Duvekot. Linking Recognition Practices and National Qualification Frameworks [R]. Hamburg: UNESCO Institute for Lifelong Learning, 2013.

[8] Odum H T. Environment, Power, and Society [M]. New York: John Wiley, 1971.

[9] Perrous F. A New Concept of Development [R]. UNESCO, Paris, 1983.

[10] Pfeffer J, Salancik G R. The External Control of Organizations: A Resource Dependence Perspective [M]. New York: Harper & Row, 1978.

[11] Patten B C. Systems Analysis and Simulation in Ecology. Volume 1 [M]. New York: Academic Press, 1971.

[12] Stevens M, Kirst M W. Remaking College : The Changing Ecology of Higher Education [M]. Palo Alto: Stanford University Press, 2015.

[13] Vogt W. Road to Survival [M]. New York: W. Sloane, 1948.

[14] Van Dyne G M, Ed. The Ecosystem Concept in Natural Resource Management [M]. New York: Academic Press, 1969.

[15] Watt K E F. Systems Analysis in Ecology [M]. New York: Academic Press, 1966.

(二) 期刊论文类

[1] Brendtro L K . The Vision of Urie Bronfenbrenner: Adults Who Are Crazy About Kids [J]. Reclaiming Children and Youth: The Journal of Strength-Based Interventions, 2006, 15 (3): 162-166.

[2] Brown L R, Shaw P. Six Steps to a Sustainable Society [J]. Worldwatch Paper, 1982 (48): 63.

[3] Burnley S. Satisfying Sustainability Skills Needs at a Distance [J]. International Journal of Performability Engineering, 2008, 4 (4): 371-384.

[4] Chen C M. Cite Space II: Detecting And Visualizing Emerging Trends and Transient Patterns in Scientific Literature [J]. Journal of The American Societyfor Information Science and Technology, 2006 (3): 359-377.

[5] Catalina Q N, Murga-Menoyo MarÍA . Social and Solidarity Economy, Sustainable Development Goals, and Community Development: The Mission of Adult Education & Training [J]. Sustainability, 2017, 9 (12): 2164.

[6] Evans E C. Ecosystem as The Basic Unit in Ecology [J]. Science, 1956 (123): 1127-1128.

[7] Fejes A, Nylander E.The Anglophone International (E): A Bibliometric Analysis of Three Adult Education Journals, 2005-2012 [J]. Adult Education Quarterly, 2013, 64 (3): 222-239.

[8] Farrukh Tahir. Distance Education, Environmental Education and Sustainability-An Overview of Universities in Commonwealth Asia [J]. International Journal of Sustainability in Higher Education, 2001: 21-37.

[9] Force J E, Machlis G E. The Human Ecosystem, Part 2 [J]. Society and

Natural Resources, 1997 (10): 369-382.

[10] Machlis G E, Force J E, Burch W R. The Human Ecosystem, Part 1. The Human Ecosystem as an Organizing Concept in Ecosystem Management [J]. Society and Natural Resources, 1997 (10): 347-367.

[11] Milana M, Rasmussen P, Holford J. The Role of Adult Education and Learning Policy in Fostering Societal Sustainability [J]. International Review of Education, 2016, 62 (5): 1.

[12] Guskova N D, Vdovin S M, Krakovskaya I N, Slushkina Yu Yu. The Quality of Education as a Primary Concern of the Sustainable Development [J]. European Research Studies, Volume XIX, Special Issue 3, Part B, 2016: 255.

[13] Philip Jennings, Chris Lund. Renewable Energy Education for Sustainable Development [J]. Renewable Energy, 2001: 113-118.

[14] Renn K A. Space to Grow: Creating an Ecology Model of Bi-And Multiracial Identity Development in College Students [J]. Cognitive Development, 1999: 38.

[15] Wagner. The Economics of The Open University [J]. Higher Education, 1972 (1): 159-183.

[16] Wehrmeyer W, Chenoweth J. The Role and Effectiveness of Continuing Education Training Courses Offered by Higher Education Institutions in Furthering the Implementation of Sustainable Development [J]. International Journal of Sustainability in Higher Education, 2006, 7 (2): 129-141.

[17] Wei Zhu, Jiejuan Tang, Yuzhou Li. Development and Construction of Higher Education in China Under Perspective of Lifelong Education [J]. Eurasia Journal of Mathematics, Science and Technology Education, 2017, 13 (12): 8249-8256.

[18] Wong, Evia O W. Analysing the Contribution of Continuing Education and Leadership Empowerment to Sustainable Development: Experiences From a Hong Kong Tertiary Institution [J]. International Journal of Sustainability in Higher Education, 2003, 4 (4): 372.

(三) 电子文献

[1] United Nations. Transforming Our World: The 2030 Agenda for Sustainable Development [EB/OL]. 2015-09-25. https://sustainabledevelopment.un.org/content/documents/21252030%20Agenda%20for%20Sustainable%20Development%20web.pdf.

[2] UNESCO Institute for Lifelong Learning. Global Report on Adult Learning and Education [EB/OL]. 2009-01-01. https://unesdoc.unesco.org/ark:/48223/pf0000186431? posInSet = 1&queryId = f21b0cf2-60ef-4178-9e7f-2f071f3d1092.

[3] UNESCO Institute for Lifelong Learning. Global Report on Adult Learning and Education (II) [EB/OL]. 2013—09-01. http://unesdoc.unesco.org/images/0022/0 02224/222407E.pdf.

[4] UNESCO Institute for Lifelong Learning. Global Report on Adult Learning and Education (III) [EB/OL]. 2016-09-08. https://unesdoc.unesco.org/ark:/48223/pf0000245917? posInSet = 9&queryId = f21b0cf2-60ef-4178-9e7f-2f071f3d1092.

[5] UNESCO Institute for Statistics. The Data Revolution in Education [EB/OL]. 2017-04-28. http://uis.unesco.org/sites/default/files/documents/the-data-revolution-in-education-2017-en.pdf.

附录一　针对成人学习者的访谈提纲

访谈对象：________　　访谈时间：________　　访谈地点：________

1. 请您介绍一下现在或曾经采取哪种学习形式（如函授、夜大、脱产、网络教育、开放教育、自学考试等），进行学历继续教育来提升自己？

2. 您认为自己参加的继续教育，学习方式是否合理，您更喜欢什么样的学习方式？

3. 您为什么选择这所学校进行学习？学习效果如何？学习资源能否满足您的需求？

4. 您学习的是什么专业，现实学习过程与自己的期望有什么差距？

5. 您在学习过程中有什么困难与压力？

6. 您参加学历继续教育需要花费多少费用？

7. 您认为学历教育的考核难度如何？考核方式是否合理？

8. 您认为自己就读专业的课程设置和教材选取是否合理？

9. 您通过学历继续教育最大的收获是什么？

10. 您对当前的授课老师满意吗？您平时与老师的交流多吗？

11. 您认为同校同质（全日制和非全日制采用同一个标准，类似研究生教育）可行吗？

12. 您对学历继续教育管理者有什么建议？您对教师教学有什么建议？

13. 您还有什么要补充的吗？

附录二 针对继续教育主管部门的访谈提纲

访谈对象：________ 访谈时间：________ 访谈地点：________

1. 目前贵省高等学历继续教育办学主要有哪些类型，办学规模如何，近年来招生情况？

2. 目前贵省在高等学历继续教育日常管理方面遇到了哪些问题？

3. 目前贵省在高等学历继续教育质量保障方面采取了哪些措施？

4. 今年职业教育扩招 100 万，贵省在这方面的进展如何？如何看待对高等学历继续教育办学的影响？

5. 贵省在高等学历继续教育办学发展过程中有哪些特色？

6. 您对高等学历继续教育人才培养质量提升有哪些想法和建议？

7. 高等学历继续教育路在何方，同校同质办学是否具有可行性？如果可行，如何推进？

8. 您还有什么要补充的吗？

附录三　针对院校继续教育管理者的访谈提纲

访谈对象：________　　访谈时间：________　　访谈地点：________

1. 贵校高等学历继续教育办学基本情况？例如办学形式、办学规模、招生情况？

2. 贵校函授站点或学习中心建设情况？例如省内外建站情况、站点资质、主要功能、学费分配比例、招生管理等？

3. 贵校高等学历继续教育教学基本情况？例如教学方式、学时比例、课程及资源、考试组织、教师队伍等情况？

4. 贵校高等学历继续教育学费收入与支出情况？例如成人本专科、网络本专科、自考本专科的学费标准，学费收入及使用分配比例、办学投入等？

5. 贵校高等学历继续教育学习支持服务情况？例如支持服务方式、服务规范制度、服务响应要求等？

6. 贵校高等学历继续教育毕业生情况？例如毕业率、毕业仪式、校友资源挖掘、精神家园打造等？

7. 贵校高等学历继续教育质量保障情况？例如质量检查、督导或评估、专业认证评估、教师评学、学生评教、学生满意度调查、毕业生跟踪调查、函授站办学评估等？

8. 今年职业教育扩招 100 万，对贵校高等学历继续教育办学招生影响？

9. 如果贵校是高职院校，扩招学生拿全日制大专文凭，教学如何开展，培养质量如何保障？

10. 贵校在高等学历继续教育办学发展过程中有哪些特色和改革探索？

11. 您对高等学历继续教育人才培养质量提升有哪些想法和建议？同校同质办学是否具有可行性？如果可行，该如何推进？

12. 您还有什么要补充的吗？

附录四　针对院校继续教育教师的访谈提纲

访谈对象：________　访谈时间：________　访谈地点：________

1. 您从事高等学历继续教育教学工作有多长时间，教学专业和课程有哪些？

2. 您主要给哪些学校上课，有去函授站点等机构上课吗？学校的教学要求如何？

3. 您能否谈谈近年来教学方面做了哪些教学改革，改革动力是来自学校要求，还是教师自我要求，还是成人学习者的要求？

4. 您的个人发展与继续教育教学工作联系紧密吗？是否参加过继续教育领域的专业培训、学术交流和课题研究活动？在职称晋升、评奖评优方面，继续教育教学业绩被认可吗？

5. 您认为目前高等学历继续教育人才培养质量低下的主要原因是什么，从教学环节可以做哪些改革？

6. 您对慕课、翻转课堂有了解吗？您认为这些新兴教学模式和课程资源是否可以应用到成人教学中来？您愿意尝试吗？您有哪些经验？如果可行，需要学校提供哪些支持？

7. 您认为普通高等教育与高等学历继续教育教学有什么不同？都是高等教育，是否可以尝试逐步统一一些专业的考核标准，进行类似普通高等教育的专业认证？

8. 我国高等学历继续教育已经发展多年，从教师角度，您认为成人学习者自身发生了哪些变化？教师对学历继续教育认知发生了哪些变化？

9. 您认为高等学历继续教育可以实施“宽进严出”吗？在学习评价与考核环节如何操作？

10. 您还有什么要补充的吗？

附录五　针对函授站点（学习中心）的访谈提纲

访谈对象：________　访谈时间：________　访谈地点：________

1. 贵站（中心）的基本情况？例如单位性质、办学规模、师资情况等？

2. 贵站（中心）主要和哪些高校建立了合作关系？

3. 贵站（中心）近年来招生情况如何？面临哪些发展问题？

4. 贵站（中心）与合作高校的办学职能是如何划分的，办学收入如何分配？

5. 贵站（中心）学历继续教育教学过程是如何开展的？

6. 贵站（中心）在保障成人学习者学习质量方面有哪些具体举措？

7. 您对国家教育主管部门和高校加强函授站点（学习中心）管理有何建议？

8. 您还有什么要补充的吗？